U0688002

新经典文化股份有限公司
www.readinglife.com
出　品

目录

生活篇

文化篇

精神篇

感悟篇

槛菊愁烟兰泣露 罗幕轻寒 燕子双飞去 明月不谙离恨苦 斜光到晓穿朱户

昨夜西风凋碧树 独上高楼 望尽天涯路 欲寄彩笺兼尺素 山长水阔知何处

溥儒

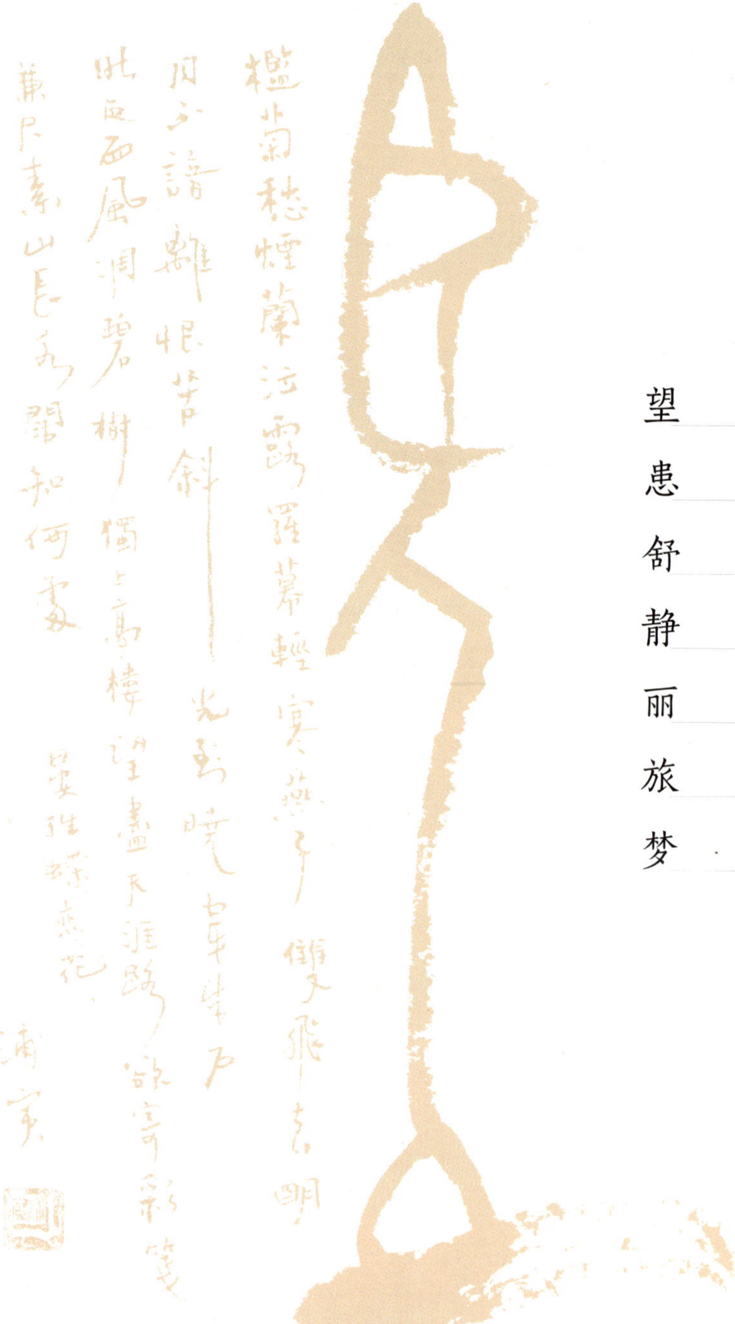

1

生活篇

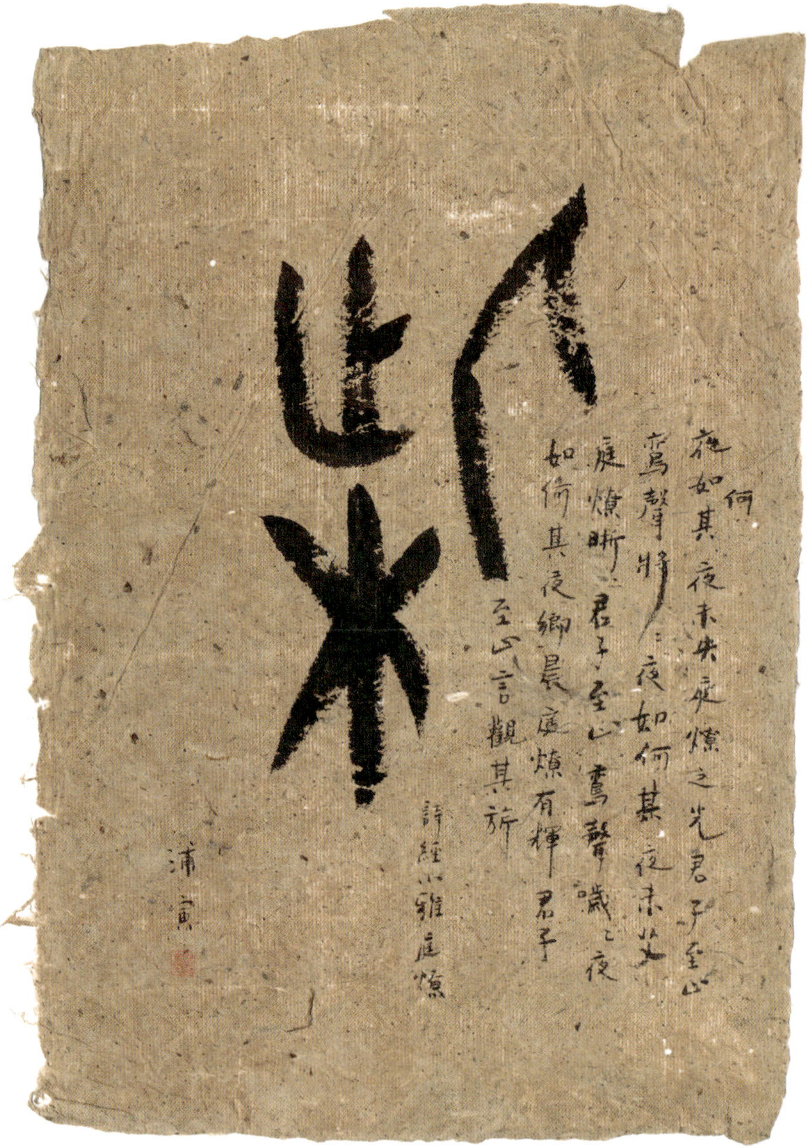
夜如何其夜未央庭燎之光君子至止
鸞聲將將夜如何其夜未艾
庭燎晣晣君子至止鸞聲噦噦夜
如何其夜鄉晨庭燎有煇君子
至止言觀其旂
詩經小雅庭燎

[chái]

柴

甲骨文 金文 篆书 隶书 楷书

老百姓开门七件事，柴米油盐酱醋茶，其中柴火是最家常的消耗品。我小时候在农村生活过，那时我们小孩最日常的工作就是上山拾柴火。平常烧火做饭全靠柴火。如今常能在电影电视剧里看到抡起斧子劈柴的场景，其实，那种整块木头劈开当柴火烧是非常奢侈的，普通人家烧的柴火主要是地上的枯枝，顶多砍些树的枝枝杈杈，哪里舍得用整块木头。

可见柴火是家庭中最低值的易耗品，缺不了，也不值钱。但是在古代，柴可不简单，曾经是很神圣的物品。

篆书柴上面一个此，下面一个木。此的甲骨文是一个脚趾，旁边一个人字，合起来表示人站立的地方。有的甲骨文把人字放在脚趾上面，站立地点的意思更加明确。此下一个木，表示把木头放到特定的地点，用来祭祀。

柴还有一个异体字“祡”，此字下面一个示。我们知道示的原义是供桌，凡示字旁的字都与祭祀有关，可见柴的原义是用于祭祀的木头。

《说文解字》：“柴，烧柴燎祭天也。”古代烧柴祭天叫柴燎，《东观汉记·丁鸿传》："瞻望太山，嘉泽降澍；柴祭之日，白气上升，与燎烟合，黄鹄群翔。"意思是说：皇帝到泰山祭天，袅袅上升的白烟与黄鹤一起缥缈，预示着吉祥如意。

这是常规的祭天，宣示皇帝的君权神授。但在更加远古的商朝，则是祭天祈雨的惨烈之举。之所以说惨烈，是因为这种柴燎仪式是要用活人祭祀的，活人的级别越高，表示祭祀之心越虔诚。夏朝末年，天下大旱，商朝的开国君王汤发动的汤武革命，推翻了夏桀的残暴统治，但是引发夏朝危机的天下大旱已经持续了七年之久，仍没有下雨的迹象。巫师说，要用活人柴燎才能感动神祇。

于是商汤决定牺牲自己。潇水先生在《青铜时代》中对这一场景进行过描述："于是商汤把自己泡在水里洗洗干净，剪发，断爪。商汤素车、白马、身披白茅，脱光外衣，躺在台子上，和其他牛羊祭品摆成一排，伴着咩咩、哞哞的叫唤声，被一齐抬到了祭坛上，周围架起了柴火。为了方便上帝品尝，人们还在商汤肚子上放了一盘调料。"

这当然是潇水先生根据史料的想象，但当时用柴燎祈雨确实是历史真实发生过的。据说商汤的做法感动了上帝，天降大雨，商汤也没被烧死。但是后世，随着王权强大，被烧死的就不是王或者俘虏，而是巫师本人了。甲骨文烄，一个人交叉着双腿，在火上被活活烧死，这就是柴燎祈雨的写照。

周人在宫殿的庭院正中堆起柴火燎祭，叫作庭燎，《诗经·小雅·庭燎》：

夜如何其？夜未央，庭燎之光。君子至止，鸾声将将。
夜如何其？夜未艾，庭燎晣晣。君子至止，鸾声哕哕。

夜如何其？夜乡晨，庭燎有煇。君子至止，言观其旂。

记述周王早晨视朝前与报时官对话的诗，描写宫廷早朝景象，赞美君王勤于朝政。通过燃起庭燎，描写君王等待诸侯大臣上朝的心情。一大早就上朝议事，这是中国古代朝廷的传统。我们今天说“我去点个卯”，就是说卯时到朝堂上点名，卯时是凌晨五到七点，天刚蒙蒙亮。这时候庭院需要燃起火光。

中国古代在宫廷内院中燃起火炬的庭燎，不仅仅为了照明，还表示招纳天下贤士，是春秋时期天子或诸侯在接待外国使臣、优秀人才或商讨国家大事时，一种最高规格的接待礼仪。

柴燎祭天的传统在西藏一直保留到现在，叫煨桑。在藏族地区，几乎每家每户都会在院子中央或者屋顶依山处备有桑炉，每逢藏历新年初一，人们起得很早，第一件事就是煨桑祭神。人们在煨桑堆上点燃松枝、柏枝，加上糍粑、白酒等物，跪拜叩首。据说在煨桑过程中产生的烟雾，不仅使凡人有舒适感，山神也会十分高兴。现在西藏，还能经常见到这样的煨桑仪式。后世敬神祈福的香烛，也是由此发展而来。

到春秋战国时期，汉字进一步细分，从山上采集、作为家居燃料的干柴叫“樵”；从山上采伐、未锯断、劈细的原木叫“薪”；由原木劈成细块、作为家居燃料的木料叫“柴”。薪的本义就是柴火，在庭院中点火照明，一个将熄，马上点燃另一个，叫薪火相传。后世用这个成语形容事业代代相传。

《南史·陶潜传》记载：陶渊明送给儿子一个用人，并写信说：“你每日生活开支费用，自己难以供给自己，现派一个用人帮你打柴汲水。”后来人们就把劳动所得的工资叫作“薪水”。

中国古代官员的俸禄有多种称法，如“月给”“月俸”“月钱”，等等。在魏晋南北朝时，“薪水”除了指砍柴汲水外，也渐渐成为日常生活开支的意思。现今我们上班族按月领取的工作酬金，其实就跟古代的月俸、月钱是一样的意思，主要目的也是用来支付日常生活开销。所以人们也把工资称为“薪水”。

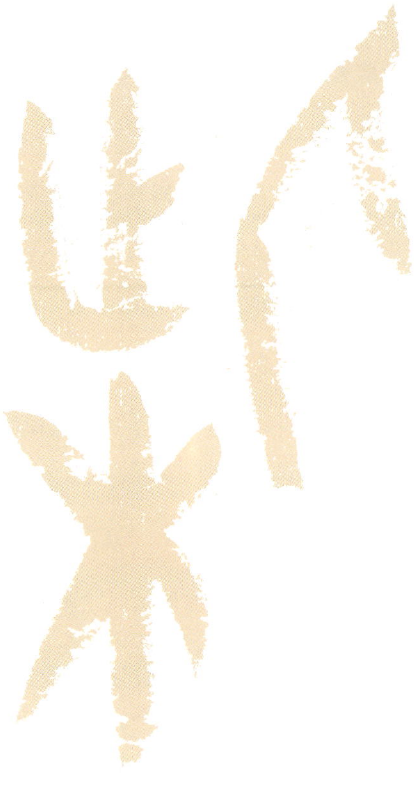

[mǐ]

米

甲骨文 金文 篆书 隶书 楷书

米，是我国饮食中最主要的食物。这是一个象形字，甲骨文字形像是围绕着穗梗结满了米粒，但是这里的米，可不是我们日常吃的大米，而是粟和黍，粟是小米，黍是有黏性的黄米，这两种米是古代北方人的主食。

金文的米和甲骨文区别不大。而篆书把上下两点贯通。隶书则写成木加两点，就成了我们今天写的米字。为什么这个米指的是小米而不是大米？因为甲骨文产生于北方，当时北方只种植粟和黍，而南方的大米叫“稻”。

《说文解字》：“米，粟实也。象禾实之形。”意思是说：米是粟的籽实，是象形字，字形就是粟的籽实的形状。

农业起源对古代文明具有决定性作用。全世界有三个主要的农业起源地，一个在西亚，就是现在的伊拉克及其周边地区，是小麦与大麦的起源地。这种农业孕育了两河流域的古巴比伦文明，是人类最早的文明，比中华文明早了两千多年。这种农业传到尼罗河流域，产生了古埃及文明；传播到印度河流域，产生了古印度文明。大麦、小麦磨成面粉，决定了西方以烤制为主的饮食习惯。

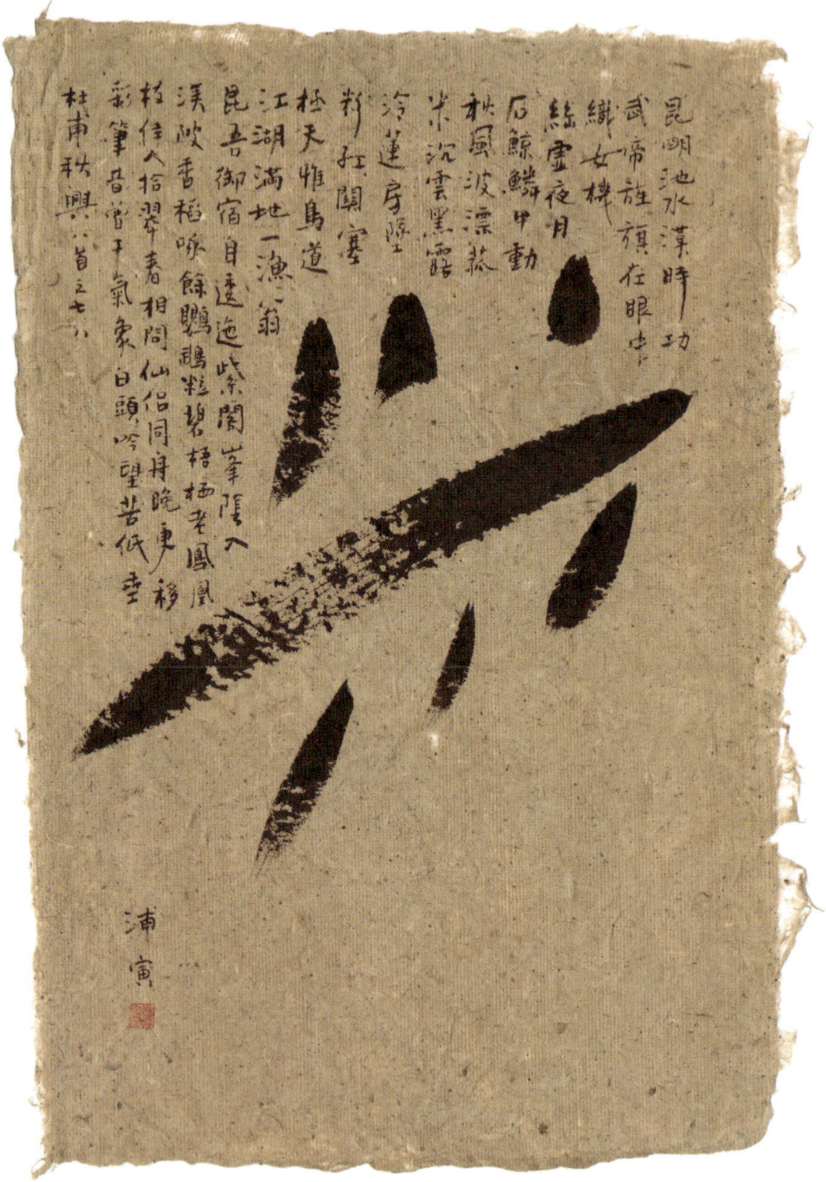
昆明池水漢時功
武帝旌旗在眼中
織女機
絲虛夜月
石鯨鱗甲動
秋風波漂菰
米沉雲黑露
冷蓮房墜
粉紅關塞
極天惟鳥道
江湖滿地一漁翁
昆吾御宿自逶迤紫閣峰陰入
渼陂香稻啄餘鸚鵡粒碧梧棲老鳳凰
枝佳人拾翠春相問仙侶同舟晚更移
彩筆昔曾干氣象白頭吟望苦低垂
杜甫秋興八首之七八
浦寅

第二个就是中国，中国是小米和大米的起源地。小米是指粟、黍，主要在黄河流域种植和发展。北方现在主要的谷物是小麦，而小麦又是从西亚传过来的，不是中国原生。甲骨文来往的来，是“麥”的本字。就是一株麦子的形象，用麦子表示来的意思，本身就说明麦是外来的。中国的长江流域是稻作农业的起源地。在距今七千年的河姆渡遗址中，发现了大量的稻米。中国这种以米为主食的特点，决定了中国饮食以煮食为主，这样的饮食习惯至今仍然影响着我们。

第三个是在美洲，美洲是玉米和红薯的起源地。玉米和红薯在明代传入中国。这两种作物能在很贫瘠的山地种植，大大提高了古人的生存能力，所以明代以后，中国的人口增长很快。

秦国的秦，甲骨文是双手持杵，下部是成堆的稻谷，表示用杵状农具打谷脱粒。《说文解字》：“秦，伯益之后所封国。地宜禾。从禾，舂省。一曰秦，禾名。”意思是说：秦是伯益的后代所受封的邦国。秦地宜种植禾谷。字形采用“禾”和有所省略的“舂”会意。一种说法认为“秦”是禾谷的名称。伯益是上古传说中的人物，因协助大禹治水有功，舜赐姓嬴。这个适宜种植禾谷的秦最终统一了中国。实际上，秦能够完成统一，也恰恰得益于大力发展农业。米，在古代是有决定性意义的。而秦字居然和米有关，似乎是历史的宿命。

中国适宜农业发展的地域是黄河流域和长江流域，可耕地面积并不大，现在我们说中国用世界百分之七的耕地养活了世界百分之二十二的人口，虽然古代没那么多人口，但也是地少人多。这就决定了中国的农业采用精耕细作的方式。

1976年是一个考古大年。这一年，河南安阳发现了妇好墓。而在河北武安磁山一个遗址里面发现了上百个粮食窖穴，把这些窖穴里面储藏的粮食换算成新鲜的小米，有十几万斤。这里发现的粟比过去所有遗址曾经发现的加起来都多，而它的年代是约公元前6000年，这一下子把农业的起源提早了一千多年。种植技术逐渐向外传播，一是往东传到朝鲜半岛，传到今俄罗斯的远东地区，一部分到了日本的九州半岛；一是往西传播到甘肃、新疆；还有往南，长江流域有一些水利条件不好的地方，也种小米。

同样在1976年，浙江余姚发现了河姆渡遗址，在遗址中发现了大量稻米。这个遗址距今约七千年，从而充分证明稻米种植起源于中国。专家根据考古发现，找到了稻作文化传播的三个方向：第一条路线是东线。东线先从长江流域到华北，到山东半岛，再从山东半岛到辽东半岛，之后是朝鲜半岛、日本的九州及本州。第二条路线是东南亚。第三条路线是西南，包括云南西南，云南是最后传播的路线。

金文粮食的粮，是米字上面一个表示测量的量，合起来表示估量谷物作为官员的俸禄。

粮食的粮用量来表示，说明粮食宝贵，需要准确估量。有一个现在不常用的成语，米珠薪桂，意思是遇到荒年，米像珍珠一样宝贵，柴火像桂木一样金贵，形容物价高得出奇，柴米贵到这种程度，那肯定是饿殍遍野，民不聊生了。所以，米虽平常之物，却养育了中华文明。

[yóu]

油

开门七件事，柴米油盐酱醋茶，油我们一天也离不开。但是“油”这个汉字的源头却有点油油的让人把握不住。

很多人认为“由”是“油”的本字。由，甲骨文是一个水滴样的液滴，下面一个口形的器皿。一种解读认为，这是一个葫芦，葫芦里的果实成熟以后，里面的瓤化作油状物流出，引申为由来、缘由之义。但是葫芦里流出来的真的是油状物吗？还有人解释这是竹条编的筐。看金文字形，的确很像，但它和缘由，甚至油脂有什么联系呢？

网上对“由”的解释，字形像一个液滴从器皿上方滴落，表示通过器皿上方的小孔注油。有的甲骨文像液滴穿过器皿小孔的样子。

许慎的观点与此不同，他在《说文解字》中就没有收录“由”这个字，但有“油”，“油，水。出武陵孱陵西，东南入江。从水由声”。意思是说：油是河川的名称。这条河源出武陵孱陵西，于东南汇入长江。字形采用“水”作偏旁，“由”是声旁。

这可以从甲骨文中找到依据。甲骨文一共出土有十五万片，

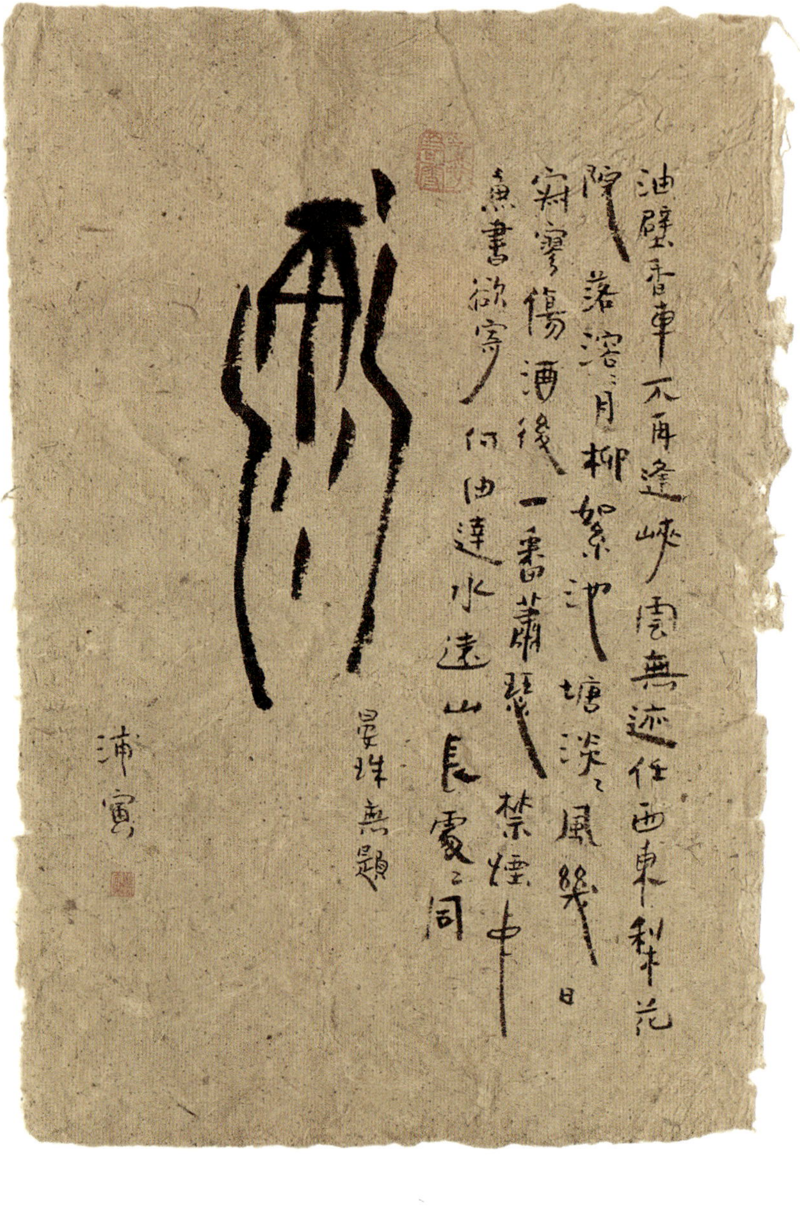
油壁香車不再逢峽雲無迹任西東梨花院落溶溶月柳絮池塘淡淡風幾日寂寥傷酒後一番蕭瑟禁煙中魚書欲寄何由達水遠山長處處同
晏殊無題

四千单字，能够辨识出来的只有一千到两千字，其余的很可能是地名或者氏族名以及合体字。油就是一个地名，此水大致在今湖北宜昌地区境内。也就是说，按照许慎的说法，由和油压根儿不是同一个字。

在古文字里，表示油脂的字是膏和脂，都是动物脂肪提炼出来的。那由到底该怎么解读？

在字典中可以找到两条甲骨卜辞：“贞，有疾齿隹有由？又，贞，有疾齿不隹有由？又，贞，有由。”贞是卜问，这条卜辞的意思是：卜问，牙齿有毛病，有原因，还是没有原因？结论是，有原因。从卜辞上看，就是原因的意思。

由和油不是同源，因为殷商时期的油脂是动物油，常态是固态而非液态。汉以后中国才有了液态的植物油，借用了古河流名“油”，才有了我们今天说的油。所以网络上解释由是液态的也不正确。

膏，甲骨文是代表庙堂之高的高，下面一个表示肉的夕(实际上是月的简写)，合起来表示敬献给庙堂的动物油膏。油膏是动物的精华，敬神当然要用最好的东西。

那么脂又怎么解释？金文脂是勺子下面加一个器皿表示美味的旨，下面一个表示肉的月，合起来表示美味的动物油脂。篆书则调整成左右结构。

膏和脂有什么区别？《说文解字》：“脂，戴角者脂，无角者膏。从肉，旨声。”意思是说：脂，有角动物的脂肪叫“脂”，无角动物的脂肪叫“膏”。字形采用“肉(月)”作偏旁，采用“旨”作声旁。

《考工记》郑注：“脂者，牛羊属；膏者，豕属。”古人之称谓，分得非常清楚。同是荤油，牛油羊油必称脂，猪油必称膏。那脂肪的“肪”呢？这个字特指动物腰上肥厚的油脂。也有一种说法是，脂指凝固的油，膏指融化的油。

另外需要说明一下，汉字中月字旁的字和月亮无关，实际上是肉字旁，和肉体有关。脂、膏这些提炼出来的动物油，除了敬神外，当然人也能吃。能点灯用吗？最早的灯具发现于战国时期。著名的长信宫灯是西汉时期的。根据宫灯利用宫女袖子收集引导油烟的设计，应该是使用动物油，而不是烟尘很少的蜜蜡。

我们今天食用的植物油，也就是素油，最早是张骞出使西域带回来的芝麻提炼的，提炼技术也应该是由西域传入。芝麻原来叫胡麻，汉语里带胡的，大多是指西域进口而来，如胡瓜（黄瓜）、胡琴、胡服，等等。

由于有了这种液状的植物油，古人就借用了河流的名字“油”来称呼这种物质。现在，油不仅指可食用的油脂，还泛指从矿物中提炼的油脂，比如石油。由于它光亮润滑的特性，也用来形容一个人的圆滑并略带贬义，如老油子。

[yán]

盐

缺 

甲骨文 金文 篆书 隶书 楷书

《舌尖上的中国》中的一位美食家说，世界上最难吃的食物，是没放盐的食物。汉代王莽曾在诏书中说道：“夫盐，食肴之将。”意思是盐是食物中的将军。

金文盐是一个器皿的皿，上面一个卤水的卤，卤的原义是未加工过的含盐的咸水，而加上器皿，表示人工提炼过的食盐。有的金文加上了表示查看的监，监的原义是用水盆照镜子，在这里表示监看卤水转化为晶体的情况。

《说文解字》：“盐，咸也。从卤，监声。古者，宿沙初作煮海盐。”意思是说：盐是咸味的。字形采用“卤”作偏旁，采用“盐”作声旁。一个名叫“宿沙”的人最早开始通过蒸煮海水制盐。用海水煮盐，肯定要用心监察。夙沙氏传说是黄帝时的诸侯，开始以海水煮乳，煎成盐。其色有青、黄、白、黑、紫五种。

黄帝时的传说很难考证，当古代先民处于“食草木之实，鸟兽之肉，饮其血，茹其毛”（《礼记·礼运》）的蒙昧时代，尚不知何为咸味，亦不知盐为何物。后世人们在祭祀用的肉汤中不加盐，即所谓“大羹不致”，以表示对古礼的遵循。据说在清朝末期，大臣们

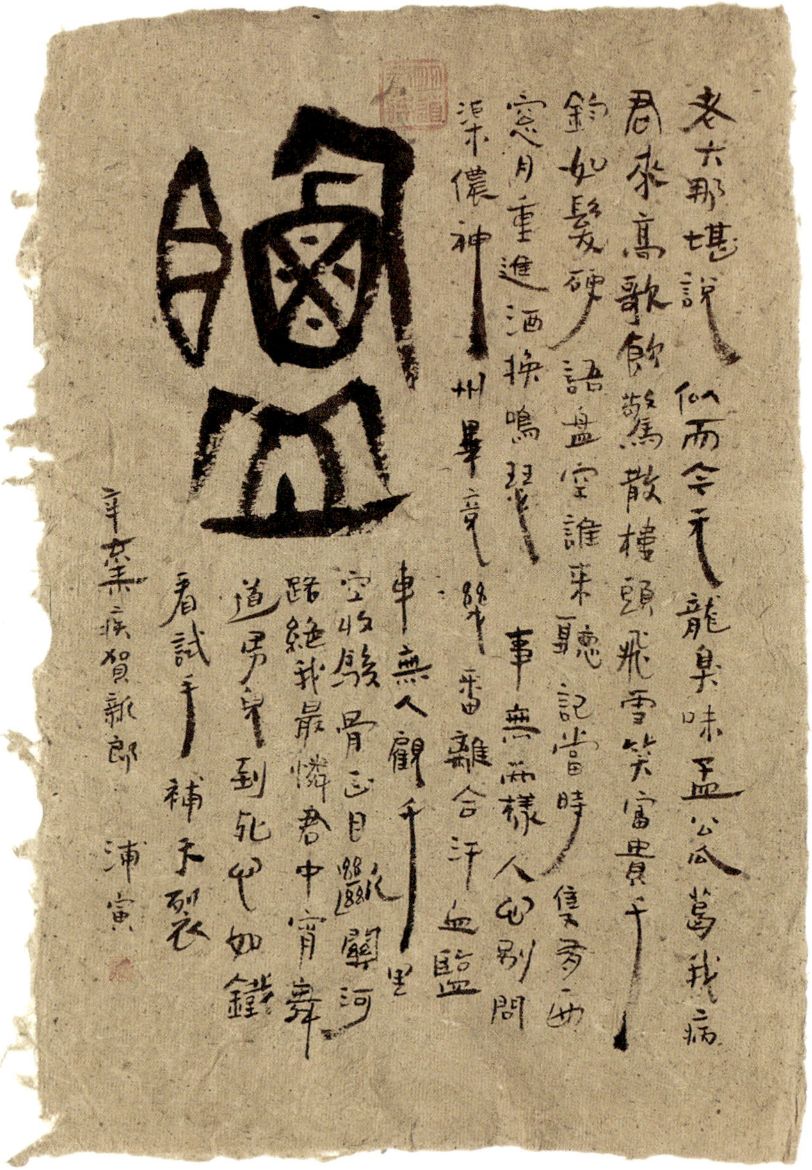
老大那堪說似而今元龍臭味孟公瓜葛我病君來高歌飲驚散樓頭飛雪笑富貴千鈞如髮硬語盤空誰來聽記當時只有西窗月重進酒換鳴瑟事無兩樣人心別問渠儂神州畢竟幾番離合汗血鹽車無人顧千里空收駿骨正目斷關河路絕我最憐君中宵舞道男兒到死心如鐵看試手補天裂
辛棄疾賀新郎 浦寅

参加祭祀仪式的时候，会在马蹄袖里藏点盐，然后在分给自己的祚肉上偷偷撒一点，否则真是难以下咽。因而可以推论，古代先民确实曾经历过一个不知食用盐的漫长历史时期。

甲骨文中没有盐字，只有卤，表示用盐水浸泡食物，以便防腐，长期保存。《尚书·禹贡》记载“青州，厥贡盐、絺”，即青州在夏代就产盐，并且作为“贡品”献给夏王享用。这种做调味品的盐极为珍贵，要作为贡物上交。因而中国关于食用盐的文字记载，最早可以溯推至夏代。

到了周代，人们已经把咸味作为“五味”，即酸、苦、辛、咸、甘之一。注意没有辣，辣椒是明朝末年才从美洲传入中国。有意思的是，盐在古代不仅是敬神的供品，还是治疗疾病的药物。《周礼·天官·冢宰》中就有“以咸养脉”的记载。人一旦吃上盐，就再也离不开了，盐成了国之重宝，百味之祖。因此盐成为利润很高的商品。

篆书盐继承了金文的写法，再现了海水煮盐的情景。春秋时期的齐国就是通过制盐崛起的。即管仲有名的“渠展之谋”。管仲对齐桓公说：“大地资源最丰富的国家有三个，齐国也在其中。楚国有汝河、汉水的黄金，齐国有渠展所产的盐，燕国则有辽东所产的盐。现今齐国既然拥有渠展的盐产，就请君上您下令砍柴煮盐，然后由政府征收而积存起来。”管仲煮盐，却不允许民众经营，而是国家收购。

桓公说：“好。”从十月开始征集，到次年正月，已有成盐三万六千钟。于是召见管仲询问说：“这些盐要怎样经营运用？”管仲回答说：“初春一到，农事即已开始，规定各大夫家里不得修坟、修屋、建台榭和砌墙垣。同时还规定北海沿岸的人们不得聚众雇人煮盐。这样，盐价一定会上涨十倍。”

不许营造土木工程是保证农业生产，不许煮盐，造成短缺，人为操纵盐价上涨。

桓公说：“好。下一步如何行事？”管仲回答说：“请下令把盐卖到梁、赵、宋、卫和淄阳等地。它们都是靠输入食盐过活的。国内无盐则人民浮肿，守卫国家，用盐特别重要。”桓公说：“好。”于是下令出卖，共得黄金一万一千多斤。

用别的国家稀缺的盐换取自己稀缺的黄金，管仲开启了盐铁国家垄断经营的先河，汉武帝时期盐铁产、运、销完全官营，于是国库充实，汉武帝的“犯我强汉者，虽远必诛”才成为可能。

有“官盐”就有私盐，凡有管制的地方必然存在走私和黑市。而一些著名私盐贩子也写入了章回演义中，最著名的私盐贩子就是“待到秋来九月八，我花开后百花杀”的黄巢。

明朝实行纲运法，官府指定少数资本雄厚的商人，在向官府交纳盐款后，拥有收购和销售的特许专营权利。经营盐业的徽商崛起，成为巨富。清朝的盐商更是富可敌国。网上有个数据，以乾隆三十七年（1772）为例，这一年，中国的经济总量是全世界的百分之三十二，其中扬州盐商提供的盐税占了百分之八。

《舌尖上的中国》有一集叫作“时间的味道”，介绍了腌腊、风干、糟醉和烟熏等古老保鲜的方法，泡菜、腊肉、腌鱼、火腿、虾酱等，意外地让我们获得了更加醇厚鲜美的味道。说：“这是盐的味道。山的味道，风的味道，阳光的味道，也是时间的味道，人情的味道。时间是食物的挚友，时间也是食物的死敌。”但我要说，盐才是时间和美食最好的朋友。

[jiàng]

酱

甲骨文　金文　篆书　隶书　楷书

在中国古代发明中，酱的发明是最没有争议的。传说一百多年前官老爷爱吃鲜鳜鱼，路上鱼死后发臭了，渔家舍不得扔，就清洗干净用盐腌了起来，不料到地方后把臭鱼试着烹调，结果鲜美无比。

中国自古以来就是多灾多难，常年闹饥荒，所以中国人对食物向来都很珍惜，不仅动物，野菜甚至树叶、树皮、观音土都吃，而且动物身上的任何部位都不会浪费，鸡头、鸡爪、鸡肠都有不同吃法。那么变质的东西自然也是舍不得的。酱的发明也应是出于舍不得的心理。

甲骨文酱是一个大鼎，上面一个夕，这里表示肉食，爿表示木片，合起来是用木片搅拌鼎中的碎肉，发酵成为糊状的肉酱。那时候的酱是通过酒来发酵的。

这两个是大篆字形，都有酉字，酉是一个酒罐子，表示酒。大篆的另一个字形用“卤”替代了“酉”，即酒，“卤”代表盐，表示用盐腌制肉酱。最早的肉酱也叫醢（hǎi），是由兽肉做成的，其加工方法，是将新鲜的好肉研碎，用酿酒用的曲和盐拌匀，再倒些酒进去，装进容器，容器用泥封口，放在太阳下晒，百日以

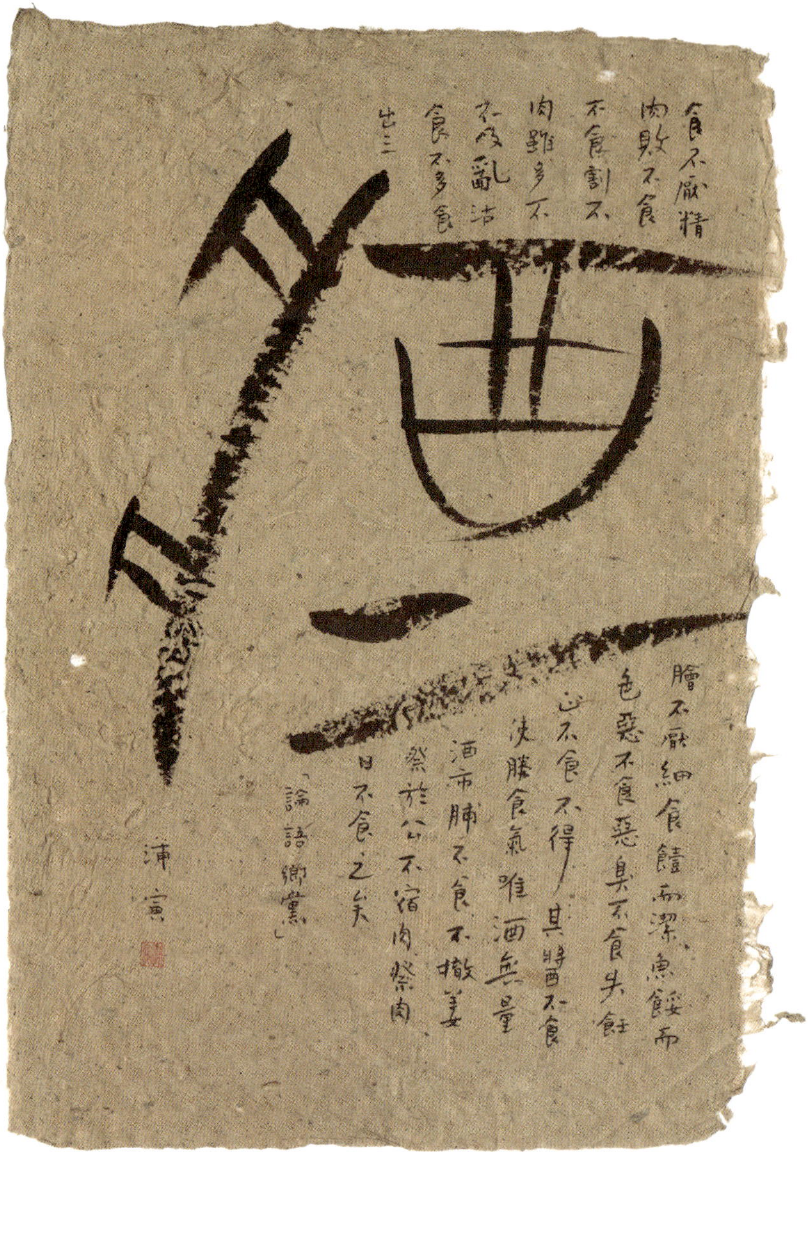
食不厭精
肉敗不食
不食割不
肉雖多不
不及亂沽
食不多食
出三
膾不厭細食饐而餲魚餒而
色惡不食臭惡不食失飪
正不食不得其醬不食
使勝食氣唯酒無量
酒市脯不食不撤薑
祭於公不宿肉祭肉
日不食之矣
「論語鄉黨」

后才可食用。

作为王公贵族专享的奢侈品，《周礼》中记载了不同的肉酱：麋肉酱、鹿肉酱、獐肉酱、田螺肉酱、蛤蜊肉酱、唇蛤肉酱、兔肉酱、雁肉酱等，不同的酱搭配不同的主食：雕胡米饭和野菜羹配螺肉酱，干肉粥配兔肉酱，熟麋肉片配鱼肉酱，吃鱼片配芥酱。如此讲究，难怪孔子“割不正不食，不得其酱不食。”宫廷中甚至有专门管理酱的人，叫“醢人”，和“酒人”“浆人”一样，都是后勤部门的重要官员。

到西汉以后，出现了豆酱。马王堆一号汉墓中就发现了豆酱。有了豆酱，自然就有了酱油。东汉时称为清酱，是酱缸上层澄清的一层液体，到宋代，才开始叫酱油。

可见，酱的“酉”字表明最早的酱是酒酿的碎肉，盛放在三足大鼎里，是贵族专享的奢侈品；后来有了带“卤”的字符，表明用盐腌制肉酱；肉酱有很多种，不同的食品配不同的肉酱；进入西汉以后才有了豆酱，酱和酱油从此进入寻常百姓的厨房，并传播到朝鲜、日本、东南亚，成为亚洲共同的美食传统。

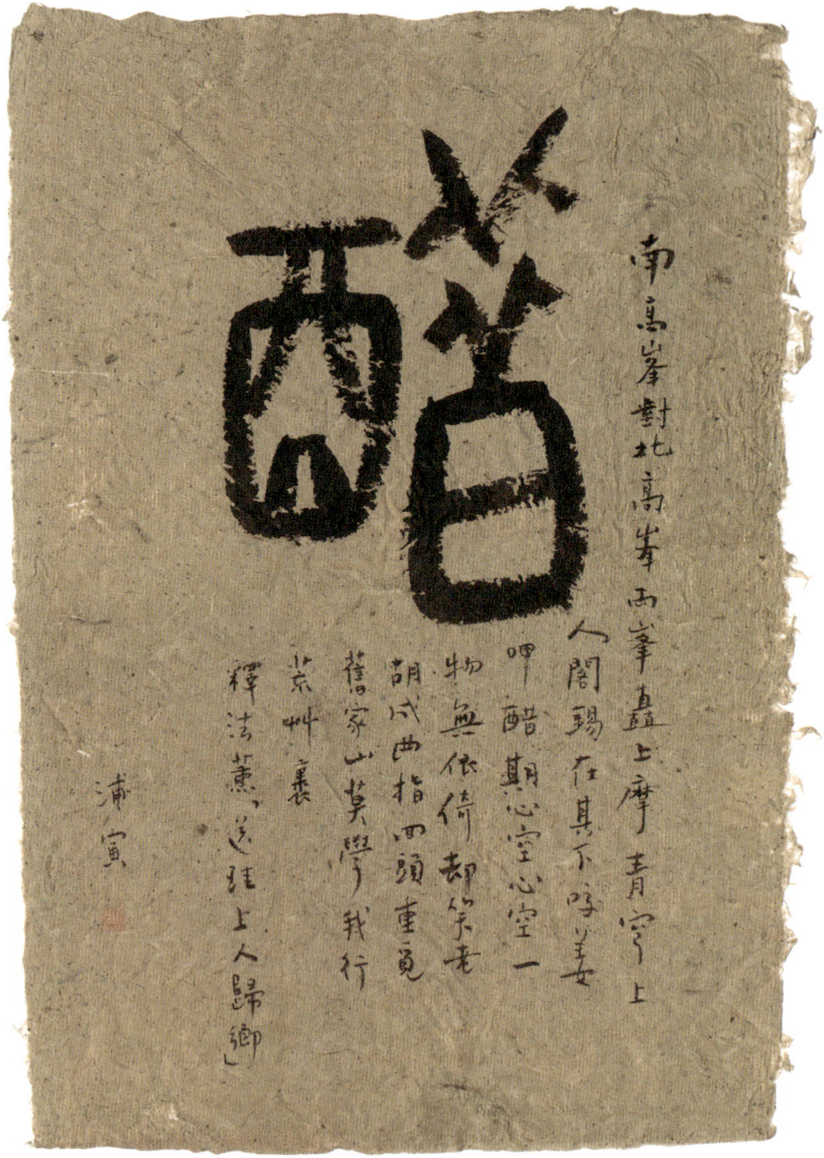
南高峯對北高峯兩峯直上摩青空上
人閣錫在其下呼妻
呷醋期心空心空一
物無依倚卻笑老
胡成曲指回頭重覓
舊家山莫學我行
荒艸裏
釋法薰送珪上人歸鄉

[cù]

醋

缺	缺		醋	醋
甲骨文	金文	篆书	隶书	楷书

篆书醋是一个酉加上昔，酉是酒的意思，昔表示过去。这个字形揭示了醋的来源，它是酒在自然环境中由于微生物的发酵作用而变酸形成的。

昔的甲骨文是代表太阳的日，上面是横着流的水，江水横流，表示这是泛滥成灾的洪水。水在上，日在下，表示洪水滔天的过往日月，很像老人给年轻人讲古代故事的情景。这容易让人联想起大禹治水，还有诺亚方舟。古老的民族传说中都有这样的大洪水，这就是往昔的昔，加上心字旁，对过往用心，就是珍惜的“惜”。

醋是酒的衍生物，酒醋同源，凡是能够酿酒的古文明，都会酿醋。不同的是，东方国家以谷物酿造醋，西方国家以水果酿醋。古埃及时就已经出现了醋。传说埃及艳后克利奥帕特拉七世就非常喜欢喝醋。有一次，她和自己的情人——罗马将军安东尼打赌，看谁能够在一次用餐中花掉更多的钱财。克利奥帕特拉就用醋溶解珍珠，一饮而下。据说这种饮品是克利奥帕特拉的美容妙法。

在中国，通常认为醋在西周时就开始酿造，但也有人认为醋起源于商朝或更早。

醋在古代称“酢”，酢字出现在周朝以前，周王室中已有了“酢人”，专管王室中酢的供应，日本如今仍用酢字称醋。酢的右边是乍，是作的原字，来源于用斧劈砍木头制作器物，表示人工制造的意思。酢的意思就是人工有意酿制的酸味食品。

酸的大篆是一个酒坛子加上一个骏的右半边，原义是高大的神像，这个字符组的字通常与高大挺拔有关。如加人为俊，英俊；加马为骏，骏马；加山为峻，峻峭；等等。那加西，即酒呢？应该指这种味道非常刺激。

酸、苦、甘、辛、咸，在古代的五味中，酸的味道最为刺激。所以这样的味道也用来表示人的心情。

说到醋和酸，自然就想到吃醋，人们用拈酸吃醋来形容人因妒忌而产生的不理性行为。但吃醋的来由其实有点惨烈。唐朝时唐太宗为了笼络当朝宰相房玄龄，准备赐给他美女，为他纳妾。但房玄龄坚辞不受。唐太宗知道房玄龄不是不想要而是不敢要，他家夫人是有名的厉害，坚决反对房玄龄纳妾。唐太宗不信他都管不了，让人给房玄龄夫人送去一壶毒酒，说要么同意纳妾，要么喝毒酒。房玄龄夫人也真是刚烈，把那壶毒酒一口喝下。结果那壶里不是毒酒，而是香醋。从此，吃醋、醋坛子就成为妒忌的代名词。

在古代，道德信条是不孝有三，无后为大，为子孙繁衍，道德和法律上都是允许男人一夫一妻多妾的，那时候的道德要求正妻不仅要允许男人纳妾，甚至最好主动给男人张罗，生养得越多越好。而且在古代，妾的身份低微，可以被买卖甚至赠送，必须服从正妻。所以房玄龄夫人的这个举动就被形容为贬义的吃醋，容不下别人。但用今天的眼光看，房玄龄夫人正是在维护自己的权益。房玄龄夫人不仅不屈就当大官的房玄龄，就连一言九鼎的皇帝也不能让她屈服。

其实吃醋好处多多，能够抑菌去腥，软化血管。和酒、酱一样，这些更加丰富的营养来自发酵，来自酝酿。酝酿这两个字都来自制酒。酝，篆书是酉字加上蕴的省略，表示酿酒积聚、蓄藏。酿，篆书是酉字旁加上襄理的襄，表示用酒米、酒曲等帮助发酵。酝酿的本义就是酿酒的过程。

酒、酱、醋都是发酵的产物，是时间的馈赠。发酵让原本可能败坏的东西具有了新的风味和营养，时间赋予了食物新的生命。人生何尝不是如此，孕育新的事物，无不需要过往经历和知识的酝酿。

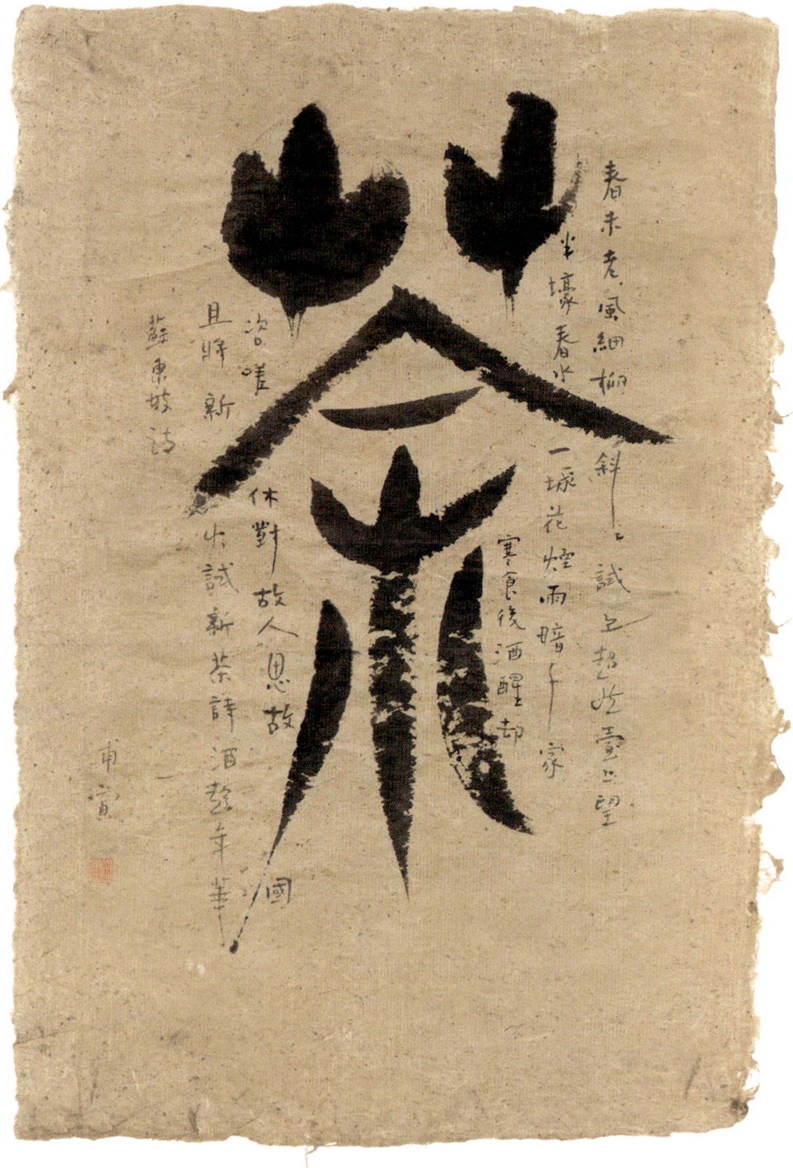
茶
春未老風細柳斜斜試上超然臺上望
半壕春水一城花煙雨暗千家
寒食後酒醒卻咨嗟
休對故人思故國
且將新火試新茶詩酒趁年華
蘇東坡詩

[chá]

茶

缺	缺	茶	茶	茶
甲骨文	金文	篆书	隶书	楷书

对于老百姓而言，茶是生活寻常之物。而对于高人雅士，则是“洗砚鱼吞墨，烹茶鹤避烟”。高雅得不食人间烟火。那么，汉字茶的来源究竟是什么，反映出怎样的茶文化？

甲骨文、金文甚至篆书里都没有茶字，说明茶是比较晚才出现的事物。传说茶是神农发现的，有“神农尝百草，日遇七十二毒，得茶而解之”之说。没错，这个“茶”，小篆有，是茶最早的传说。

茶是草字头，表示植物，下面一个多余的余。余的甲骨文，是一个简易的茅草房，下面用带枝杈的木头柱子支撑，区别于宋，只有一个木作为主干，余表示支撑木有多余的枝杈。所以这个字后来作为第一人称谦辞，意思是我是主流之外多余出来的人。

草字头下面的余，表示草木中多出来的部分，也就是与众不同的草木。荼是茅草、芦苇开出来的白色小花，同时也指一种苦菜。再有，就是这种可以作为香料的树叶了。

茶含有十多种对人体有益的维生素，还含有多种功能的药效成分，如茶多酚、咖啡因、脂多糖等。的确是种特殊的植物。饮茶，有人说自西周就开始了，因为有蜀地进贡茶叶的记载。还有人认为喝茶是从秦汉开始的。人们采集这种芬芳的树叶，煮水敬神，并消食解毒。

最新的考古发现，河姆渡文化田螺山遗址出土了距今六千年左右的山茶树根，经专业机构检测认定，为山茶属茶种植物的遗存，是迄今为止我国境内发现的最早的人工种植茶树的遗存。

在茶还念荼的时候，茶叶的主要功能是药用，在唐代以前，人们饮茶的方式更类似于现在的擂茶，把茶叶、生姜、生米放到碾钵里擂碎，然后用沸水冲饮。若能再放点芝麻、细盐进去则滋味更为清香可口。其主要作用是解毒。

茶字据说是陆羽发明的，说陆羽将荼字减去一横，以强调“草木中的人”。但其实，茶字最早出现在魏晋南北朝时期的陶罐上，是荼字的俗写。在魏晋南北朝时期，人们已经用茶来代酒，倡导简朴清淡的生活态度。而这也是一个佛教兴盛的时代，高僧们发现茶不仅清新爽口，还有提神醒脑的功用，禅茶开始在佛教中兴起。

在陆羽的时代，茶有五种称呼：

茶 chá，苏轼说：“唐人煎茶，用姜用盐。”

槚 jiǎ，古书上指茶树，是一种苦茶。

蔎 shè，古书上说的一种香草，也是茶的别称，香茶。

茗 míng，早采的为“茶”，晚采的为“茗”，后泛指茶。

荈 chuǎn，采摘时间较晚的茶。

茶有这么多种称呼，说明那时候饮茶已经很讲究。陆羽为茶专门写了一本《茶经》，从此喝茶不是吃药，而成为一种文化。陆羽被尊为茶圣，当之无愧。

从《红楼梦》，贾母带着刘姥姥逛大观园，来到妙玉的栊翠庵喝茶一段的描写中，我们不仅能够读到饱含深意的故事，还能够了解茶文化的几个最重要的特点。

第一，茶要好，并且对。贾母说："我不吃六安茶。"妙玉笑道："知道，这是老君眉。"两种茶有什么区别？两种茶都是贡品，最好的茶。区别是六安茶产于安徽，是经典的绿茶。而老君眉是湖南洞庭湖产的君山银针，是黄茶。黄茶是轻发酵茶。较之绿茶，对胃刺激较小，所以老人要喝老君眉。

第二，环境好。贾母来到栊翠庵，见院中花木繁盛，贾母笑道："到底是他们修行的人，没事常常修理，比别处越发好看。"曲径通幽处，禅堂花木深，这样的环境才是品茶的佳境。

第三，人要对。贾母把茶给刘姥姥喝，妙玉就嫌弃得要扔掉茶杯，而邀请宝钗、黛玉到一处耳房喝体己茶，宝玉蹭了进去。喝茶，一定要聊得来。

第四，水要好。妙玉给贾母喝的是"陈年蠲（juān）的雨水"。喝茶一定要有好水。明张大复《梅花草堂笔记·试茶》："茶性必发于水，八分之茶遇水十分，茶亦十分矣；八分之水试十分之茶，茶只八分耳。"

为什么要用雨水喝茶？陆羽认为："山水上、江水中、井水下。"雨水是无根水，也叫天泉水，比山泉水还好。苏东坡在《论雨井水》一文中说："时雨降，多置器广庭中，所得甘滑不可名，以泼茶煮药，皆美而有益。"说的是在自家庭院收集雨水，喝起来又甜又滑，妙不可言。旧年蠲的雨水就更讲究了，所谓"蠲浊扬清"，蠲在此处用作沉淀净化的作用。

妙玉请闺蜜喝体己茶就讲究到令人惊叹了，是用寺院梅花上的雪水，存了五年。唐人陆龟蒙在《煮茶》诗中说："闲来松间坐，看煮松上雪。"宋朝苏轼在《记梦回文二首并叙》诗前“叙”中也说过“梦文以雪水煮小团茶”。乾隆皇帝在钦定北京玉泉山水为“天下第一泉”后说，更好的水是雪水。

第五，茶器要好。妙玉拿出来的茶具都是价值连城的古董，暗示了她出身不凡的身份背景。有趣的是，她因为刘姥姥用过就嫌弃不要的“成窑五彩小盖钟”，应该是成化斗彩。成化斗彩中最出名的是鸡缸杯。到现在，据说存世只有十九件。

茶其实是一种生活方式、生活态度，就是我们今天常说的“诗意地栖居在大地上”。

[shí]

食

甲骨文　金文　篆书　隶书　楷书

古人怎么吃饭？

甲骨文的食，是一个有脚的容器豆，表示装满食物，上面一个盖子A，两个点表示热气。合起来表示热气腾腾的食物准备就绪，可以吃饭了。

把热的食物盛放在容器里进餐，本身就是文明的表现。中国古称华夏，华是华服，夏是成人，穿着衣服的成人就是文明人，因为四夷未开化的人断发文身、不穿衣服。同理，钟鸣鼎食是把食物放在鼎、豆这样的容器里，鸣钟奏乐，当然也是文明的表现，而四夷未开化的人茹毛饮血，吃生肉。这文明的食器里盛着什么样的食物呢？是混合着小米、蔬菜和碎肉的粥或米饭。

中国历史上有一个出名的昏庸皇帝，西晋惠帝司马衷。这是一个锦衣玉食，从来不知民间疾苦的公子哥。一次，全国闹饥荒，老百姓没饭吃，饿死无数。皇帝听了大臣汇报后，感到很奇怪，竟问侍臣：“老百姓既无饭吃，何不食肉糜？”这荒唐的话语成为千古笑话。肉糜就是碎肉混合粮食熬成的粥，类似皮蛋瘦肉粥。当然那时候没有皮蛋，在皇帝那儿，肉糜是最平常的食物。而普通百姓，能

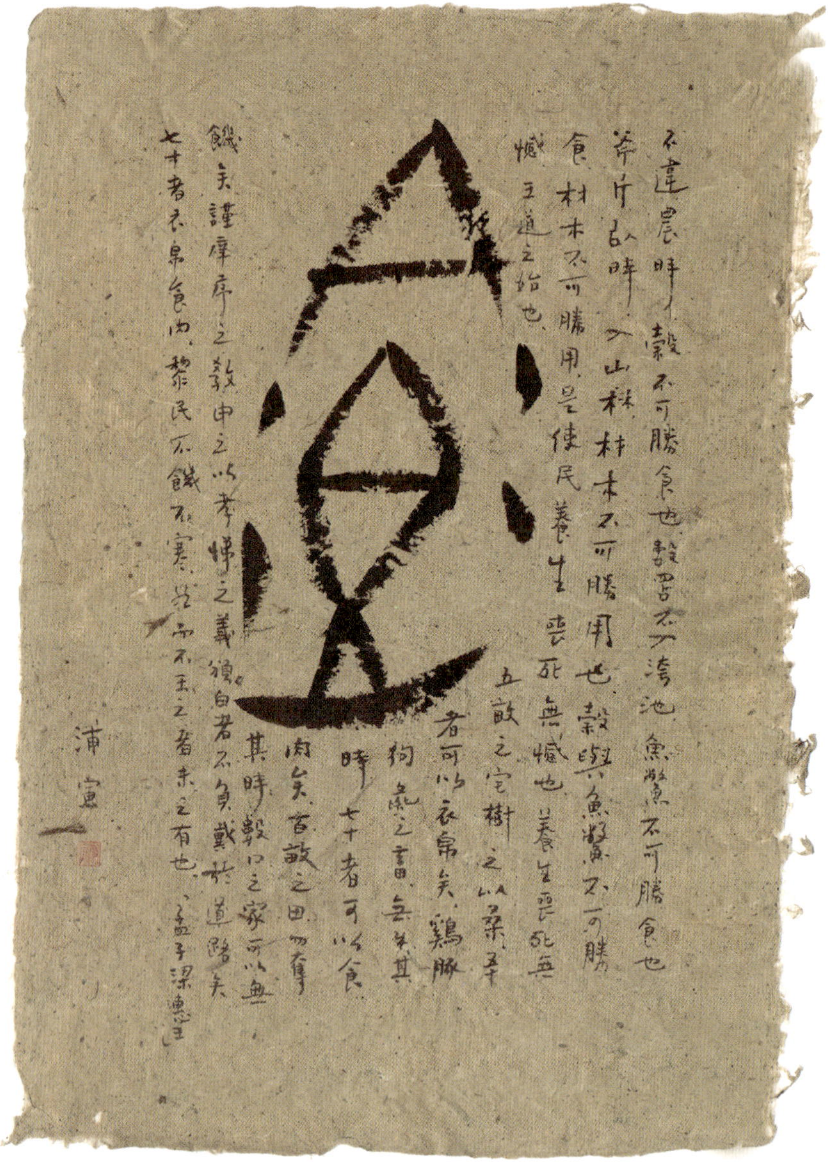
不違農時，穀不可勝食也，數罟不入洿池，魚鱉不可勝食也，
斧斤以時入山林，材木不可勝用也。穀與魚鱉不可勝
食，材木不可勝用，是使民養生喪死無憾也。養生喪死無
憾，王道之始也。
五畝之宅，樹之以桑，五
十者可以衣帛矣。雞豚
狗彘之畜，無失其
時，七十者可以食
肉矣。百畝之田，勿奪
其時，數口之家可以無
飢矣。謹庠序之教，申之以孝悌之義，頒白者不負戴於道路矣。
七十者衣帛食肉，黎民不飢不寒，然而不王者，未之有也。孟子梁惠王
浦寅

有口粥就不错了，肉是奢侈品，所以他们称贵族为肉食者，意思是吃肉的人。

金文的食将表示容器的“豆”写成。篆书的食将金文字形中豆器的脚部写成“匕”，也就是匙子，像拿着勺子进食。筷子是汉代才普及的，在此之前，人们用手吃饭。所以在出土的青铜器里，专门有餐前洗手用的匜（yí）。

有三个汉字，形象地描述了古人用餐的过程。立即的即，一个人来到豆前，谨慎地跪坐，准备就餐。卿，主宾双方恭敬地跪坐，准备用餐。既，表示吃完告退。这三个金文都是卿的变体，是食的细节，表现用餐时彬彬有礼的情形。

有吃有喝的正餐为“食”。从商代到汉代，一天吃两顿饭。七点至九点是“大食”，一天最主要的一顿饭，是一天体力活动的主要能量来源。下午三点至五点是“小食”，量少而简单。至于晚上？晚上连灯都没有，最早的灯出现于战国时期，大多数人晚上早早地洗洗睡了。

花謝花飛飛滿天 紅消香斷有誰憐 遊絲軟系飄春榭 落絮輕沾撲繡簾 閨中女兒惜春暮
愁緒滿懷無處訴 手把花鋤出繡簾 忍踏落花來復去 柳絲榆莢自芳菲 不管桃飄與李飛
桃李明年能再發 明歲閨中知有誰 三月香巢已壘成

梁間燕子太無情 明年花發雖可啄 卻不道人去梁空巢也傾 一年三百六十日 風刀霜劍嚴相逼
明媚鮮妍能幾時 一朝漂泊難尋覓 花開易見落難尋 階前悶殺葬花人 獨倚花鋤淚暗灑
灑上空枝見血痕 杜鵑無語正黃昏 荷鋤歸去掩重門 青燈照壁人初睡 冷雨敲窗被未溫
怪奴底事倍傷神 半為憐春半惱春 憐春忽至惱忽去 至又無言去不聞 昨宵庭外悲歌發
知是花魂與鳥魂 花魂鳥魂總難留 鳥自無言花自羞 願奴脅下生雙翼 隨花飛到天盡頭
天盡頭 何處有香丘 未若錦囊收艷骨 一抔淨土掩風流 質本潔來還潔去 強於污淖陷渠溝
爾今死去儂收葬 未卜儂身何日喪 儂今葬花人笑癡 他年葬儂知是誰 試看春殘花漸落
便是紅顏老死時 一朝春盡紅顏老 花落人亡兩不知

紅樓夢 葬花吟

溥儒

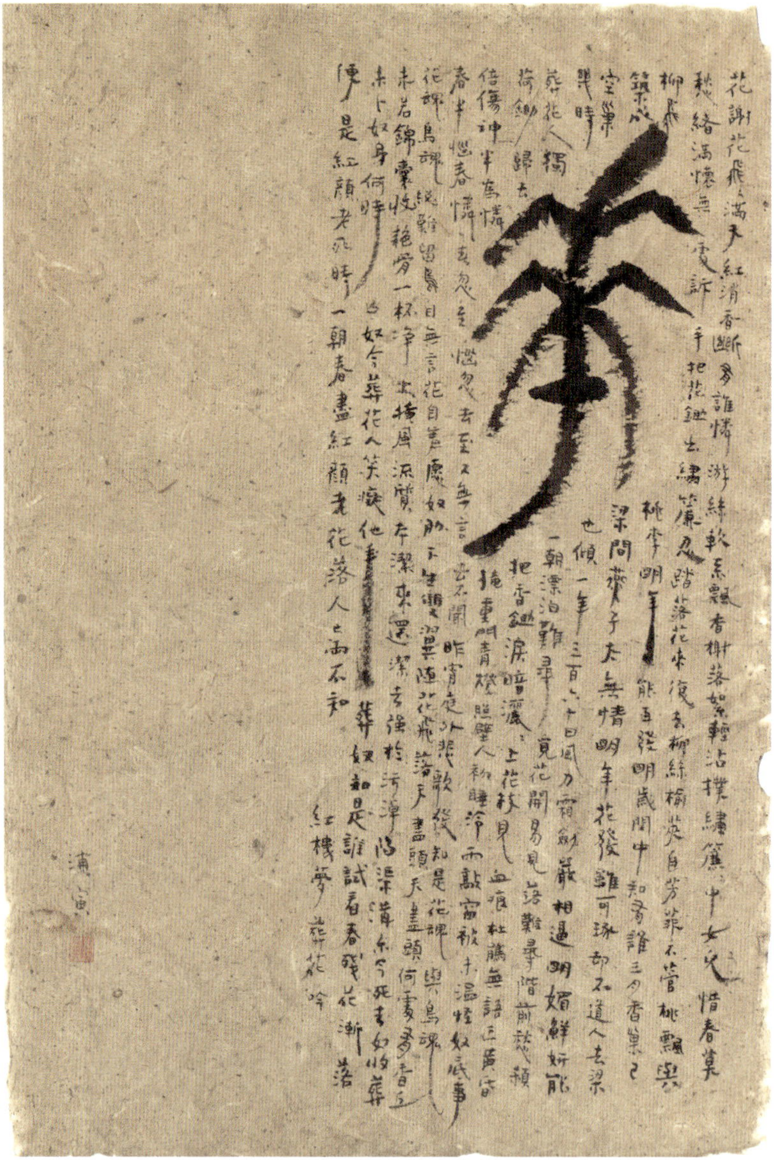

[huā]

花

甲骨文　金文　篆书　隶书　楷书

“花”和“华”其实是同一个字。

甲骨文的华是一棵树上开满了花的样子，原义是木本植物开的花，区别于草本植物的花——荣。

金文将甲骨文字形进行了规整。篆书基本延续了金文的字形。有的篆书增加了草字头“艸”，成为繁体字“華”的原型。

我们现在使用的“花”字是隶书才有的，草字头下面是变化的化，这个字，泛指所有的花，我们现在已经不用“荣”和“华”去细分草本植物和木本植物的花了。

“花”字造得特别好，要领会这个字的妙处，先要认识这个“化”字。化，意味死亡，也意味新生。甲骨文的化是两个人形，一个正常站立，一个却是大头朝下整个颠倒过来了，表示事物发生了根本性的改变。

这样的改变是怎样发生的呢？可能是死亡。古代管死亡叫大化，焚烧叫焚化，僧人死亡也会叫坐化。但是化并不简单指死亡，它通常指一种很大，甚至是脱胎换骨的改变，比如佛教用语化度、化缘，就是指通过行善、修行而达到人生的一种根本改变，臻于化境，进入更高的境界。所以化同时引申为生长、化育，化育万物就是指自然界生成万物的功能。

由此看来，由草字头下面一个化构成的花，具有哲学上的意义。花是植物最绚烂的时刻；花是植物生长的一个过程，是变化；花是死亡，最绚烂的时刻就是开始衰败死亡的时刻；花是新生，花的凋零固然令人惋惜，但花落正是缔结果实的开始。

这样，我们就不难理解消费叫花钱。因为花是绚烂，消费金钱的时刻就是实现价值的时刻，是令人心花怒放的时刻。但同时，也是金钱消亡的时刻，是变化的时刻，是转换为新的价值的时刻。

对待花开花落，诗人们历来有两种态度，一种是惋惜，“花谢花飞飞满天，红消香断有谁怜”，这是林黛玉的自伤身世。“零落成泥碾作尘，只有香如故”，这是陆游的风骨。还有一种态度是欢呼事物的新生：“春眠不觉晓，处处闻啼鸟，夜来风雨声，花落知多少。”这是孟浩然的《春晓》，一夜风雨摧毁了花朵，却迎来处处啼鸟生机勃勃的早晨。

人生境遇莫不如此。

[fā、fà]

发

甲骨文　金文　篆书　隶书　楷书

发，简化字把头髮的髮和發展的發合并成一个发，这两个字除了发音相同，其实一点关系都没有。

头髮的髮（fà），未发现甲骨文，金文是一个表示狗的“犬”加上一个表示头部的“首”。

头发长在“首”，即人头上可以理解，但跟狗有什么关系？要理解这个现象，先得了解另一个汉字“囟 xìn”，人头顶有一个部位叫囟门。这里有头盖骨的缝，小孩刚出生时，这个部位并没有完全长合，所以要格外小心地保护。

中国有给孩子留锅盖头的习俗，因为古人相信，囟门就是灵魂的出入口，可以和上天沟通。狗的职责是看家护院，在这里，就是灵魂的守护者。像忠诚的看家狗一样守护自己的头部，守护自己的灵魂，就是头发。这就可以解释头发的发中有一只狗了。

髮的金文是一个巫师的造型，他的头发被盘成天线一样，直耸上天。他们相信这样的发型可以通天。

世界各地都有对头发力量的崇拜。据《旧约》记载，以色列古代英雄参孙力大无穷，天下无敌。非利士人被他打得很狼狈，便想

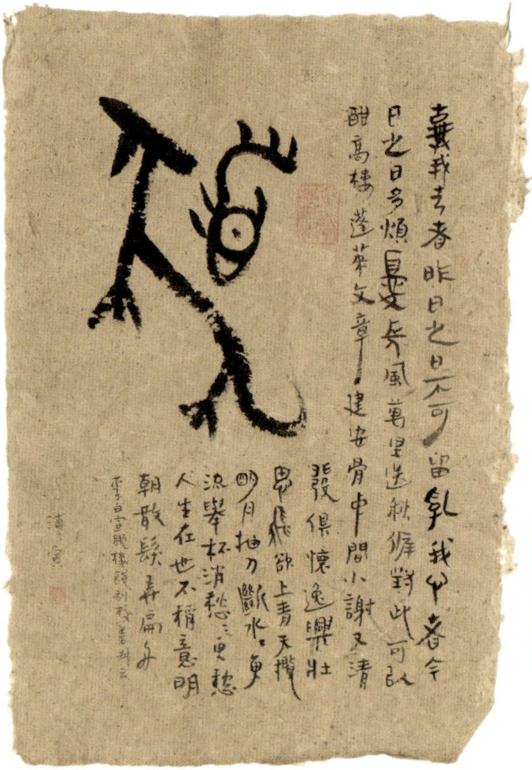
李白宣州謝朓樓餞别校書叔云
浦寅

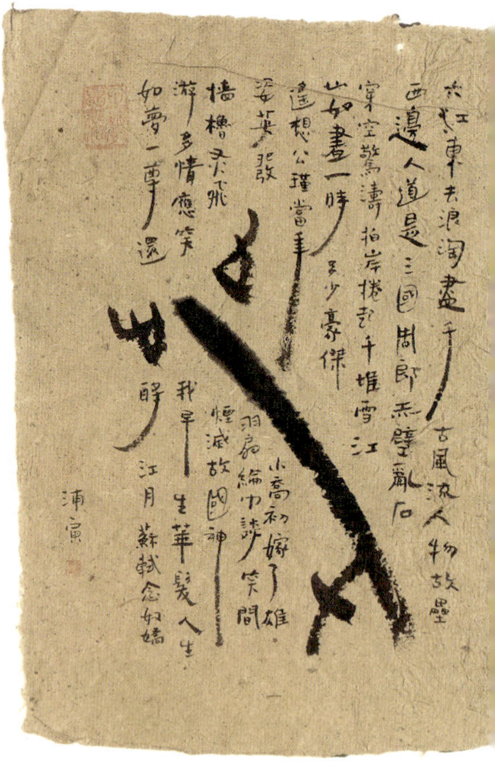
蘇軾念奴嬌
浦寅

方设法套取他力大无穷的秘密。非利士美女大利拉对他色诱成功，终于诱骗他说出秘密。参孙说：“如果剪掉我的头发，我的力气便会完全消失。”结果趁他熟睡，大利拉剪掉了他的头发，参孙束手就擒，被挖掉了双眼，受尽屈辱。故事的结局是，非利士人决定在神庙中再次戏耍他，把他从牢里带了出来。而此时的参孙已经向神忏悔了自己的罪过，头发也已经长了出来。重获力量的参孙撞倒了神庙的石柱，与仇敌同归于尽。

篆书较金文规整了许多，犬的象形、首的象形都还在。有的篆书将“首”改成“髟”（biāo 长毛），强调较“长”的“毛发”，成为长、毛发、犬的组合，那只忠诚的狗还在。但这个字形，传达了另一个重要的信息，即长的毛发。

古人是不剪发的，男女都不剪。小时候把头发绾成两个发髻，像两个牛角，叫总角，十五岁以后要把头发束到头顶，叫束发。在商周时期，束发是中国，也就是中原地区与周边蛮夷的一个重要区别。

《史记》记载周太王有三个儿子：太伯、仲雍和季历。周太王想立幼子季历为王，太伯和仲雍就“文身截发”奔赴蛮荒，以示主动让位。《史记》把这当正面典型宣传，因为断发文身是野蛮人才干的事。

隶化后楷书将篆书写成，那只忠诚守护的犬因为多了一撇而变得有些难以辨认，但其实它还是一个犬字。古人对头发一直很保守，十五岁开始束发的规矩一直守了两千多年。汉字大丈夫的“夫”就是正面站立的人形头顶有一支发簪，束发意味着成人，意味着担当，意味着自我约束。

李白有诗：“人生在世不称意，明朝散发弄扁舟。”意思是：我的人生不合我意，明天我就要散开头发，乘一叶小舟遨游五湖了。李白的诗也从一方面说明散开头发是修道之人才能有的特权，意味着放弃了尘世的束缚。

说到放弃尘世就散发，那和尚为什么反而剃掉头发呢？这是因为在佛教的发源地印度，只有罪犯才会被剃掉头发，普通人被剃头会被认为是奇耻大辱，这跟中国古代是一样的。释迦牟尼佛为了表示舍弃代表高贵庄严的头发，自己挥剑斩断了须发，舍弃这种骄傲之心。后来佛教也把剃发代表斩断烦恼。

俗体楷书“发”依据草书字形发将正体楷书髮简化成现在的发，已经看不出头发的样子了。也从侧面展现了现代人对待头发的态度，仅仅是美观，没那么多讲究了。

下面我们再来说说發展的發（fā）。

發是改变人类命运的动作描述。在石器时代，人类在自然界并不强大，事实上他们经常成为体型比他们大、速度比他们快、牙齿比他们尖利的动物的食物。早期人类的胜出靠两样绝活：语言和工具。语言能够让他们组织起来，设置陷阱、围追堵截；而工具的使用，让他们变得强大起来。汉字发展的发就是原始狩猎使用工具的形象描述。

發，甲骨文是两只脚表示运动状态，手持标枪，表示助跑投枪。發的甲骨文原义是手持标枪，双足飞奔，发力将标枪投掷出去，杀伤野兽或敌人。

小小的标枪，是人类生存的重要节点。表明人类使用工具能力的提高。现代非洲土著，还在用标枪这种原始工具狩猎，具有相当威力。在几十甚至上百杆标枪的围捕下，无论是敏捷高速的鹿、豹子，还是庞大的野牛、河马、大象，都毫无还手之力，轰然倒地。

比甲骨文稍晚一些的金文在原来投掷标枪的造型以外，增加了“弓”字形，表示使用弓箭發射。弓箭不同于削尖木棍做成的标枪，弓箭制造更复杂，射程更远，杀伤力更强。对人类历史发展来说，是一次巨大的飞跃。

对原始人类来说，采集狩猎是生存的主要方式，弓箭的出现，使人类能够获得更多的肉食，促进了人类大脑发育。新石器时代遗址动物骨骸有猴、猪、牛、羊、鹿、獐、狗、虎、熊、象等，表明在工具的帮助下，人类已经可以狩猎几乎所有的动物。恩格斯说：“弓箭对于蒙昧时代，正如铁剑对于野蛮时代和火器对于文明时代一样，乃是决定性武器。”

篆书承续金文字形，有双脚，有弓箭，还有手持的棍棒。《说文解字》：“發，射發也。从弓，癹（bá）声。”由于发射弓箭一往无前的特性，引申为出发、发兵。

楷书把上面的双脚变形为“登高”的“登”的上部，“弓”还在，手持棍棒变成“反文”，發字由“前往”的特性，引申为发达、发财。

简化字的“发”是从草书演化而来，其实汉字一直是两个系统，一个是印刷体的正体字，由于表达准确细分的需要，笔画比较多。另一个系统则是手写体，为了书写方便，有行书和草书，笔画就比较简省。

“发”字就是这样，印刷体比较繁复，草书很简单，但这种草书是绝对不会作为印刷体使用的。因为印刷体要尽量准确。现在电脑输入很方便，输入以后呈现出来的是简体字还是繁体字，就输入的方便性而言，是没有区别的。

发展，是当下的硬道理。从字源学的角度分析，发是弯弓射箭，一往无前；展是平面铺陈，推而广之。发展的规律也是如此。

发的原始含义是投掷标枪狩猎的动作，不论后来变化为弓弩之发射、军队之发兵、商贾之发财乃至社会之发展，最原始的含义不变，就是瞬间爆发的力量。要想成事，一定是厚积薄发。而发那一下，必须一往无前。

[jiā]

家

甲骨文　金文　篆书　隶书　楷书

清人笔记里有这样一个传说，乾隆皇帝出巡，见到一民间女子正在喂猪，停下来端详，会心一笑。侍卫回去把这件事报告了皇后。皇后就下令把喂猪的民女召进宫来，献给乾隆。乾隆说：“你们搞错了，我是看见这个妇人喂猪，一下子领悟到古人造字的奇妙。家字是宝盖下面一个豕（shǐ），豕就是猪，这就是无豕不成家啊。”

“家”字就是房子里有一头猪，宝盖是房子的象形，豕就是猪的象形，你可以看看在甲骨文里，这头猪的生殖器被很明确地标示出来，说明是一头公猪。

用代表房子的宝盖头造的字很多：房子里可以是一个女人，安；可以是一坛酒，富；也可以是一条龙，宠。为什么一头猪，就代表温馨安宁的家？对这个字的解释历来多种多样。

《说文解字》：“家，居也。”但没解释房子里为什么是猪。有人说，古猪舍和房屋相似，家字像“猪居于圈中”之形，就是借用猪舍表示家室。可这说法不具有说服力，别说远古的时候没有这么讲究的猪圈，就算有，为什么不直接造人居于室内呢。1977 年公布的第二期简化字就造了这么一个家字，宝盖头下面一个人民的“人”字，

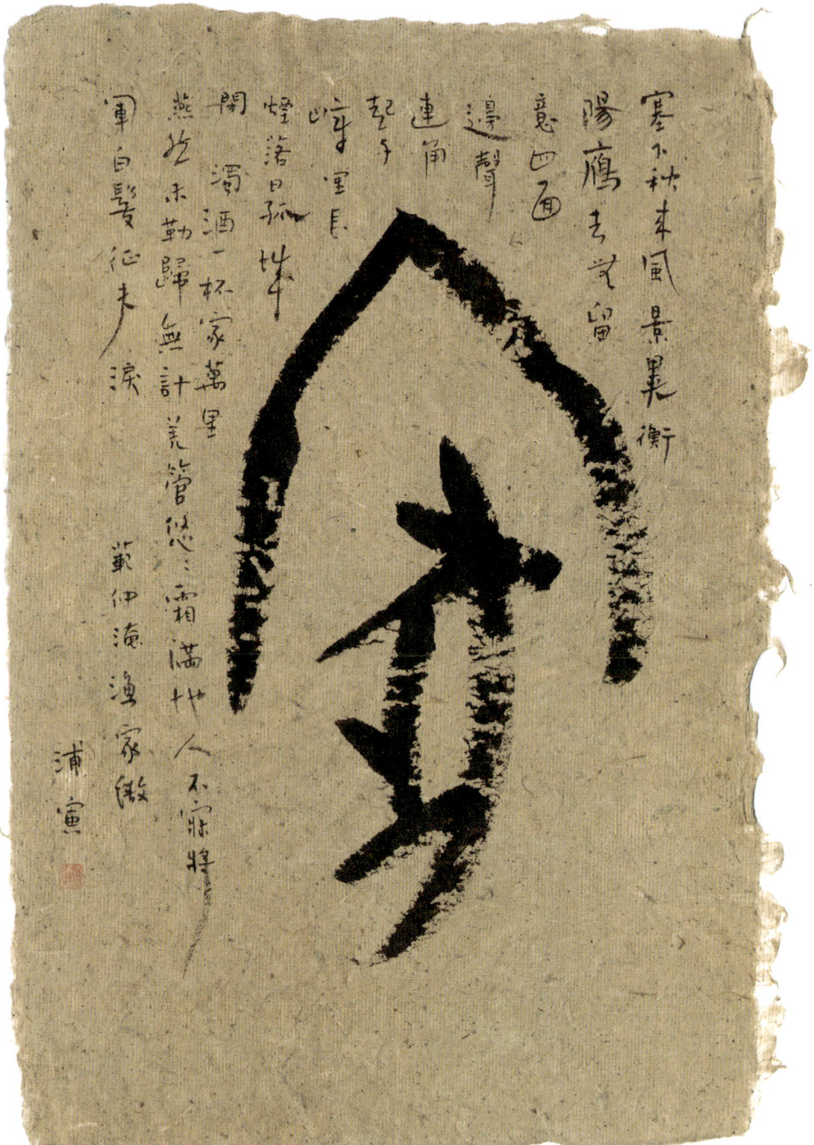
塞下秋來風景異衡
陽雁去無留
意四面
邊聲
連角
起千
嶂里長
煙落日孤城
閉濁酒一杯家萬里
燕然未勒歸無計羌管悠悠霜滿地人不寐將
軍白髮征夫淚
范仲淹漁家傲
浦寅

看着很怪。后来这版简化字由于人民群众用不惯，被废止了。

还有一种说法是在房下养猪。新石器时代，当时的气候温暖潮湿，先民房屋的地板是用柱子支起来的。这种腾空的建筑可隔潮，防止野兽侵袭。下面的空间还可以饲养家畜。两层，一层养猪，二层住人。距今七千多年的河姆渡遗址都是这种房子。如今在我国西南地区还可以看到这样的建筑。对先民来说，猪是极具经济价值的财产，所以用房下的猪代表家庭。

有人说是祭祀。日本汉字学家白川静认为这些动物不是养在屋下，而是埋在地下。但不是猪，而是狗："家乃祭祀先祖的神圣建筑物，即祖庙。此类建筑物开工之前，要先埋入牺牲，以免土地神发怒，此谓‘镇地祭’。古人的住居围绕祖庙搭建，家逐渐演变为住家、家屋。"白川静之所以认为家这个字形宝盖下面是犬而不是猪，是因为根据考古发现，大型宗庙建筑的确要用犬祭祀，不仅犬，殷墟遗址发现，还有牛羊，更有人，但没有猪。可这个字形明明是猪的象形，不是犬。而且，怎么解释这是一头公猪呢？

有人这样解释，说母系氏族社会实行族外婚，外族来的男子只在女人家过一夜就离开，生下来的孩子由母亲和舅舅抚养，云南纳西族的走婚还保留着这样的风俗。原始部落家养的母猪常常遭到外面野猪的性侵，生下一窝小猪，于是先民把这种现象与走婚联系起来，创造了房子下面一头公猪的"家"字。

这一说法的最大问题是脱离实际。野猪光顾人类猪圈，属于偶发事件，不可能成为一种常态，否则留着被拱开的缺口，家里的猪还不都跑光了。究竟这个"家"字是怎么造出来的？

猪和狗是人类最早驯养的动物。石器时代，采集游猎居无定所，农业使人们有可能定居下来。定居，是人类伟大的进化。定居代表进步，文明。

猪是杂食动物，什么都能吃，也不需要专门放牧，猪圈都紧挨着人的住宅，所以养猪意味着定居。想象一下，当疲惫的男人游猎、农耕回来，远远望见带猪圈的自家房屋，家，这个温暖的汉字就诞生了。

那么为什么是公猪呢？这要来看另一个汉字。

“豖”（zhuó）字甲骨文，可以明显看出，这只公猪的生殖器被一刀割掉了，农村管这叫劁（qiāo）猪。这个字现在作为字符不单独使用，另造带立刀的豖字。野猪性情暴躁，獠牙尖锐，冲劲很大，但一旦去势，性情就会变得温和，肉还不腥。早在商代，人们就使用了这种技术。

既然绝大多数的小猪要在出生以后两周进行阉割，那么繁殖的任务就只能留给少数种猪。而这种强大的生殖能力，正是一个家族最看重的，这就是房子里那头公猪的道理。

家，是安居，是开枝散叶，生生不息。

[ān]

安

甲骨文　金文　篆书　隶书　楷书

中国文化一直讲究安居乐业。在甲骨文那个年代，安居同样是美好的梦想，安居的安，就是这样造的字。

甲骨文的安是一个房子里加一个安坐的女人。为什么女人在屋里坐着就是安呢?

在商代，部族之间的战争非常频繁，在殷的周边，有狄（dí）、羌（qiāng）、荆楚等部族，打仗是家常便饭，而在战争中如果被俘虏，就会沦为奴隶。奴隶的奴，就是一只手抓住一个女人，这人就沦为了奴隶。妾，女人头顶上有一把刑刀，这是女奴。奚，是一只手抓住一个被捆绑的人，这就是战俘。及，一只手从后面抓住一个人，是追捕逃跑的奴隶。囚被抓住以后就是这样悲惨的下场。所以，女人能在屋里坐着，是多么安宁的场面。这样的安居实在是来之不易。

先秦时期，北方的民居是半地穴式的，要先在地上挖个坑，然后在上面搭个房子，中间用一个柱子顶上。汉字宋就是表现这种房屋的。

秦代李斯的字体，来自《碣（jié）石颂》，原石已毁，现在

常羨人間琢玉郎天應乞與點酥娘
自作清歌傳皓齒
風起
雪飛炎海變清涼
萬里歸來年愈少
微笑
笑時猶帶嶺梅香
試問嶺南應不好
卻道此心安處是吾鄉
蘇東坡定風波

看到的都是后人所仿写。李斯的字，笔画粗细均匀，结构四平八稳，显示着秦代在严刑峻法之下规整森严的社会特征。

李斯、商鞅是将秦国由一个边塞野蛮的二流国家变为一个强大的虎狼之国的关键人物。商鞅变法，把整个秦国变成一个大军营，他首先推行户籍管理，实行什伍连坐，五家为伍，十家为什，要他们相互监视，纠举“奸人”，隐藏不报者连坐。告奸者与斩敌首者同赏，匿奸者与降敌者同罚，不告奸者腰斩。这样的居住制度，不仅谈不上安居，还让人人自危，开启了民间告密的恶劣先例。

从明末清初大书法家王铎的行草“安”字，可见王铎的传统功底极深，一日临帖，一日创作作品，一生不辍。行笔刚毅，元气充盈，很多人对他的书法评价极高，称五百年第一人，日本人甚至推崇他“后王胜前王”，意思是称誉他书法的成就超过王羲之、王献之的前王。

我们从行草字体的“安”字可以感受到，甲骨文表示房屋的大屋顶仅为草草的一横钩，“安得广厦千万间，大庇天下寒士俱欢颜”。也一直是老百姓难以企及的梦想。

两千多年的历史，太平盛世加起来也就两三百年，历史上很多次人口损失动辄八九成——“马前悬人头，车后载妇女”“白骨露于野，千里无鸡鸣，生民百余一，念之断人肠”。曹操的诗句是战乱以后生动的写照。

唐朝人张固在《幽闲鼓吹》中记载：“白尚书应举，初至京，以诗谒著作顾况。”说白居易到京城应举，拿着自己的作品拜名人顾况的码头。“顾睹姓名，熟视白公曰：‘米价方贵，居亦弗易。’”顾况一看，白居易，京城米贵啊，居住可不易。“乃披卷，首篇曰：‘离离原上草，一岁一枯荣。野火烧不尽，春风吹又生。’

却嗟赏曰：‘得道个语，居亦易矣。’”读到白居易这首诗，说有这才华，在京城居住也没什么不容易的。

看来古往今来是一样的，北漂要想买房安居，还得有本事啊。

[chē]

车

甲骨文　金文　篆书　隶书　楷书

南宋罗泌在《路史》中记载，四千六百年前，黄帝在空桑山发明了车，横木为轩，直木为辕，故号曰轩辕氏。黄帝是中华文明的始祖，他用带轮子的车，拉开了中华文明的序幕。

甲骨文的车，可能就是黄帝发明的车的样子。有两个轮子，一个轿厢。有轮子的车和火的使用一样，是石器时代人类最重要的发明。甲骨文沉重的重，就是一个人背着沉重的包袱。有了车，人们可以使用畜（chù）力，运力提高了三十倍。

甲骨文“车”的另一种写法是，一个轿厢，单辕，两幅（fú）挽（wǎn）具，显然是两匹马牵引。这可是最早的豪华战车。

黄帝造车只是一种传说，并没有考古依据，现在考古发现最早的车出土于古巴比伦。美国著名人类学家罗伯特·路威曾断言：凡使用轮车的民族，无一不是直接间接从巴比伦学来的。和古巴比伦、埃及、希腊一样，中国最早的车也是作为战车使用的。甲骨文“车”的这一写法就明显是一辆战车，非常结实。

西方的战车最早是单人驾驭，是统帅的座驾，交战时需要下车步战。《特洛伊》中阿喀琉斯单车到特洛伊城下挑战就是这样驾车的。

車轔轔，馬蕭蕭，行人弓箭各在腰。耶孃妻子走相送，塵埃不見咸陽橋。牽衣頓足攔道哭，哭聲直上干雲霄。道旁過者問行人，行人但云點行頻。或從十五北防河，便至四十西營田。去時里正與裹頭，歸來頭白還戍邊。邊庭流血成海水，武皇開邊意未已。君不聞漢家山東二百州，千村萬落生荊杞。縱有健婦把鋤犁，禾生隴畝無東西。況復秦兵耐苦戰，被驅不異犬與雞。長者雖有問，役夫敢申恨。且如今年冬，未休關西卒。縣官急索租，租稅從何出。信知生男惡，反是生女好。生女猶得嫁比鄰，生男埋沒隨百草。君不見青海頭，古來白骨無人收。新鬼煩冤舊鬼哭，天陰雨濕聲啾啾。

杜甫兵車行

沙孟海

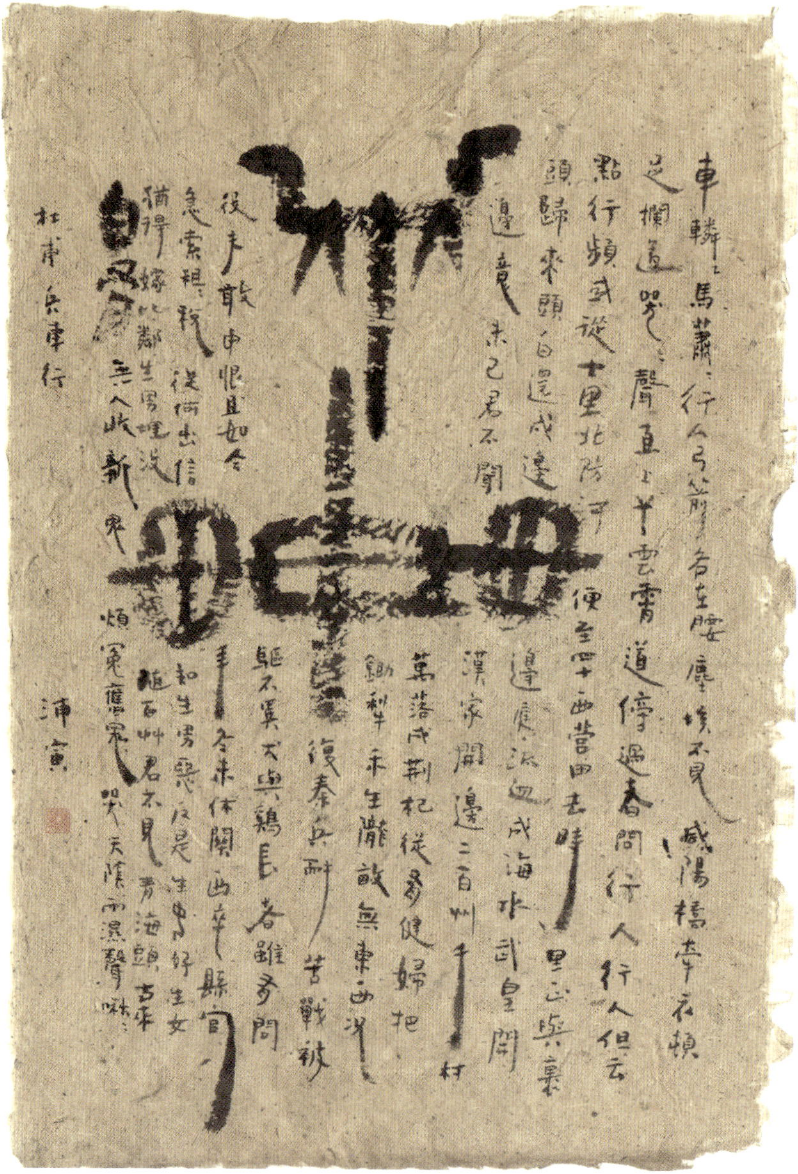

他击杀了特洛伊的赫克托耳，并把他的尸体绑在战车上拖回营地。

中国的战车一开始就有一个结实的轿厢，像坦克一样，可作为重要武器装备直接上阵冲杀。战车每车驾两匹或四匹马。“君子一言，驷马难追”的“驷”，就是指这种战车。战车每车载甲士三名，按左、中、右排列。左方甲士持弓，主射，是一车之首，称“车左”。右方甲士执戈，主击刺，并有为战车排除障碍之责，称“车右”。居中的是驾驭战车的御者，随身佩带短剑。车下步卒七十二人，后勤二十五人。只有贵族才有资格乘车征战。

战车打仗是有严格礼仪的，有点类似骑士决斗。两军摆好阵势，各出一辆战车驰骋，为“致师”，然后按照约定进攻或防守。至春秋时期，战车已经成为国家实力的象征，千乘之国、万乘之国，都是以战车的数量表现国家军事力量的规模。

金文的车，相当气派。车从黄帝发明时刻起，就是王的座驾，天子的仪仗，身份的标志。鲁迅先生说：“从前孔子周游列国的时代，所坐的是牛车。”但这种说法可能有误，孔子周游列国以前，曾经做过鲁国大夫，按照礼制他应该御马车。

当初拜访老子，就是：“鲁君与之一乘车，两马，一竖子俱，适周问礼，盖见老子云。”意思是说：当年孔子驾着两匹马拉的车，带着一个随从，到周的都城，请教礼的细节。御是周礼六艺之一，是君子基本的技能，也是身份的表现。

孟尝君的门客冯谖（xuān）弹剑作歌，闹待遇，也是抱怨食无鱼，出无车。头悬梁锥刺股的苏秦苦读出来游说赵国成功，赵王为苏秦准备的是一百辆新车，黄金千镒（yì，一镒为二十或二十四两），白璧一百双，锦绣千匹，请苏秦代表赵国邀约其他诸侯国加盟。这些车都是摆谱用的。

马车的衰落是因为马。

首先是单骑的马取代了笨重的战车，赵武灵王胡服骑射，就是为了适应马鞍上的骑兵。战车作为贵族礼仪的产物，在《孙子兵法》兵者诡道的实用理念中，退出了历史舞台。其余韵，倒是在欧洲中世纪骑士风度中得以再现。

其次是缺马。中原是农业地区，缺马，西北草原是牧区，最不缺的就是马。谁有马，谁就有了快速移动的运载工具，就有了战场上的主动权。汉武帝之所以能够打败匈奴，得益于他的祖父汉文帝和父亲汉景帝大规模地养马。但汉末战乱，人都快死绝了，何况马。皇帝的座驾都找不出四匹颜色相同的马，大臣们只好坐牛车。魏晋时期，士大夫竟以牛车为时尚。

金文和小篆为了简省笔画，将原来象形的两个车轮简省为一个车轮，成了独轮车。有趣的是，中国人竟然发明了独轮车。相传诸葛亮为了解决蜀道狭窄、运粮艰难而发明的木牛流马就是一种独轮车。中原缺马，牛也贵。而人便宜，加上道路差，以人推为动力的独轮车就应运而生。别看只有一个轮子，载重量惊人。

民间传说，为了试验鲁班修建的赵州桥是否结实，柴荣推独轮车载着五岳名山上了桥，现在桥上还有车辙印。这当然是民间神话。

轿舆（yú）的舆，原义是众人抬起的车厢，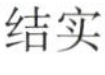是四只手，表示很多人抬，是车厢，在车的专用名词中，舆就指车厢。没有轮子的车就是轿子。轿子是道路的产物，路难走，又颠屁股，皇帝说把轮子去掉给我抬着走。这就是四只手抬着车厢的舆了。轿子舒服，逐渐取代了车。

从两轮战车，四轮货车，到独轮车，最后成了没有轮子的轿子，早熟的中华文明，历史的车轮就这样消失了。而汉字也在巧合之下去掉了轮子。1955 年公布的简化字为了简省笔画，参考草书写法车，取消了轮子的象形。

条条大路通罗马。欧洲人发明了带转向装置和刹车装置的四轮箱式马车，运输效率大大提高。到 17 世纪，四轮的公共驿车承担了几乎所有的长途客运任务，为陆上旅行带来繁荣，而精致的私有马车成为王族身份的象征。工业革命为轮子装上了蒸汽机，火车、汽车、齿轮，历史在轮子上隆隆前进。到现在，铁轨的宽度都是罗马战车两匹马屁股的宽度。

车的变迁串起我们对文明的思考。中华文明是早熟的文明，中国早期的车是走在世界最前列的。但走着走着，轮子没了，效率没了，交通贸易没了。这种历史的思考，都能从汉字“车”的变化中，受到启发。

人為依跋山渡海人為依覓雲尋月
一為你把命傾人為你將身賣細思
量多少傷懷銅臭明知是禍胎能累害
挺難你擇人為你劈行損人為你
恩人為你失孝順人為你忠信細思量
多少不仁銅臭明知是禍根一個將他論本人
為你東奔西走人為你跨馬行舟人為你一
世忙人為你雙眉皺細思量多少一

問愁銅臭
明知是鍋由
蠅營狗苟
人為你惹
煩惱人為
一夜日家

勞人爹你昌大郎
細思量多少黃雄豪

你夢憂魂
人為你傷名我細思量多少
禪銅臭明知是禍由一個
題錢

浦寅

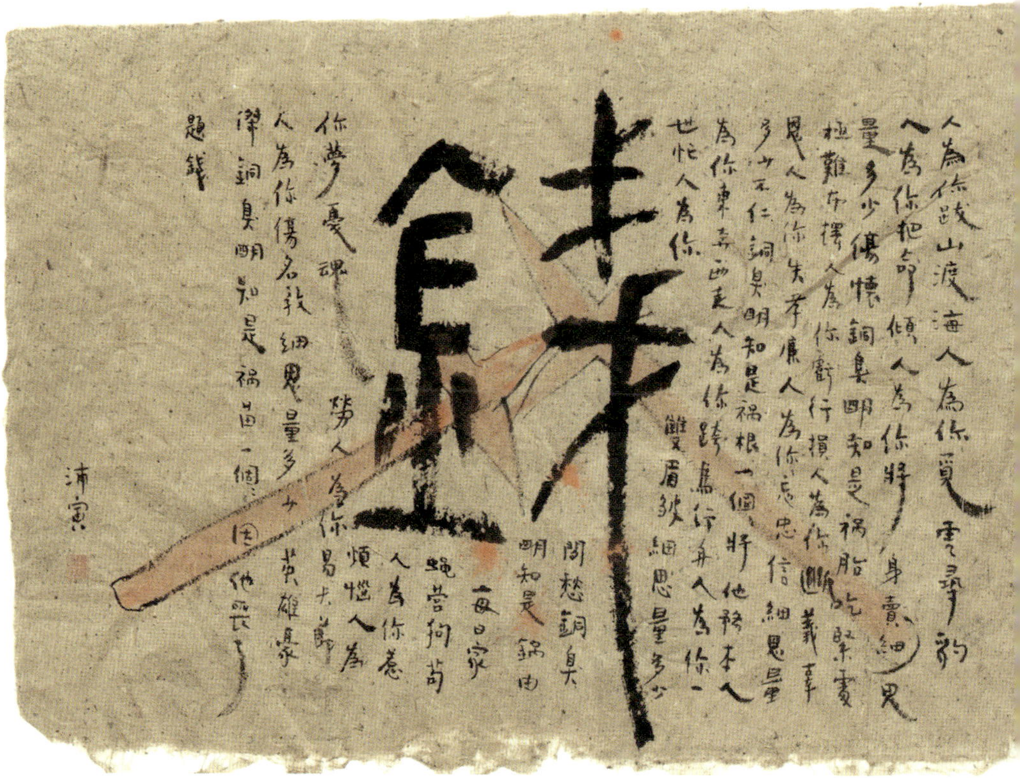

[qián]

钱

甲骨文　金文　篆书　隶书　楷书

俗话说“有钱能使鬼推磨”。现在高科技条件下，有钱也能使磨推鬼，钱太重要了。

钱的甲骨文、金文都没有，是秦以后造的字。篆书是金字旁右边加一个由两个戈矛组成的戋（jiān）。有个甲骨文是一个戈头向下，一个戈头向上，相互争斗，表示武力相向，残酷拼杀。这个字原义是“残”，表示经过争斗以后的碎片。金字旁加上这些碎片是什么意思呢？

钱是形声字，金字旁表示这是青铜铸造，是形旁，戋是音符，同时也有形符的作用，那就是甲骨文“残”的原义，残是战争以后的碎片，表示钱是零碎的货币，也就是单位最小的货币。

可见钱这个字最早专指铜钱，秦的铜钱是秦半两，汉代是五铢钱，唐代开始有了按照年号铸造的铜钱，比如唐太宗铸造的开元通宝。最有文化的钱是宋代的书法铜钱，苏东坡、宋徽宗都书写过钱币。纸币是北宋时期才出现的，当时由于缺少铜，朝廷开始铸造铁币。但是铁币太过笨重，于是就有了纸币“交子”，交子是世界上最早的纸币。但是铜钱一直沿用到民国时期才退出历史舞台。

铜钱外圆内方，是天圆地方的体现。中间的方孔方便把钱穿在一起，所以钱又叫孔方兄。古人出远门，把铜钱穿成一串缠在腰间，所以旅费又叫盘缠。

说起铜钱，在中国历史上有一种质量很好的汉代钱币，叫邓通钱。那是汉文帝的时候，汉文帝有一天做了一个梦，要登到天上去却怎么也上不去，这时候有一个划船的黄头郎在下面推了他一把，就上去了。醒来后，他就开始寻找这个黄头郎，果然有一人和他梦中所见一样，一问，此人叫邓通。邓通和登天音近，汉文帝就认定这个邓通是自己的福星，格外宠爱他。邓通为人乖巧阿谀，汉文帝身上长脓包，他都能用嘴去吸。成语吮痈（yōng）舔痔就这么来的。

有一天，汉文帝让一个术士给邓通看相，术士说“当贫饿死”。说他会穷困潦倒饿死。汉文帝说：一个人能不能富贵还不是我一句话？于是赐给邓通蜀严道一座铜山，允许他自己铸钱。这就是说，我给你一座钱山，看你还能不能饿死。

邓通其实还是一个很谨慎的人，并没有进什么谗言干什么坏事，把铜山交给他父亲经营，绝不偷工减料，质量非常好。邓通钱流遍全国。按说邓通富甲天下，怎么也不会饿死了。

但是皇帝也有死的时候。邓通吮痈，文帝要求太子也舔，太子哪受得了，因此深恨邓通。等到太子即位，也就是汉景帝，第一件事就是把邓通革职，追夺铜山，并没收他的所有家产。最后邓通果然饿死街头。

[hūn]

婚

甲骨文　金文　篆书　隶书　楷书

有人说，结婚的婚是个昏字，古人结婚都是在黄昏时分，结婚就是发昏。也有人说，古时候是抢婚，把女人打昏抢走，所以结婚就是发昏。

篆书的婚的确是女字旁加一个黄昏的昏。《说文解字》:“婚，妇家也。”《礼》:“娶妇以昏时，妇人阴也，故曰婚。”《说文解字》的意思是说：婚是妇人归家，也就是说妇人有了家就有了终身归宿。而《礼》认为，娶妻应该在黄昏时分，因为女人属阴，所以叫“婚”。

古代婚礼的确在黄昏时举行，仪式以后就洞房花烛了。不像现在一般在中午举行。不过，黄昏举行婚礼并不是“婚”的原义，因为这个婚只是篆书字形，和金文字形完全不同。

金文婚的字形有点怪，有人解读是“闻”的变形，意思是古代黄昏抢婚，女人在屋里紧张地倾听。文字学家王国维认为，婚的左边是爵字的变形。爵是青铜铸造的酒器，用于祭祀、宴会等正式场合。甲骨文的爵字十分逼真地再现了这种酒器的样子。《礼记》:“贵者献以爵。”爵字的演变如下：

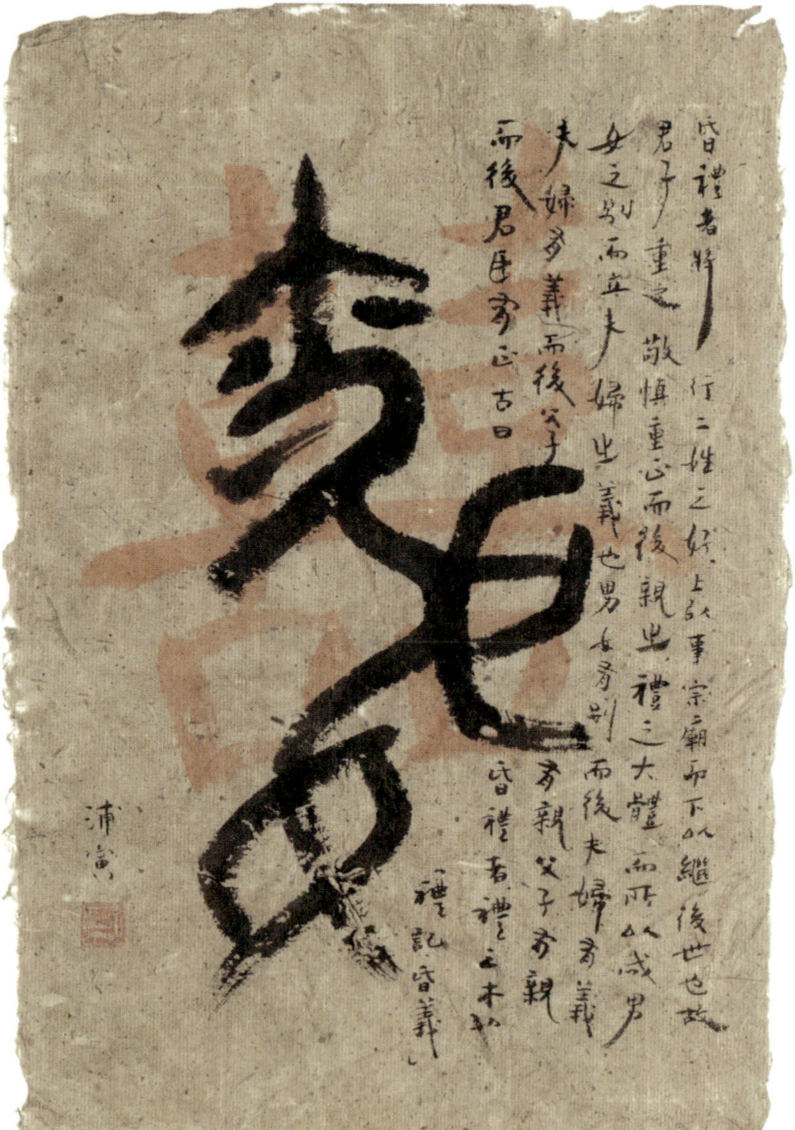
昏禮者將行二姓之好上以事宗廟而下以繼後世也故
君子重之敬慎重正而後親之禮之大體而所以成男
女之別而立夫婦之義也男女有別而後夫婦有義
夫婦有義而後父子有親父子有親
而後君臣有正故曰昏禮者禮之本也
禮記昏義
沛寅

婚字左边像一个人手举金爵，右边一个形，这是取字的简写。取的甲骨文是手抓住耳朵，远古氏族战争，人们会割下敌人的左耳回来表功。娶亲的娶就是在“取”的旁边加上一个“女”，表示抢来的女人。婚字里面的“取”，表明这个用爵饮酒的仪式是关于娶亲的。

有的金文简化了金爵，增加了“女”，合起来表示手持金爵娶妻。那么把女人打昏抢亲就是结婚的说法是对的？抢亲是对的，打昏就算了。

从金文字形分析，有“取”，的确是抢婚风俗的体现。人类文明在进入父系社会以后，男人为了争夺延续血脉的权力，改原来走婚为抢婚，把女人抢回来，就等于抢到了子女的抚养权，抢到了姓氏延续的权力。现在一些少数民族地区的婚俗中，还保留着象征性的抢婚形式。

那金文的婚字里金爵的形象怎样解释呢？王国维认为：“古者女初至，爵以礼之。”意思是说：古代女人刚刚嫁到夫家，夫家举行隆重的仪式。

那这种礼是什么礼呢？日本著名汉字学家白川静认为，这是“三饭三酳(yìn)”之礼。饭是吃饭，婚礼仪式上，新娘新郎要反复三次共同进食。酳是食毕以酒漱口，也是重要的礼节。这种礼节，叫“共牢而食，合卺（jǐn）而酳”。《礼记·昏义》：“妇至，婿揖妇以入，共牢而食，合卺而酳，所以合体、同尊卑，以亲之也。”这段话的意思是新娘来到，新郎行礼迎入，举行“共牢而食，合卺而酳”的婚礼仪式，表示夫妻一体，平等相待，和睦相处。“牢”是把用于祭祀的牲畜专门圈养起来的建筑，所以祭祀仪式也称为牢，有牛的叫太牢，没牛有羊的叫少牢。这里“共牢”指的是一只小猪。共牢而食是新郎新娘一起象征性地吃小猪肉的仪式。合卺，卺是瓢，瓜剖开一半来盛水，两个水瓢合起来，象征夫妻结合。合卺而酳，就是共用金爵饮酒的仪式。

这样看来，婚的含义就很清楚了，表示象征性进食、饮酒的结婚仪式。白川静认为，三酳相当于日本婚礼仪式中的“三三九度”之礼。日本传统婚礼是在神社或者酒店中设置神社，先修祓（fú），即用清水洗手，象征洗净身心，然后由神职人员举行清祓仪式，以扫除新人及宾客身上的不祥。后面就是三献仪式，新郎新娘献酒三次，每次三杯一共九杯。这就是“三三九度”之礼，“三三得九”，九次交杯就代表长久永远，白头偕老。日本的这个仪式应该是保留了中国古老的婚礼仪规，清祓仪式也有着巫文化的遗存。当然，他们也有西式穿婚纱的婚礼仪式。

古汉字里，婚是男娶女，姻是女嫁男。篆书姻的字形，是女字旁加一个原因的因。因的甲骨文是一个人躺在席子上。因的原义是人躺在席子上，《说文解字》解读为“就也”，就是贴上去，靠上去，躺上去。所以因的原义是躺上去、依靠。加上女字旁，表示女人出嫁，从此有了依靠，有了归宿。这当然是古人男尊女卑世界观的反应，现在不足取。

[diǎn]

典

甲骨文　金文　篆书　隶书　楷书

相传，纸是由东汉时期宦官蔡伦所发明。在此之前，汉字主要书写在竹简上。

典的甲骨文，上面是册页的册，编好的竹简的样子；竹简下面是双手，表示用双手恭敬地捧着竹简。双手恭敬地捧着酒坛子，是尊敬的尊。双手恭敬地捧着竹简，是具有权威性的古圣先贤的书籍，是经典。

典的原义是古圣先贤的权威著作。有的甲骨文和金文在竹简下面加上表示“上”的字符。甲骨文的上就是这么两横，上短下长；“下”也是两横，上长下短。这里的上是强调这些竹简权威的地位。

有的金文将甲骨文的双手写成几案形状，强调将古人著作郑重地安置。篆书承续金文几案的字形；隶书进一步变形，成为我们今天看到的典字。

《说文解字》：“典，五帝之书也。从冊在丌（jī）上，尊阁之也。”意思是说：典，是五帝那样的圣人留下的书籍（五帝是远古时期的圣人，一般认为是颛顼［zhuān xū］、帝喾［kù］、尧、舜、大禹）。

一片花飛減却春風飄萬點正愁人
且看欲盡花經眼莫厭傷多酒入唇
江上小堂巢翡翠苑邊高冢臥麒麟
細推物理須行樂何用浮名絆此身

朝回日日典春衣每日江頭盡醉歸
酒債尋常行處有人生七十古來稀
穿花蛱蝶深深見點水蜻蜓款款飛
傳語風光共流轉暫時相賞莫相違

杜甫曲江二首

溥儇書

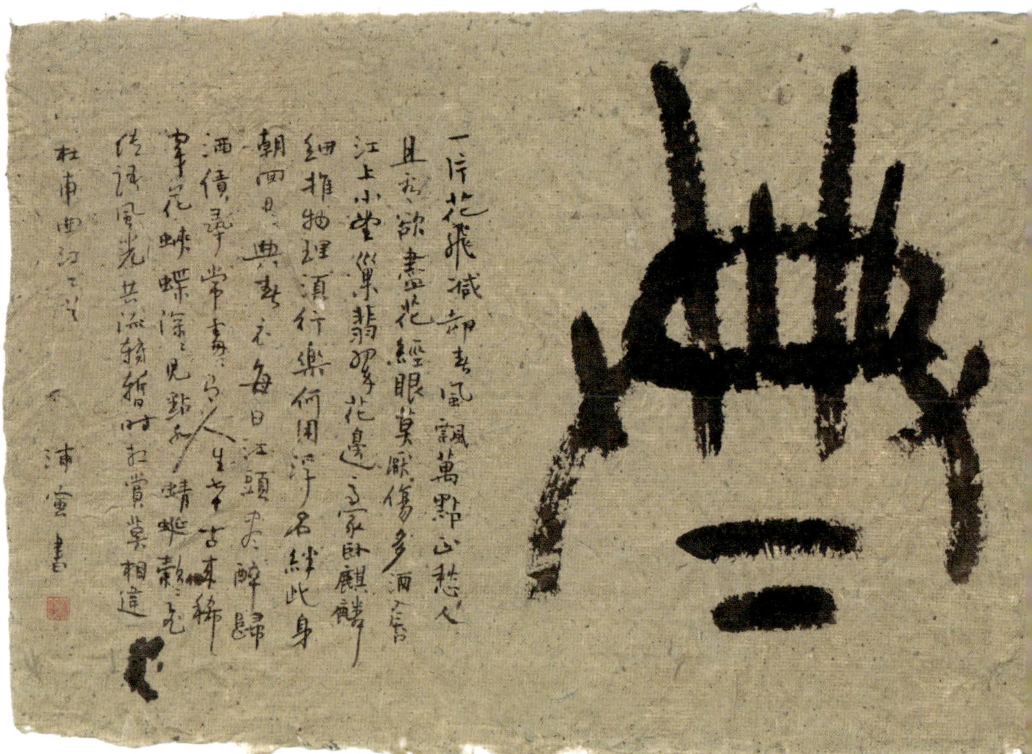

典的字形采用“冊、丌（jī）”作偏旁，表示竹简“册”恭敬地放在“丌”架上。可见许慎的解释主要是根据篆书，而并非甲骨文原义。

古代的书是竹简编的，我们现在很多关于书籍的汉字和成语，都和竹简有关。比如册页的册，就是竹简的形状。古代竹简卷成一卷，就是一册。删减的删，是用刀刮掉竹简上已经写好的墨迹进行修改。这就是刀笔吏的由来。古时的读书人及政客常常随身带着刀和笔，如果读到竹简上有错误，随时削去，因刀笔并用，所以历代的文职官员也就被称作刀笔吏。编辑的编，甲骨文是册页的册加上表示绳索的绞丝，就是编辑竹简的意思。孔子读《周易》，韦编三绝。说孔子对《周易》反复研究，多次翻断了编联竹简的牛皮带子，可见用功之深。

典由典籍、文献，引申为法则、制度，以及前代的典章、事迹。数典忘祖，就是谈论历来的制度、事迹时，把自己祖先的职守都忘了，比喻忘本。

正是由于“典”有准则、法规的含义，又引申为管理。而把自己的物品质押出去，换取现金，但仍保留物品所有权，到期赎回的契约，是一种需要双方共同遵守准则、法规进行管理的社会活动，于是“典”就引申为质押、典当。原本是尊严的经典，引申几轮以后，进了当铺。

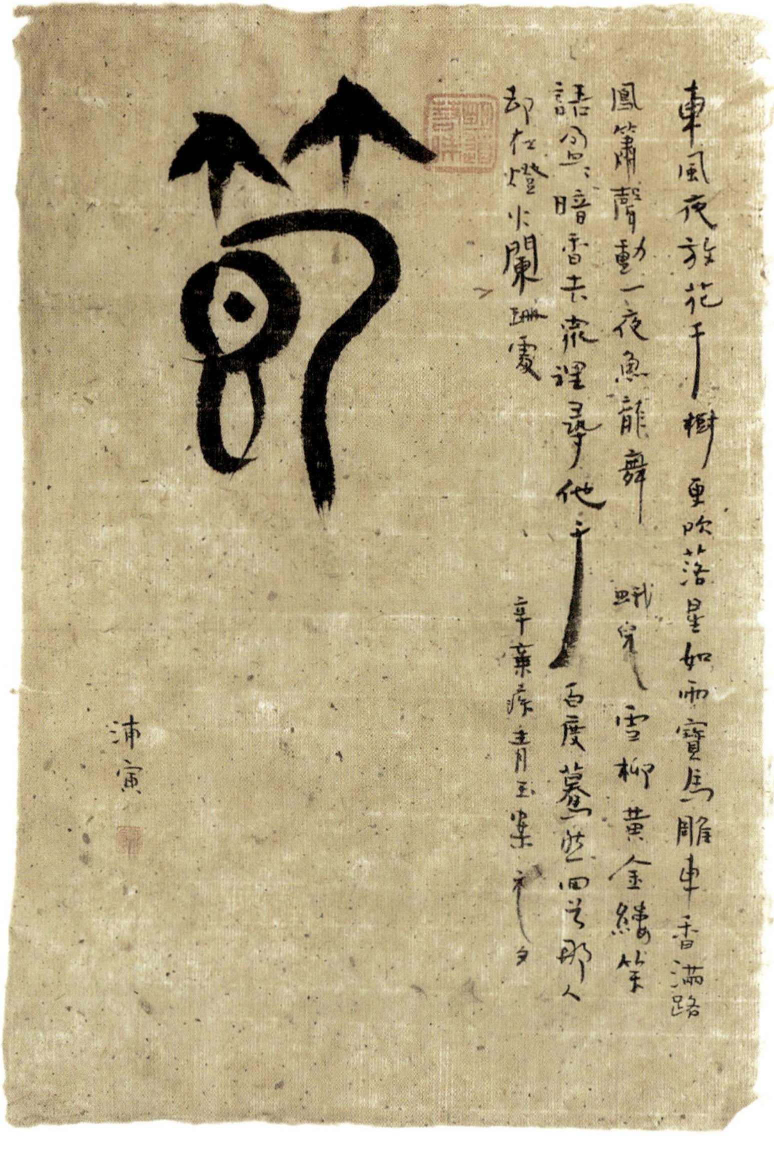
節
東風夜放花千樹更吹落星如雨寶馬雕車香滿路
鳳簫聲動一夜魚龍舞蛾兒雪柳黃金縷笑
語盈盈暗香去衆裏尋他千百度驀然回首那人
却在燈火闌珊處
辛棄疾青玉案元夕
沛寅

[jiē、jié]

节

甲骨文　金文　篆书　隶书　楷书

过节是高兴的事，忙了一段时间，过节对身体、心情都是一种很好的调节。但过节的节，和节操有什么关系吗?

节这个字，最早的象形文字是金文，金文的节上面是一个竹字头，下面是一个立即的即。即的甲骨文左边是一个“豆”，这是盛食物的器皿，右边是一个跪坐的人形，合起来表示到盛饭的器皿前就座，准备吃饭。即的特点是来到餐具前准备吃饭，一方面是安定下来，一方面表示即将吃饭，是一段连续动作的中间停顿。和竹字头合起来，表示竹节。

《说文解字》:“节，竹约也。”竹约就是竹节。清代段玉裁《说文解字注》:“约，缠束也。竹节如缠束之状。”意思是说：约是像绳子绑住物体一样，竹节就像竹竿被捆扎住一样。节字字形的演变比较简单，基本保持了竹字头下面一个立即的即，到了简化字，才将“即”简化为“卩”。

节的字形变化不大，但引申义就复杂多了。节的本义是竹节，竹节是一段一段的，所以引申为事物或者文章的分段，这就是章节。在音乐中，一段一段的音符组合就是节奏、节拍。

社会总会选择一段时间停下来，就像印第安人说的，走得太快，要停下让灵魂追上来，假日就是节点，所以叫节日。“多情自古伤离别，更那堪冷落清秋节。”柳永的《雨霖铃》把离别以后节日的冷清表达得淋漓尽致。

进一步引申，节也不仅局限于一段一段，也可以指事物的一端。《淮南子》有一段话很精彩：“见象牙乃知其大于牛，见虎尾乃知其大于狸，一节见而百节知也。”说你看见象牙就能知道大象肯定比牛大，看到老虎尾巴就能知道老虎比狐狸大，这就是说我们知道了事物的部分，就能够推测出事物的全貌。看到了这一端，还有另一端看不到，由看不到引申出删节。删节以后，就成为节约、节制。而这样的节制，引申为精神追求，那就是节操、气节了。

由节制的含义引申开来，古人把点兵遣将的凭证称为符节。符节也叫虎符，把一只老虎铜雕一破两半，皇帝、将军各执一半，合起来就可以出兵了。符节也叫节钺（yuè），是帝国权力的象征，授予符节的仪式被称为假节，被授予符节的大臣被称为持节。唐朝时，有符节的各地招讨使、观察使等高阶军官常被统称为节度使。

汉武帝时期，苏武持节出使匈奴，被扣押，流放到现在的贝加尔湖牧羊。苏武手持的汉朝符节是一根竹杖，上面装饰有动物的毡毛。苦寒之地十九年，毡毛都脱落了，苏武还在坚持，最后终于返回汉庭。苏武持的这个节，是汉朝的符节，也是苏武坚贞不屈品格的象征，所以节被引申为一个人重要的品格，忠孝节义。古代把寡妇守寡叫守节，今天看来这是很不人道的。

节还有一些引申义，由于由竹节引申为木节，还变化出节（jiē）这个读音，特指木头分叉处的疤痕，节骨眼就是用木头的疤痕比喻事情的关键部位和时刻。

[yuè、lè]

乐

甲骨文　金文　篆书　隶书　楷书

音乐的乐的甲骨文，上面是两束丝线，下面是一个木头架子，表示用丝线绷在木头架子上，也就是琴枕上的乐器。这个字的原义是古琴的象形。

相传琴是伏羲发明的，伏羲斫（zhuó）桐为琴，绳丝为弦；絙（gěng）桑为瑟。但根据考古发现，中国最早的乐器不是琴瑟，而是吹奏乐器——骨笛。这种骨笛是狩猎时模仿野兽的声音来引诱野兽的，还有石磬之类的打击乐器。而这类打击乐器，最早都是用于祭祀鬼神歌舞仪式上的节拍乐器。

金文的乐，在两束丝线中间，加“白”，白的原义是人的大拇指指甲。古人普遍皮肤很黑，而大拇指指甲就显得很白，所以用大拇指指甲指代白色。在这里，大拇指指甲是拇指的原义，指用手指或者白色的拨片弹奏丝弦。金文的乐是演奏音乐的意思。

音乐能够娱乐鬼神，当然也能娱乐人自己，并且音乐的娱乐功能逐渐压倒了祭祀功能。乐舞享受成为贵族非常重要的娱乐方式。同时，出现了专业的歌舞奴隶。商代都城安阳的奴隶主大墓中发现了雕刻精美的大石磬，陪葬坑里有二十四具年轻女子的尸骨，尸骨

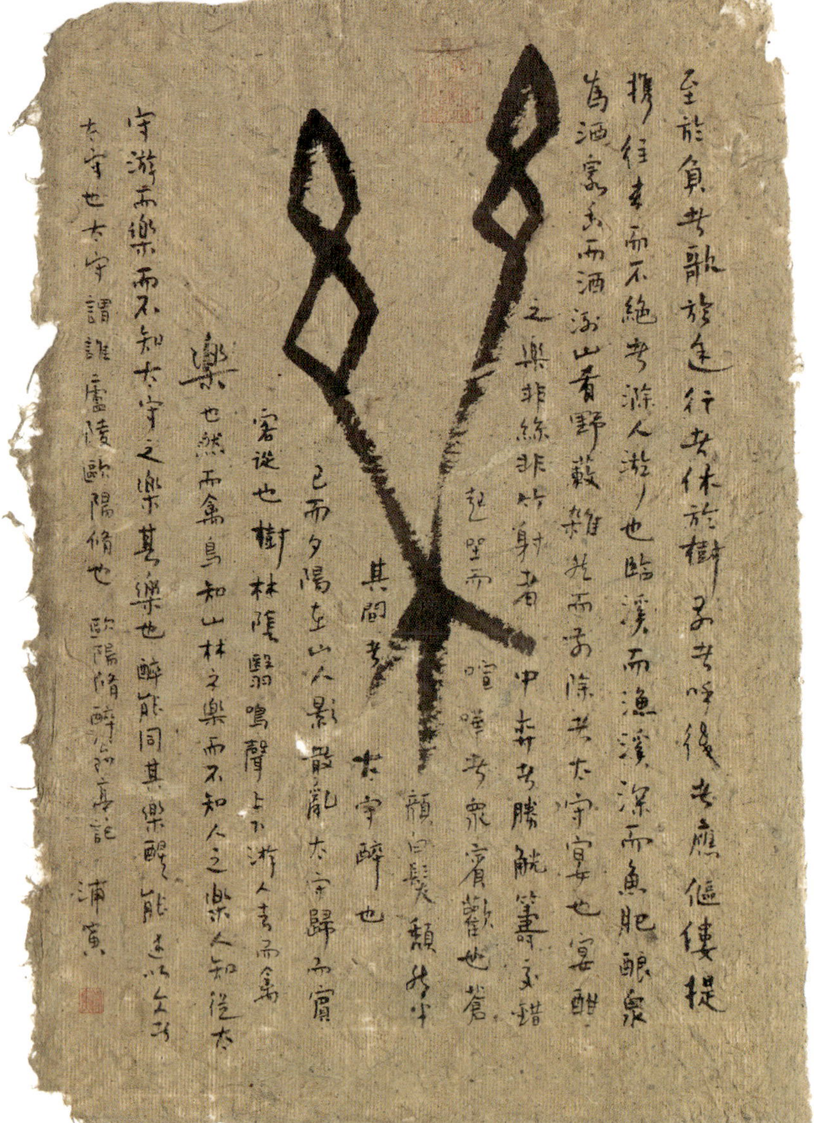
至於負者歌於途行者休於樹前者呼後者應傴僂提
攜往來而不絕者滁人遊也臨溪而漁溪深而魚肥釀泉
為酒泉香而酒洌山肴野蔌雜然而前陳者太守宴也宴酣
之樂非絲非竹射者中弈者勝觥籌交錯
起坐而諠譁者眾賓歡也蒼
顏白髮頹然乎
其間者太守醉也
已而夕陽在山人影散亂太守歸而賓
客從也樹林陰翳鳴聲上下遊人去而禽鳥
樂
也然而禽鳥知山林之樂而不知人之樂人知從太
守遊而樂而不知太守之樂其樂也醉能同其樂醒能述以文者
太守也太守謂誰廬陵歐陽脩也
歐陽脩醉翁亭記
浦寅

旁有舞蹈用的小铜戈，表明生前是女乐奴隶。

周人认为享乐导致商代亡国，所以制定了严格的礼乐制度。音乐成为礼制的重要组成部分，不同场合、不同身份的人，不但礼仪有别，所用的音乐也不一样。如祀天神，“乃奏黄钟，歌大吕，舞《云门》”；祭地示，“乃奏太簇，歌应钟，舞《咸池》”。两君相见，则用《大雅 · 文王》；诸侯设宴招待他国使臣则用《小雅·鹿鸣》。乐队和歌舞队的编制也有严格规定。核心是使贵贱有差、尊卑有别、长幼有序，实行所谓“刑不上大夫，礼不下庶人”。

孔子孜孜以求的克己复礼，想复的就是这套礼。相传孔子在齐国听到韶乐，三个月尝不出肉味，称赞韶乐“尽美矣，又尽善也”。想必这种音乐是符合周礼的。但是音乐的娱乐属性是挡不住的。和韶乐相对，孔子说“郑声淫”。“郑声”是春秋时郑国的流行音乐，它明快和谐，节奏多变，讲究声色之美，是典型的娱乐音乐。站在维护周礼的角度，“郑声”自然成为孔子憎恶的对象。

篆书的乐承续金文字形，还是弹奏琴瑟的会意。琴瑟和钟磬不同，钟磬一般是庙堂上礼仪性的乐器，而琴瑟则是宴会上助兴的娱乐。随着春秋战国时期礼崩乐坏，音乐的娱乐功能终于取代了严肃的庙堂礼乐。从而不难理解，音乐的乐的引申义是欢乐了。

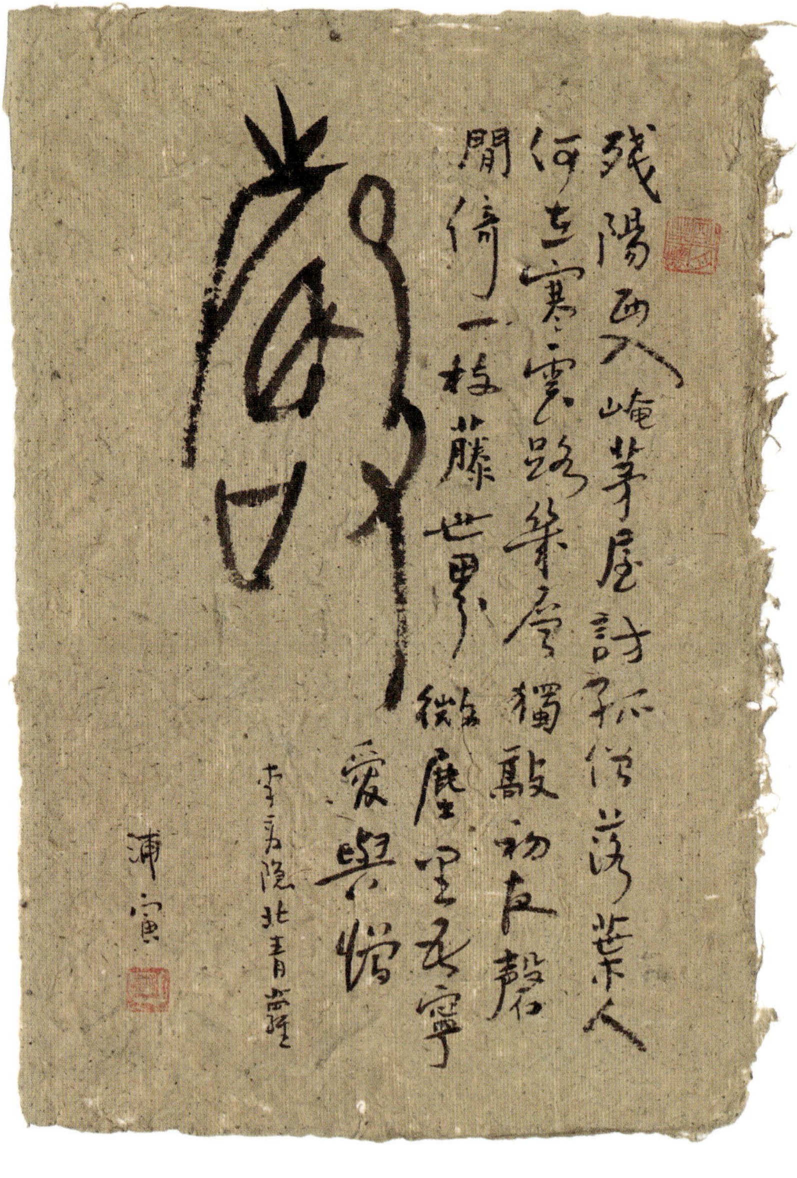
殘陽西入崦茅屋訪孤僧落葉人
何在寒雲路幾層獨敲初夜磬
閒倚一枝藤世界
微塵裏吾寧
愛與憎
李商隱北青蘿

[shēng]

声

甲骨文　金文　篆书　隶书　楷书

声音的音是人体自身发出的声音，而声音的声则是来自身体外部的声音。

甲骨文的声，上面是一个中绳结，表示悬吊，加一个石的一半，表示用绳子悬挂石磬（qìng）；下面是一个耳朵的耳，表示耳朵听到石磬的声音，造字的本义是耳朵听到的来自外部的声音。

声的表意来自石磬。最早的石磬则来自人们从事农业劳动时农具磕碰石头发出的声音，所以早期石磬的形状像耕耘土地的犁铧（huá）。磬的声响清亮并能及远，最早的用途是警告入侵的敲打器。后来磬作为礼仪乐器成组使用，是比青铜编钟级别更高的乐器。

有的声的甲骨文多个右边的“支”，表示手持鼓槌敲击石磬，下面还加上了“口”，一般解读为说话，古代演奏钟磬通常是在祭祀场合，一边演奏一边祷告是可以解释的。但会不会是用这个口来明确声音的另外一个特点，腔膛共鸣呢？

石磬是一块石头，是没法利用腔膛的共鸣放大音量的。改变声音只有两种办法，一是选用密度高的石头，比如玉石，再有就是磨薄石片使声音更加清亮。但要放大音量，就要有共鸣腔。

有共鸣腔的首先是青铜编钟，中空，通过空气振动产生共鸣，音色优美。我们发现，绝大多数乐器都有共鸣设计：鼓是将牛皮蒙在圆筒上；琴瑟是将丝弦绷在中空的音箱上。共鸣，是放大声音、美化音色的重要选择。

中学课本选用了苏轼的《石钟山记》，讲述了苏轼父子为了考察古人对“石钟”的描写，以小舟夜泊绝壁之下，终于发现石钟的由来：

> 大声发于水上，噌（chēng）吰（hóng）如钟鼓不绝。舟人大恐。徐而察之，则山下皆石穴罅（xià），不知其浅深，微波入焉，涵淡澎湃而为此也。

苏轼的文字非常优美，将难以描写的声音形容得非常传神，读来如身临其境。

如果说甲骨文的声是用鼓槌敲击石磬，那么苏轼描写的石钟山则是江水鼓荡崖壁下的山洞产生的共鸣，较之人为的乐器，更加宏大，动人心魄。我们称这种大自然的声音为天籁。风声、雨声、海涛声，鸟鸣、蛙鸣、蝉鸣，都是大自然的声，都是天籁。蝉噪林逾静，鸟鸣山更幽。

繁体的声（聲）上部仍然是手持木棍敲击石磬，下面加上了耳朵的耳，表示声音来自外部，由耳朵感知。

天籁应该是世界上最美、节奏最自然的声音。人类是自然之子，曾有报道一些家长由于担心蛙鸣影响孩子学习，设法把小区附近水塘里的青蛙毒死。如果对大自然的声音都受不了，只能说明我们焦虑、紧张，心理节奏和大自然的节奏不合拍，没法产生共鸣。

[yì]

艺

甲骨文　金文　篆书　隶书　楷书

十年寒窗，磨出一门手艺。

在古玩市场，经常能够在古玩店的角落里发现堆着一些用过的老砚台，都是古玩商收集的民间日用的普通砚台，石质一般，不大值钱。特点是个个砚台都磨出了深深的小坑。那得是多少个寒暑，磨掉了多少条墨块，写秃了多少只毛笔，才能磨出这样的小坑。

手艺是磨出来的。但是下苦功拼时间就一定能成大师吗？显然不行。那成就一位大师的关键在哪里呢？还是从我们古老的汉字中寻找答案。

艺，本义就是园艺、农艺。表示栽种植物、培土锄草。甲骨文的艺，一个跪坐的人形，双手恭敬地捧起一株树苗，表示农艺。一方面，表示一种技术，一方面，表示一种对田头祭祀的恭敬态度。甲骨文的艺从跪坐的姿态上看，显然不是表现实实在在地种树，而是在举行某种祭祀仪式。

北京南城，设有一个先农坛。每年开春，皇帝都要率文武百官到这里祭祀农神，象征性地扶犁开耕，以祈祷丰收。甲骨文“艺”的形态，就是远古祭祀农神的象形，表现了中国这个农业大国对农

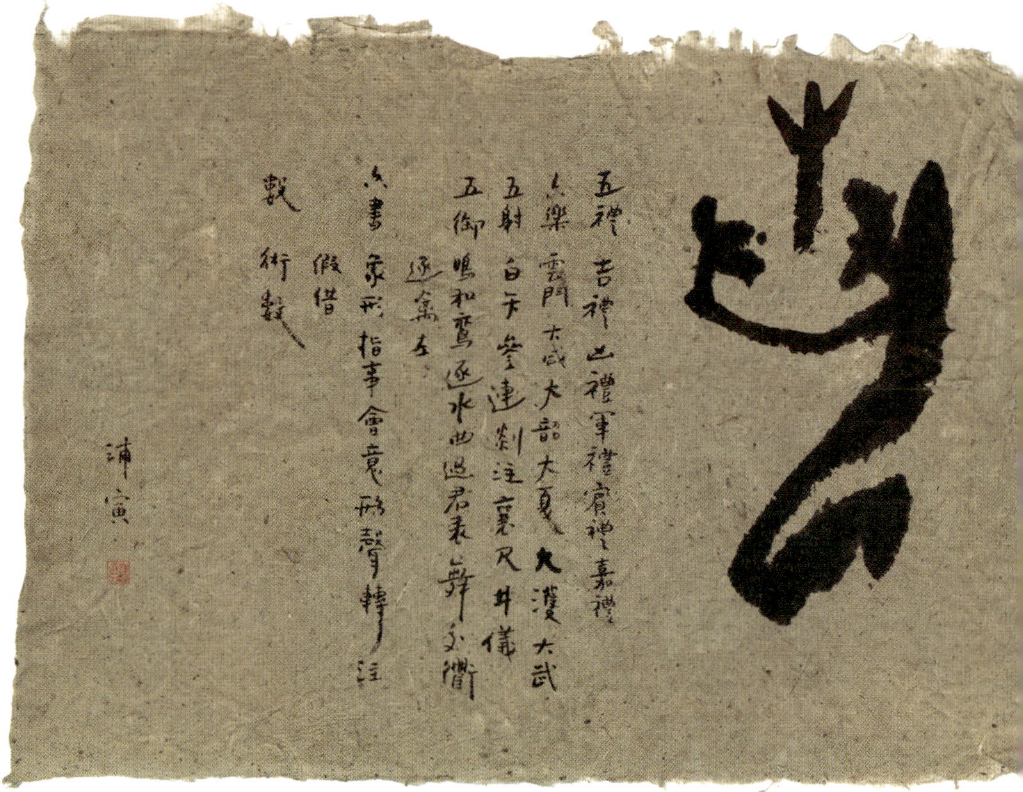
五禮 吉禮 凶禮 軍禮 賓禮 嘉禮
六樂 雲門 大咸 大韶 大夏 大濩 大武
五射 白矢 參連 剡注 襄尺 井儀
五御 鳴和鸞 逐水曲 過君表 舞交衢 逐禽左
六書 象形 指事 會意 形聲 轉注 假借
數 術數
浦寅

事的敬畏。

不就种个地，至于这么郑重其事吗？至于。因为农业的产生是人类第一次重大的革命。下一次是工业革命。人类远古的生产方式是采集野果和渔猎。随着人口的增长，这种纯靠天收的方式越来越难以为继。当有人发现种到地里的种子能够生根发芽，来年就能够在固定的时间收获，这绝对是一件石破天惊的事。

人类学家推测，在旧石器时代晚期，一百平方英里的区域约可支持十二个半人生活，在初级狩猎采集社会可支持一百人，高级采集社会则可支持一千五百人到两千人。但是发展农业后，同样的面积却可养活两千五百人到两千七百人。何况农业生产会碰上洪涝、干旱、虫灾、野兽侵袭等数不清的灾难，这么重要的事，焉能不郑而重之，敬畏天地鬼神。

艺字这种敬畏与技术的特征，到了春秋战国时期兵分两路，一路由鲁国人公输盘统领，代表工艺。

金文将甲骨文字形中的木写成中，表示种植草本花卉。有的金文加土、加女，表示女子培土种植。

公输盘，是制造各种工具的高手。工具发展带动农业的进步，从最早的石器、蚌（bàng）壳，到铁器犁铧（huá，安装在犁下端，用来翻土的铁器）、耒耜（lěi sì，像犁的翻土农具），再到修造房屋的木匠手艺，工具的发明推动着人类生存能力的增强。传说公输盘就是这样一个发明工具的能人。据说锯子、墨斗、石磨等很多工具都是他发明的。后世称他为所有手艺人的祖师爷，即鲁班。

民歌《小放牛》有这么一段：“赵州石桥鲁班爷修，玉石栏杆圣人留，张果老骑驴桥上走，柴王爷推车轧了一道沟。”说的是张果老骑驴背着日月星辰，柴荣对着独轮车装着三山五岳，来检测鲁班修造赵州桥的工程质量。桥上留下蹄印、车辙。这个故事反映了人们对工匠的崇敬。在老百姓的心目中，工匠是可以和神仙打擂台的。

鲁班传承下来的工匠精神用汉字“艺”就可以完满解读，就是对自己行业近乎宗教般的虔敬与传承。无论是制玉、烧瓷、冶炼，还是丝绸织锦、木工修造，学徒一万小时起步。

这就是我们说的工匠精神，一说工匠精神，就会想到德国、日本。其实中国传统的工匠精神也可以说是登峰造极。比如越王勾践的宝剑，在地下埋了两千四百多年，出土以后依然锋利无比，它的工艺我们现在都做不出来。今天我们从艺字上，要传承的就是这种精神。

艺字除技术、恭敬的本义，也引申出艺术的含义。

另一路则是孔夫子统领的六艺，即礼、乐、射、御、书、数，同样的虔敬，同样的讲究传承。这六艺是古代君子需要掌握的基本技能。这一方面是一种技能，也是艺术。

科举制以后，儒学成为主流，琴棋书画成为士大夫文人雅士的休闲爱好。但就是这样的闲情雅致，也还是具备汉字“艺”农业文明的特征，讲敬畏、重传承。比如书法，一万小时，必须是临摹。

篆书的艺，与金文基本相同，进一步规范了笔画和结构，突出了汉字匀称之美。繁体的艺（藝），增加了“芸”字形，芸的本义是除草，耕耘之意。造型繁复但充满美感。简化字艺术的艺是草字头下面一个乙。它既没有繁复笔画

等级森严的沉重，也没有横平竖直传统程式的拘泥，简单直接，神采飞扬，是告别了农业社会，进入现代艺术的写照。但遗憾的是，这个简化字消失了敬畏，那种庄重的匀称之美也没有了。当代艺术的弊端，大概最缺的就是敬畏，对传统的敬畏，对艺术本身的敬畏。

美国社会学家理查德·桑内特写了一本《匠人》：“匠艺活动涵盖的范围可远远不仅是手工的劳动，它对程序员、医生和艺术家来说同样适用，哪怕是抚养子女，只要你把它当作一门手艺来做，你在这方面的水平也会得到提高，当一个公民也是如此。”桑内特把匠人的精神提炼出来，那就是持之以恒的投入和专注。

通过解读汉字“艺”，我们知道，成就一项事业，敬畏、持久和专注，是成事的基础。

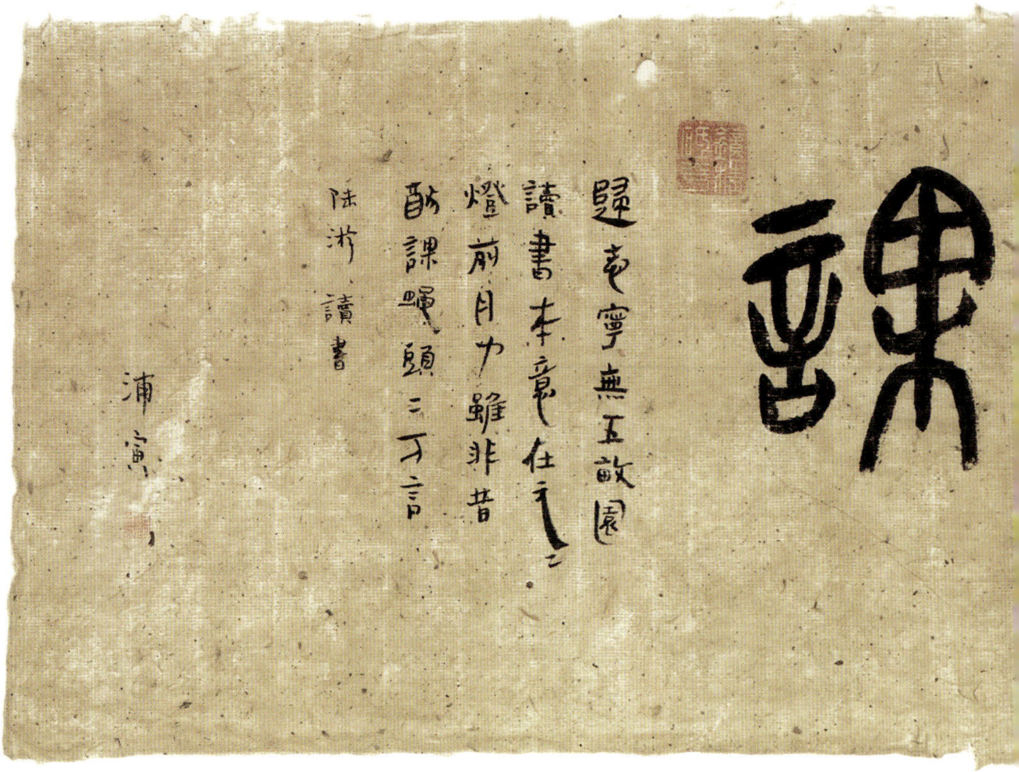
歸志寧無五畝園
讀書本意在元元
燈前目力雖非昔
猶課蠅頭二萬言
陸游讀書
浦寅

[kè]

课

缺 缺 

甲骨文 金文 篆书 隶书 楷书

上课是读书，课税是收税，这里面有什么关系？为什么都用“课”这个字？

课是篆书才有的新字，左边是言语的言，右边是果实的果。

咱们先来认识“果”。甲骨文的果是树上的果实。金文将甲骨文字形进行了简化。篆书更加简化，成为我们今天使用的果字。

果的原义就是树上的果实，你知道水果的特点是一颗一颗的，并且是一颗一颗地聚集。所以用果组成的字，都有“颗粒聚集，与别的东西有区别”的含义，比如，夥（huǒ）表示众多，颗表示颗粒，窠（kē）表示巢穴，棵表示树木，等等。

言字边的课，原义是分门别类进行计量。引申为分阶段或者科目学习、考核。白居易在《与元九书》中写道：“二十已来，昼课赋，夜课书，间又课诗，不遑寝息矣。”这是白居易在讲述自己年轻时读书的状况。白天学习辞赋，晚上学习四书五经，中间间杂着学习诗歌，根本没时间睡觉。这里的课，就是分科学习的意思。

由于课是分门别类，占卜也是一项一项地起卦，所以占卜也叫课，起一课意思就是占一卦。占卜的签筒叫课筒，胡说八道，就叫课语讹言。

收税又为什么叫课税呢？古代有一个制度，叫考课。考课是针对官员的，是按一定标准考核官吏优劣，分别等差，决定升降赏罚，谓之考课。这种制度，从汉代就有了。《三国演义》中有张飞怒鞭督邮的故事。督邮就是负责考课的官员，他来到当时刘备担任县尉的安喜县巡察，妄想敲诈刘备，被性如烈火的张飞张三爷绑到树上暴打一顿。这应该算是官员考课中最著名的事件了。

但按照正史《三国志》记载，怒鞭督邮的不是张飞，而是刘备本人。“督邮以公事到县，先主求谒，不通，直入缚督邮，杖二百，解绶系其颈着马枊，弃官亡命。”当时朝廷准备淘汰一批因为镇压黄巾起义而获得官位的人，派督邮下来考察。刘备认为自己肯定在遣散名单里，就去求见督邮。督邮不见，刘备直接就闯进去把督邮痛打一顿，然后把官印挂在督邮脖子上，弃官而去。可见历史上真正的刘备可不是只会哭的伪君子。

考核官员，最重要的指标是收税的业绩，为了完成考课业绩目标，收税就叫课税。

2

文化篇

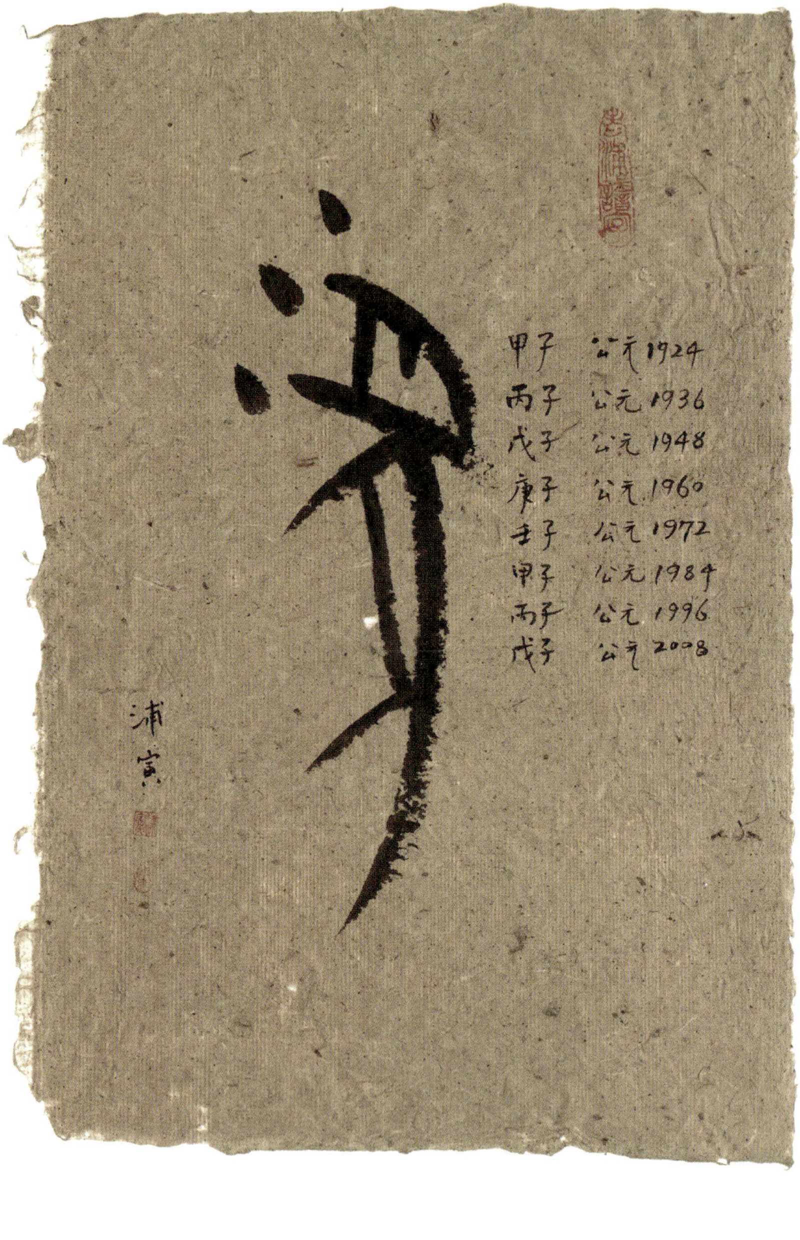
甲子 公元1924
丙子 公元1936
戊子 公元1948
庚子 公元1960
壬子 公元1972
甲子 公元1984
丙子 公元1996
戊子 公元2008
浦寅

[shǔ]

鼠

甲骨文　金文　篆书　隶书　楷书

十二生肖中的子鼠，不起眼的小老鼠，平常都躲在阴暗的角落，偶尔一露面，老鼠过街，人人喊打。既没有老虎令人敬畏的凶猛，也没有牛马令人尊敬的品格，怎么就成了十二生肖之首了呢？就让我们尝试从汉字的角度来解开这个谜团吧。

先看甲骨文，鼠字是一个象形文字，就是一幅儿童简笔画，大大的耳朵，长长的尾巴。最突出的是张开的尖嘴，在嘴的周围，有四个小点，代表啃碎的木屑。

老鼠是啮齿类动物，长长的门牙终生都在生长，所以它终生都要找木头或者书本来磨短它的门牙，所以民间管它叫耗子。甲骨文正是抓住了老鼠这个特征，创造了这个传神的汉字。汉字“鼠”突出了老鼠的牙齿，实际上是标示了老鼠最大的一个特征：超强的生命力。

在地球上，老鼠大概是生命力最顽强的动物了，数量庞大，有几百亿只。它们什么都能吃，什么地方都能住，嗅觉灵敏，奔行如飞。

更令中国人感叹的是老鼠的生殖能力惊人。一只母鼠在自然状态下每胎可产一到十只幼鼠，最多的可达二十四只，而妊娠期只有二十一天，母鼠在分娩当天就可以再次受孕。幼鼠经过三十天到四十天就能发育成熟，其中的雌性加入繁衍后代的行列。如此往复，母鼠一年可以生育五千左右子女，至于孙子、孙女、曾子、曾孙辈已多到无法计算。中国人是最重视生殖能力的，所以民间将子女成群的母亲戏称为“鼠胎”或“鼠肚”。据生物学家猜测，如果有全球性灾难致使生物大量灭绝，鼠将会是哺乳类最后灭绝的生物。如此强的生命力，当然要排第一。

你会问，这么能生的老鼠我们日常生活怎么感觉不到？城市当然不明显，在大自然，老鼠有很多天敌。据说在三江源头，由于人类捕杀了老鹰、狐狸等以鼠为食物的动物，导致田鼠泛滥。田鼠到处打洞，破坏了草场，成为导致三江源沙漠化的重要原因。

金文的鼠字更加突出它的利齿，与甲骨文不同，金文鼠还夸张了老鼠的爪子。夸张老鼠的爪子应该是指老鼠的运动能力。小时候去花鸟市场，常常看到有人卖松鼠，把松鼠关在能转动的轮子里，松鼠就在里面不停地跑。我每次看到的时候都很心疼那只倒霉的松鼠，担心它会不会被累死。

人类发明这种笼子实在是太残忍了。要知道，老鼠可是在各方面和人类最像的动物。有人会问，最像人的不是猴子吗？实际上，老鼠比猴还像人。研究发现老鼠和人类百分之九十九的骨骼结构相同。

耶路撒冷大学的研究人员曾公布《老鼠骨骼断层扫描图》，图中清晰地展示了老鼠骨骼结构的细部特征，包括极微小的骨骼，其精确程度到毫米。如果把老鼠按比例放大并舒展开来的话，那么除了脸部、足部和尾巴外，老鼠的骨骼构架同人类相比，几乎没有什么区别。这回你知道为什么每年都有上千万的小老鼠被用于科学实验了吧。

我们的老祖宗当然不可能知道老鼠与人类如此相像，但鬼使神差，他们就是把这个不起眼的小动物排到了十二生肖之首。

篆书鼠字的形状，大大的脑袋，胖胖的身躯，已经有几分可爱了，但那长长的尾巴看着还是让人不舒服。

在中国传统文化中，老鼠的确不那么招人喜欢。獐头鼠目、首鼠两端、城狐社鼠等，大量带鼠的成语都是贬义的。老鼠不招人待见主要是能吃。硕鼠硕鼠，无食我黍。无处不在，尤其是仓库里的老鼠，让人们对这些小偷恨之入骨，灭鼠的手段各式各样，但是从来都没能战胜过这些小家伙。

老鼠不受欢迎还有一个重要原因是传播疾病。历史上共有三次鼠疫大流行：第一次是查士丁尼大瘟疫，第二次是黑死病，第三次是中国和印度的鼠疫大流行。在青霉素发明之前，鼠疫是不治之症。千村薜荔人遗矢，万户萧疏鬼唱歌。每次鼠疫，都会造成上千万人死亡；每次鼠疫流行，都一定程度改变了人类历史。

而楷书的鼠鼠字，淡化了长尾形状，也淡化了老鼠不招人喜欢的特征。相反，通过迪士尼米老鼠形象的横空出世，老鼠一跃成为最受喜爱的小动物。

1955 年以来，迪士尼公司旗下单单迪士尼乐园的市值已经近四千亿元人民币。根据 2003 年美国财经杂志《福布斯》推出的“虚构形象富豪榜”，最能挣钱的“卡通富翁”是米老鼠和它的朋友们，价值五十八亿美元。华特·迪士尼说：我只希望我们永远不会忘记一件事，那就是这里所有的一切都是由一只老鼠开始的。小老鼠成功完成了由遭人嫌弃到人见人爱的逆袭。

乙丑 公元1925
丁丑 公元1937
己丑 公元1949
辛丑 公元1961
癸丑 公元1973
乙丑 公元1985
丁丑 公元1997
己丑 公元2009
浦寅

[niú]

牛

甲骨文　金文　篆书　隶书　楷书

十二生肖之二是丑牛，不是说牛很丑，是说古人把每天二十四小时划分为十二个时辰，每个时辰两小时。第一个时辰是子时，即晚上十一点到凌晨一点，丑时是第二个时辰，即凌晨一点到三点。

牛有四个胃室，平常吃草的时候匆匆忙忙，休息的时候，可以把存在胃里的食物返回到嘴里再嚼一嚼，这种现象被称为反刍。丑时是牛休息的时间，也是牛反刍的时间。这大概是牛排在十二生肖第二的原因吧。

牛体型庞大，力大无比，却性情温顺，任劳任怨，吃的是草，奉献的是奶，历来受到人们的尊敬。但问题是，为什么这样温顺的动物，却在日常口语中用来形容一个人很厉害呢？我们通过解字，看能不能破解这个问题。

牛字笔画很少，却是实实在在的象形字。最早，古人在岩壁上画的牛，是庞大的实体。但是要用文字表现牛，就要简化。

中国古人发现了一个简化的方法，那就是找到有代表性的局部。古人画了一个牛头。只留下雄壮的牛角，一对耳朵。至于牛的身体，一笔带过。

金文牛字承续甲骨文的字形，规规整整，像摆在祭坛上的牺牲。牺牲这个词，今天通常做动词用，“某某为国牺牲”，指的是为了信仰舍弃生命。但在古代，牺牲是名词，指祭祀用的供品。

牛在古代中国人的心目中是具有灵性的动物，可以通神，因此，在重大的祭祀仪式上一般都要选用牛，所以“牺牲”都是牛字旁。具体而言，色纯为“牺”，体全为“牲”，而色纯体全的牛，是只有天子才能使用的最高等级的祭品。

《礼记·曲礼下》记载：“凡祭……天子以牺牛，诸侯以肥牛，大夫以索牛，士以羊、豕。”“牺牛”是指色纯的全牛，“肥牛”即指长得肥壮的牛，“索牛”则指经过简单挑选过的牛。被选定作为祭祀的牛要受到特殊的待遇。《史记·老庄列传》：“祭祀之牛养食之数岁，衣以文绣。”选作祭祀的牛还要受到人们的尊重，就连国君见到牺牛也要表示敬意。

牛在农耕社会至为重要。为了保护耕牛，西周时就有“诸侯无故不杀牛”的规定。在汉朝，杀牛是要偿命的。在唐朝，牛主人擅自杀牛，要判刑一年，在元朝则要杖责一百。在唐宋时期，不管这牛是老得拉不动犁了，还是意外瘸了腿，都是不能杀的，除非等牛自然死亡。《水浒传》里好汉动不动就切二斤牛肉下酒的描写，实际是不可能存在的。那时候谁能吃得起牛肉呢。

今天印度神牛的待遇大概和中国古代有过之而无不及。印度神牛不仅可以在大街上随便散步，还可以登堂入室，到人家客厅里溜达。这当然是宗教信仰使然，但同时也是农耕社会对牛的尊敬的反映。

隶书的牛将篆书的一对尖角写成，使整体字形完全失去动物的形象。在中国古代传说中，地上的一切都是神牛下凡造成的，所以物质的物是

牛字旁。

在古希腊罗马神话里，宙斯就特别喜欢把自己变成一只外表俊美、性格温顺的大公牛。传说有一次宙斯看中了一个美女，就变成一只公牛去引诱她。美女们非常喜欢这只美丽的公牛，她们纷纷聚拢过来，毫无防备地给公牛戴上花环，抚摸着牛背。宙斯牛蹲伏在他最喜爱的女孩脚下，用一种十分爱慕的眼神看着她。被迷得神魂颠倒的女孩竟然跨上了公牛的背。宙斯牛从地上一跃而起，劫走了女孩。

宙斯把女孩带到一片未知的大陆，一番浪漫之后，宙斯离去，把女孩留在了这片大陆上，并以这个女孩的名字命名了这片大陆。女孩的名字叫欧罗巴，就是今天的欧洲。

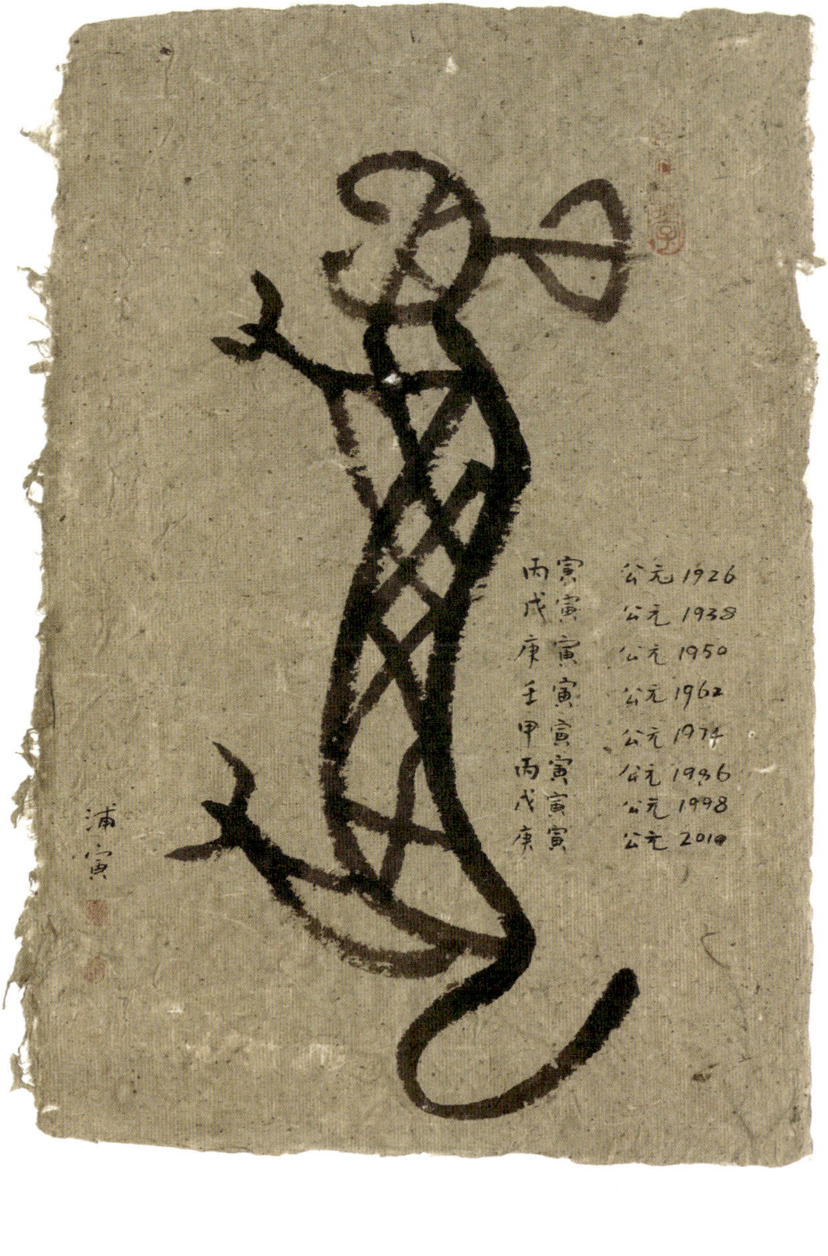

丙寅 公元1926
戊寅 公元1938
庚寅 公元1950
壬寅 公元1962
甲寅 公元1974
丙寅 公元1986
戊寅 公元1998
庚寅 公元2010
浦寅

[hǔ]

虎

甲骨文　金文　篆书　隶书　楷书

老虎在十二生肖中排名第三，对应的寅时是凌晨三点到五点，正是老虎夜间出来觅食的时间。据说唐寅是寅年寅月寅日寅时出生的，所以叫唐寅，字伯虎。

甲骨文的老虎是相当威风的，血盆大口像一个夸张的A字，一身美丽的斑纹，弯曲而有力的尾巴，活生生像一个吃人的猛兽。

八达岭和宁波的老虎咬死人，人们普遍同情老虎，而不是人。究其原因，是因为老虎被关在动物园里，人与老虎的关系，人是强势，老虎是弱势。人嘛，总是同情弱者。

但老虎历来是战神啊。汉字里凡是虎字头的字，都是威风彪彪的。云从龙，风从虎，这只吊睛白额大虫什么时候变成让人同情的弱势群体了呢？我们尝试用几个虎字头的汉字来梳理这个过程。

金文的虎，巨大的虎头，有力的利爪。反映了人对凶猛老虎的感受。最能代表人对老虎感受的是汉字虐，虐待的虐。甲骨文的虐是一个人形，仰卧在地上，显得十分无力，人身上有一头凶猛的老虎，张着血盆大口，正向人的脑袋咬去，这是猛虎残噬活人的生动写照。还有一个虎字头的汉字，空虚的虚，一个虎

头加上两个虎爪，下面一个土字，代表一个地域，合起来表示猛虎横行在荒无人烟的地方。

这反映了当时人和猛虎的关系，人在虎的面前毫无还手之力，要么倒霉被老虎抓住，狂虐。要么远走他乡，能躲多远躲多远。要躲多远呢？一百公里以外。老虎居于食物链的顶端，需要的食物很多，所以能够养活它的领地就很大。老虎的领地范围一般是一百至四百平方公里。虎是很孤独的，只有在繁殖季节雌雄才在一起生活。当老虎巡视领地时，会把有强烈气味的尿液喷在树干上，界定自己的势力范围。

《说文解字》："虎，山兽之君。"意思是说：虎是山林之王。那时候真是王者风范。到了篆书的虎，巨大的虎头下面，一个人字笼罩在虎威之中，表示人臣服于虎。这时候人类由于敬畏老虎，已经把老虎奉为神明。

另一个虎字头的汉字彪悍的彪的金文，是一个老虎的虎形，加上三撇，三撇的本义是长发，在这里表示老虎身上条形的花纹。合起来表示老虎威风凛凛的形态，这是虎神的形象。中国传统文化中有四个神兽，分别是青龙、白虎、朱雀、玄武，老虎是唯一真实存在的动物，其他三种都是想象中的神兽。

虎，为百兽之王，它的威猛和传说中降伏鬼物的能力，使得它变成了属阳的神兽。作为神的白虎具有辟邪、禳（ráng）灾、祈丰及惩恶扬善、发财致富、喜结良缘等多种神力。白虎代表的方位是西方，左青龙、右白虎，在五行中属金，色白，在四季里代表秋天。秋天在古人看来主肃杀，是兵象。白虎是战神、杀伐之神。所以古代发兵用的兵符会做成老虎的形状，称为虎符。

对白虎的崇拜源自楚文化中对虎的图腾崇拜，虎一直受到多个民族的崇拜，是正义、勇猛、威严的象征。直到今天，我国的彝族、白族、布依族、土家族等民族仍称白虎是他们的祖先。

而楷书的虎，把篆书中曾经笼罩在虎威之下的人形写成了茶几的几。虎这时候已经不能统治人，而是被放置在几案之上。这容易让人想到马戏团里蹲坐在凳子上的老虎。实际上，有一个汉字就是描写老虎沦为进行马戏表演的情景的，这个汉字就是戏剧的戏。

金文的戏是一个戈矛，加上一个虎头，下面有一个打击乐器鼓。这是古代宫廷残酷的娱乐项目，奴隶手持戈矛，在鼓声中与野兽搏斗，这就是最古老的戏，游戏。这代表着老虎地位的变化。

在人类发明了弓弩以后，相对所有动物，都取得了压倒性的优势。围猎，一直是统治阶级最常见的娱乐活动。而对于一些游猎民族而言，围猎还是训练军队、保持战斗力的重要手段。清朝在北京南苑设有皇家围场，关外也有猎场。据资料记载：康熙皇帝自述在五十八年内猎虎一百三十五头；乾隆皇帝五十年间猎虎五十七头，可见当时山野中老虎还是很多的。

直到20世纪初，对老虎的捕杀一直没有停止。据估计，最初的三十年间我国至少捕杀了一千三百头至一千五百头东北虎。而当时被当作害兽的华南虎，如今已经被赶尽杀绝。2007年，陕西安康农民周正龙声称拍到了华南虎，引起巨大轰动。后来被证明是一场骗局。

当然，外国人杀起虎来也是毫不留情。由于南亚优越的自然环境，孟加拉虎的数量一直是所有亚洲虎中最多的。但近代以来，孟加拉虎也是遭到人类捕杀最多的虎种。英国殖民者通常在几十上百人的簇拥下，骑在大象背上手持火枪狩猎，一天猎虎好几头是常事。

王公贵族把猎虎作为特权来炫耀。自19世纪末以来，根据确实记录，仅仅印度西部拉贾斯坦邦的一些王公们就猎取了将近两千六百头虎。更有甚者，例如中央邦的苏尔古嘎王公，一生共猎杀虎一千一百五十七头，可谓世界之最。

老虎在强大的人类面前，早已走下神坛，沦为人们炫耀权势、显示勇武的牺牲品。如今，无论这些昔日的山林之王是孤独地徘徊在越来越小的原始森林中艰难求生，还是在动物园中近亲繁殖，抑或在马戏团里沦为人类的玩物，它们都是不折不扣的弱势群体。

虎字头的汉字，从虐、虚的独霸山林，到威风凛凛白虎神兽，逐渐沦为戏剧的戏，成为贵族娱乐的对象，直到今天，虎落平阳，你看，简化字的戏剧的“戏”已经没有虎了。尽管如此，属虎的人还是很自豪自己的生肖。

[tù]

兔

甲骨文　金文　篆书　隶书　楷书

十二生肖是很奇妙的，去除那些根据属相推导性格、命运之类的没有依据的说法，仔细研究，你会发现，生肖动物背后往往有中国文化审美中很多深刻的东西。我们已经了解的前三种动物中，鼠代表强盛的生命力；牛代表勤奋憨厚的庞大力量；虎则象征了暴力美学。而温良驯顺的小兔子则代表了中国文化中一个重要审美特色：阴柔之美。

甲骨文的兔字非常可爱，长长的耳朵，短短的尾巴，大大的脑袋，肥肥的身体。兔子是毫无攻击性的小动物，胆子很小，一有威胁就赶紧逃跑，而且跑得很快。我们常说“跑得比兔子还快”，此时说的跑一定是逃跑。我们还常说“狡兔三窟”，“三”在古典文化中表示“多”。兔子不是只有三个巢穴，而是有很多巢穴。

月亮上有这样一只捣药的玉兔。月亮相对于太阳，是阴性的象征，正月十五，女人要拜月，男人是绝对不能参与的。而玉兔，就在这纯阴的月亮上陪伴着寂寞的嫦娥。玉兔的传说很多，玉兔捣药是中国神话故事之一。相传月亮之上有一只兔子，浑身洁白如玉，所以称作“玉兔”。白兔拿着玉杵，跪地捣药，捣成蛤蟆丸，服用

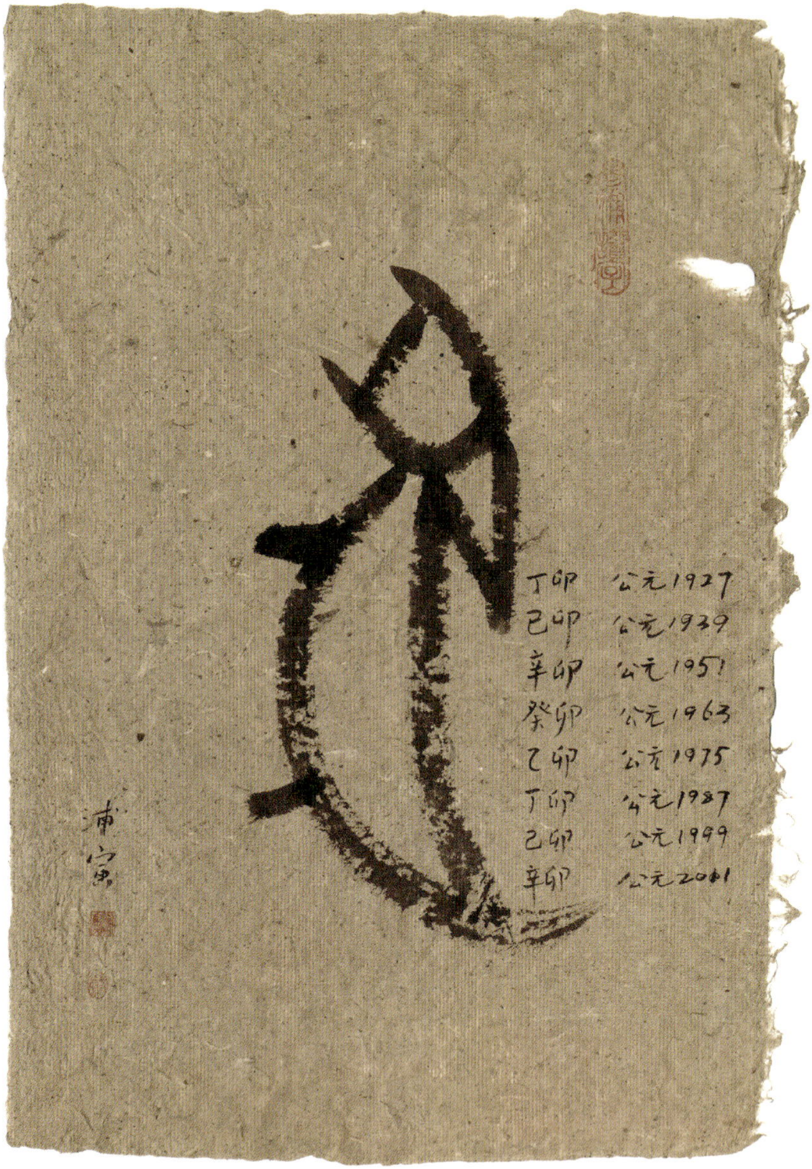
丁卯 公元1927
己卯 公元1939
辛卯 公元1951
癸卯 公元1963
乙卯 公元1975
丁卯 公元1987
己卯 公元1999
辛卯 公元2011

此药丸可以长生成仙。久而久之，玉兔便成为月亮的代名词。

兔子和阴柔之美有什么关系呢？答案在一个造型中。对，就是兔儿爷，老北京城孩子们的玩具。

有这么一个传说。一年，北京城里忽然起了瘟疫，嫦娥派身边的玉兔去为百姓们治病。玉兔扮成一个少女，挨家挨户地治好了很多人。玉兔什么也不要，只是向别人借衣服穿，每到一处就换一身装扮，一会儿是男人装束，一会儿又是女人打扮。消除了京城的瘟疫之后，玉兔就回到月宫中去了。于是，人们用泥塑造了玉兔的形象，每到农历八月十五那一天，家家都要供奉她，给她摆上好吃的瓜果菜豆，用来酬谢她给人间带来的吉祥和幸福，还亲切地称她为“兔儿爷”。

兔儿爷的关键是一会儿变女人，一会儿变男人，既有男人的英气，也有女人的俊秀。中国人非常喜欢这种温文尔雅的男人。看到兔儿爷，你会联想到什么？没错，京剧里的小生。

到金文的兔字，还是一个可爱兔子的象形，就是更萌了一些。这个形象与兔儿爷、京剧里的小生都有共同之处，那就是白净俊美，温文尔雅，最关键的，是有一点女人气。这就是中国文化中的阴柔之美。

阴柔之美并不是一味女气，而是要有英武之气。最典型的就是京剧里的周瑜。历史上的周瑜英俊潇洒，羽扇纶巾，上马能战，下马能琴。“曲有误，周郎顾”，说的就是周瑜在酒席宴上，琴师弹错一个音，他就会回头看看。可见他对音律的熟悉精通。以至于传说有的琴师为了引起周郎的关注，故意弹错。

但是在京剧舞台，周瑜在英武潇洒之外，说话唱腔都是尖细的假嗓，性格中也多了很多阴柔味道，甚至有缺乏男子气特有的缺点：嫉妒。在京剧里，他就是因为小心眼被诸葛亮气死的。

石鼓文的兔字形状发生了很大变化，逐渐向符号化方向发展，到了篆书的兔字，形状就已经很像“兔”了。有一点需要注意，简化字的“兔”和“免”只差一“点”，写的时候不注意就会写错。其实这两个字原来差距很大，兔是兔子的象形，而免字是戴帽子的象形。明白了这个，就不会忘了兔子身后这个小尾巴的一点了。

其实这样的阴柔之美不仅仅体现在舞台上，更是中国文化审美的现实。我们可以看看文学史上的才子佳人，无论是《凤求凰》中的司马相如与卓文君，《西厢记》中的张生与崔莺莺，还是《三笑姻缘》中的唐伯虎与秋香，《红楼梦》中的贾宝玉与林黛玉，那些满腹经纶的才子，哪个不是相貌俊美、风度翩翩的风流小生。

流传下来的中国古代的美男子都是有些阴柔的。就拿古代第一美男潘安来说。人们常用“貌比潘安”来夸赞一个男人的美貌，潘安俨然成了千古美男的“代言人”，那么他到底是个怎样的人？他又美到什么程度呢？

潘安是西晋著名文学家。史书上直接说潘安长得漂亮，用三个字形容——“美、姿、仪”。据《世说新语》记载，潘安每次出去游玩，都会有大批少女追着他，一个劲地往潘安的车上扔鲜花和水果。这就是“掷果盈车”这个典故的由来。

还有一个形容美男子的成语叫作“玉山将倾”，这个成语的制造者是西晋的嵇康。《世说新语》记载：“嵇康身长七尺八寸，风姿特秀，见者叹曰：‘萧萧肃肃，爽朗清举。’山公（山涛）曰：‘嵇叔夜（嵇康字）之为人也，岩岩若孤松之独立；其醉也，傀俄（巍峨）若玉山之将崩。'” 意思是说：嵇康站着就像一颗古松，迎客松那样。爱喝酒，喝醉了趔趔趄趄，粉丝们却看得如醉如痴，说这是玉山将要倾倒。既然是玉山，那就是白啊，而且还有，“风姿特秀”“爽朗清举”，这些词可都是形容他秀美的，嵇康当然也是俊美的小生。

书法草书“兔”兔字，圆滚滚的萌态少了些，潇洒俊美依然。其实在书法上，雄浑的风格之外，阴柔也是书法风格重要的一派。以王羲之、王献之“二王”为代表的晋代书法风格平和自然，笔势委婉含蓄，遒美健秀，同样体现了阴柔之美。

兔，温婉柔顺，丰神俊秀，与之相关的兔儿爷、京剧小生以及才子佳人，都代表了中国文化推崇的阴柔之美。

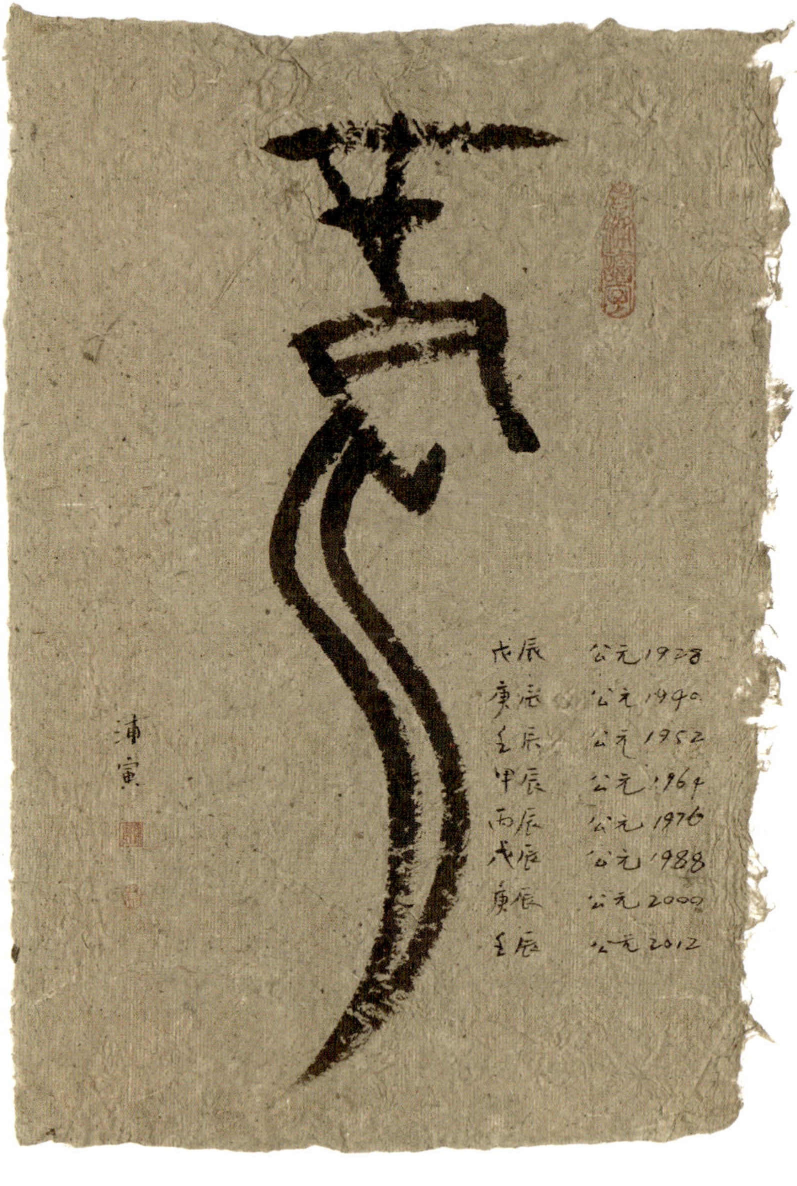
戊辰 公元1928
庚辰 公元1940
壬辰 公元1952
甲辰 公元1964
丙辰 公元1976
戊辰 公元1988
庚辰 公元2000
壬辰 公元2012
浦寅

[lóng]

龙

甲骨文 金文 篆书 隶书 楷书

十二生肖都是动物，为什么会出现一个现实世界并不存在的龙呢？让我们从汉字中来找一找原因。

龙，甲骨文是一只弯曲着身体张着大口的动物，在这只身形刚劲的动物头上有一个辛字。对这个动物的原型以及它头上的辛字，文字学家们有着不同的解读。

有人说是爬行巨兽，大蜥蜴。辛表示龙头上长着锋利的角。有人说是扬子鳄，“龙所居，常在水泽之中”。更多的人认为这是一条大蟒蛇，头上的辛是一个倒过来的“王”字。有人甚至认为这是蛇芯，有人认为是云，还有人认为是闪电。

闻一多先生认为，“龙的形象是在蛇的基础上，接受了兽类的四脚、马的头、鬣的尾、鹿的角、狗的爪、鱼的鳞和须”。并说龙“是一种图腾，并且是只存在于图腾中而不存在于生物界中的一种虚拟的生物，因为它是由许多不同的图腾糅合而成的一种综合体”。也就是说，这是四不像，很多不像。

说了这么多，究竟哪一种说法更可靠呢？应该说都有道理，没有定论。老浦个人意见，这应该是一个大蟒蛇，头上的辛是巫师

头上的帽子。我们看凤凰的凤，同样也是一只大鸟头上顶着这样一个帽子，象征着不是现实中的动物，而是神。

《说文解字》："龙，鳞虫之长。能幽能明，能细能巨，能短能长；春分而登天，秋分而潜渊。"一句话，它就是个神。这个神之所以能够混进十二生肖，是因为它能行云布雨。在农业社会，大自然中，水，或者具体说雨对人们的生活影响巨大。不下雨，土地干旱，颗粒无收。下大雨造成洪水，同样也是颗粒无收。所以人们盼望有一个神把下雨这件事管理起来。龙就这样进了十二生肖。

我们来看金文的龙，还是那条大蟒蛇，张开的巨口不见了，头上的王冠却更明显夸张。早期的龙是诸多神兽的一种，就是管下雨的，并不像后世那样神圣不可侵犯。你小时候一定看过《哪吒闹海》。在《封神演义》的这个故事中，龙并不是那么强势，小龙被哪吒打死，筋还被抽出来做了条腰带。老龙王上天告状，让哪吒中途截住暴打一顿，龙鳞都被揭下几片。

其实最说明问题的是《西游记》中魏征梦中斩龙的故事。说唐太宗时期，长安城里出了一位叫袁守诚的算卦先生，算得很准，渔民按照他的指点，每次都能打很多鱼。泾河龙王化身一个白衣秀士来到长安城，一看这位算卦先生果然神通广大。龙王有心杀一杀袁先生的威风，就打赌请他预测一下下雨。心说这事就归我管，你不是输定了。不料龙王回水府后，接到玉帝圣旨，让他下雨，行雨时辰、数目，与袁守诚预测的分毫不差。

龙王傻眼了，为了赢得打赌，故意推迟一个时辰，少下了点数，这可是犯了天条，要杀头的。情急之下，龙王请袁守诚指点，袁先生说现在你只能去求唐太宗李世民了。于是龙王托梦给李世民，请求救命。

龙王来求自己，唐太宗觉得很有面子，就答应了龙王。原来，玉皇大帝指定斩龙王的是大臣魏征。那天李世民故意叫魏征过来下棋，以便拖住他，阻止他行刑。魏征下棋当中打了个盹儿，竟于梦中斩了泾河龙王。

龙王冤啊，你堂堂皇帝怎么说话不算数啊，它的冤魂就整天骚扰李世民。秦叔宝、尉迟敬德二位将军为了让皇帝睡个好觉，亲自在门前把守。大将军气场强大，龙王的鬼魂也不敢来骚扰，唐太宗这才得以睡个踏实觉。但是大将军也不能整天这样站岗啊。唐太宗就请画家为两位将军画像，把画像贴在门上。这就是民间贴门神的由来。

这个故事反映了人们盼望龙王尽忠职守的愿望，敢胡来，人间的忠臣也能杀你，找皇帝求情都没用。同时也反映了人们面对频繁的灾难，对龙王又恨又怕的心态。其实官方哪有那么厉害，还是要给龙王设坛祭祀，各地也都有大大小小的龙王庙，祈求风调雨顺。

那从什么时候起，龙成为皇家的专属，而我们中国人又被称为龙的传人呢？

龙不仅是行云布雨的神兽，还是华夏原始部落的图腾。图腾是原始部落选定一种动物作为自己部落的象征和保护神，有熊，有鸟，当然也有龙。有专家研究认为，龙之所以集合了很多动物的特征，是因为以大蟒为图腾的部族融合了许多用马、鹿、鱼等动物为图腾的部落，最后形成了龙。相传中国的人文始祖伏羲和女娲就是人首蛇身，其实就是龙的图腾崇拜。所以我们都是龙的传人。

到了篆书的龙，原始的巨蟒形象不见了，完全是神龙见首不见尾的复杂图形。也正是这一时期，龙被皇家垄断。

正式把自己视为“祖龙”的是秦始皇，编故事最夸张的是汉高祖刘邦。《史记·高祖本纪》记载：刘邦的母亲在水边土坡上休息，梦见了神。这时候天昏地暗，雷电交加，刘邦父亲跑去一看，一只蛟龙趴在自己媳妇身上，后来就发现怀孕了，生下了刘邦。这就是说刘邦是真正的龙种。后来他斩白蛇起义，也是赤帝之子斩了白帝之子，龙杀龙，改朝换代。

所以秦汉以后，龙已定型为帝王化身，皇室专利。皇帝为“真龙天子”，出生叫“真龙天降”，死后称“龙驭上宾”；住的地方叫龙庭，睡的叫龙床，坐的叫龙椅，穿的叫龙袍。所用物品都用龙作装饰。

皇帝为什么要把龙抢过去作自己的象征，我想，大概和龙云山雾罩、见首不见尾的特点分不开。皇帝越专制，越需要包装自己君权天授的神秘形象。不过皇帝对龙的垄断还不是太绝对，人的姓名带个龙字，或者家具上雕个龙形，还是允许的。垄断龙体现在衣服上，是唯有皇帝能使用五爪的龙当作标志或在黄袍上刺绣，其他大臣及皇族只能用四爪的龙又称蟒，皇帝穿“龙袍”，其他皇族和大臣穿“蟒袍”。据说，日本的龙是三爪，韩国的龙是四爪。

而到草书字形的龙，就是一种飞动的感觉。

最后，我想介绍这样一首诗，苏轼的《咏桧》：

凛然相对敢相欺，直干凌空未要奇。
根到九泉无曲处，世间惟有蛰龙知。

这首诗是苏轼写给自己的朋友秀才王复的，王复家院子里有两棵相对生长的百年古桧，它们凌空直立。奇特的是，这种树的根也是直直的，而这种品格，只有地下的蛰龙才知道。蛰龙是指深藏地下蛰伏，也就是冬眠的龙，寓意蓄势待发的贤士。王复虽没有做官，却悬壶济世，帮助了很多人。这首诗就是赞扬王复高风亮节、表里如一的品格，虽不得志但威武不屈。

但是诗中“根到九泉无曲处，世间惟有蛰龙知”这么两句，却被政敌沈括指为隐刺皇帝：“皇帝如飞龙在天，苏轼却要向九泉之下寻蜇龙，不臣莫过如此！”指控他“大逆不道”，这就是著名的“乌台诗案”。苏轼在御史台的死囚牢里被关押了四个月零十二天，司马光、苏辙等三十人也受到株连，苏轼的文章诗词被大量销毁。

我想说的是，提到龙，世人想到的都是飞龙在天，龙凤呈祥，很少想到地下蛰伏的龙。但没有潜龙在渊的蛰伏，哪有腾飞万里的辉煌？苏轼在乌台诗案以后脱胎换骨，在被贬谪的黄州写出了一生最伟大的作品。

一个人不被认识，或者遭遇挫折都不可怕，只要像桧木把根深深扎到九泉，自然会凌霄耸立。或者像蛰龙，积蓄力量，“蛰龙已惊眠，一啸动千山”。

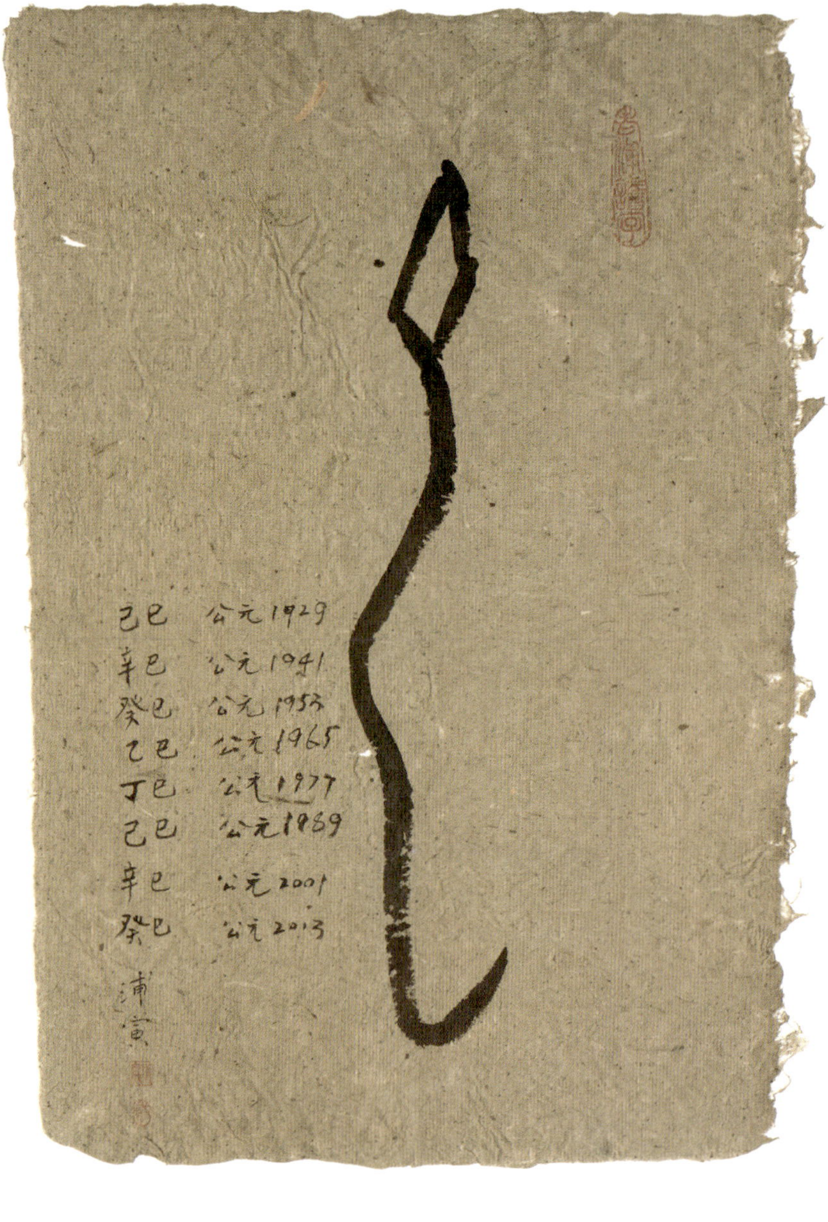
己巳 公元1929
辛巳 公元1941
癸巳 公元1953
乙巳 公元1965
丁巳 公元1977
己巳 公元1989
辛巳 公元2001
癸巳 公元2013
浦寅

[shé]

蛇

甲骨文　金文　篆书　隶书　楷书

在中央电视台科教频道，有一个奇怪的现象，只要《动物世界》播蛇的内容，马上就能够获得超高收视率，在所有动物中，蛇的收视率高居榜首。

小时候我们去动物园，一定要去看猴山、狮虎山、大熊猫馆，那才是最受欢迎的动物啊，爬虫馆，最不爱去了。可是偏偏在电视上，蛇的收视率是第一。这怎么回事？让我们去文字中找找答案吧。

蛇字是从甲骨文这个字形演化而来的，这个字同时是“它”“虫”的源字，也就是说，这个字形后来分化出了“它”和“虫”。但最原始的意思，是蛇。《说文解字》：“它，虫也。从虫而长，像冤曲垂尾形。上古草居患它，故相问无它乎。”意思是说：它是一只虫子，很长、弯曲的身体，下垂的尾巴。这实际上指的就是蛇。

有个有趣的现象，上古时期，人们行走在树林草丛中，很怕蛇，路上遇见打招呼，都会问：没遇见蛇吧？为什么这么问呢？因为，人们最怕的，就是最关心的。

古代文人见面打招呼：别来无恙乎？是因为书生身体弱，经常得病。老百姓经常吃不饱，所以见面会问：吃了吗？那当代人最怕什么？当然是无事可做挣不到钱啊，所以会问：忙吗？

为什么虫、它、蛇是同一个字呢？我们来仔细分析一下。甲骨文是初级文字，比较粗糙，随着语言表达的需要，文字的分工才越来越细。上一个小节中说了，虫和它是同一个源字：。在汉代以前，“它”的读音是 tuó，据推测，因为蛇有盘成一坨的特征，所以由“它”组合的字大多数读音都是 tuó，如坨、鸵鸟、骆驼、华佗、滂沱、头陀，等等。

那为什么又演变为 shé 的发音呢？据文字学家分析，蛇的特征是吐舌头，也就是吐芯子。蛇芯是蛇的探测器，可以侦测到空气中的气味微粒，缩回去进行分析。古人对这种分叉的舌头非常恐惧，看见这种长虫就会不由自主地叫“舌”！最后这种动物就被发音为 shé 了。

说到底，还是因为怕它。可人们为什么那么怕它呢？古人的生活环境比我们更接近大自然，山上、水里、草丛中，蛇是很多的，蛇又无声无息，不知道哪里会有一坨。有时候甚至就盘在你家的某个角落里，把你吓一跳。而且，古代的医疗水平也远不如现在，如果被毒蛇咬了，会要命。甲骨文里就有专门描写被蛇咬的字。

人走在路上什么部位最容易被咬？脚。你看这个字，上面是一个表示脚的止，下面是一个三角形的头的蛇，这就是蚩尤的蚩，表示蛇咬到了脚。蚩尤就是指有很多蛇的蛮荒之地。

说到蛮荒之地，蛮字下面的虫也是蛇。《说文解字》把这个字解释为“南蛮，蛇种”。还有闽南的闽，《说文解字》也解释为“东南越，蛇种”。古人认为这些地方是荒蛮之地，人也是未开化的人，就形容成“蛇种”。如今这些地方，早就成为经济发达、风景秀丽的典范了。

由此可见，古人对蛇有多么害怕，所以能抓住蛇的人绝对是英雄。你看这个字，是一个表示手的又，抓住了一条蛇，这个字就是大禹的禹，大禹治水，他的名字的意思居然是抓住蛇的英雄。

而两种金文的“它”，蛇头更大，身体也变粗了。这大概和蛇超强的吞咽能力有关。“人心不足蛇吞象”，蛇虽然吞不下一头大象，但的确能够吞下比自己身体粗很多倍的动物。

在古人眼里，蛇太强大了，所以“它”是人类的对立物，因此就用“它”来指代人类以外的所有动物了。但是原本“它”字里面“蛇”的含义怎么办呢？于是古人就在篆书中另造了这个字，在“它”的旁边加上“虫”，专指“蛇”。

不仅中国人怕蛇，全世界的人都怕蛇。在古老的文明中，绝大多数有蛇神崇拜，比如印度文明、埃及文明、玛雅文明等。

最恐怖的是希腊神话中的美杜莎，她的头发是无数条小蛇，腿部是响尾蛇的身体，摇动尾巴能发出恐怖的声音。最恐怖的是她的眼睛，只要看你一眼，就能立刻把你变成一具石像。后来希腊英雄帕尔修斯杀死了美杜莎，把她长满小蛇的头颅献给了雅典娜。雅典娜把她镶嵌到自己的盾牌上，于是这面盾牌也具有了石化敌人的功能。可见在希腊人心目中，蛇是多么恐怖。

最有意思的是澳大利亚亚卡卡杜国家公园有一幅岩画，画了一条大蛇，澳大利亚土著称之为彩虹蛇。传说中，彩虹蛇是从水下洞穴冒出来的，孕育着生命和水，使大地繁荣昌盛。据说天空出现彩虹时，彩虹蛇会从一个水坑游到另一个水坑，确保各地水源充足。人们相信，这条蛇是大地之母，它刻出了澳大利亚的地形。直到今天，澳大利亚每年还都会举办彩虹蛇音乐节。

彩虹蛇的传说在非洲也有，贝宁、尼日利亚、刚果都有这样的神话传说，均与生命创造密不可分。

这让我想起了一个汉字，这个字就是彩虹的虹，传说这是一条巨龙在吸水。这不就是彩虹蛇嘛！同彩虹蛇一样，中国龙就是管水的。

隶书的“它”它，还能看出蛇的形状。楷书的“它”它将隶书的独体结构分解成宝盖头宀和匕匕，那个恐怖的蛇头终于不见了。

世界卫生组织会徽的中间就是一条吐着蛇芯的蛇盘在一根针上。世界卫生组织的会徽上为什么会有一条蛇呢？这源于希腊神话，医神阿斯扣雷波，手持一根盘绕着一条灵蛇的神杖，云游四方，治病救人。于是神杖和蛇就成为西方医务工作者的标记了。

而我国卫生部的部徽也同样有一条灵蛇，代表西方医学。不过这根针不是医神阿斯扣雷波的神杖，而是中医针灸的银针，体现了我国“中西医并重”的医疗卫生工作方针政策。

人人恐惧的蛇居然是治病救人的标志。恐惧可以把人打垮，也可以给人力量。

[mǎ]

马

甲骨文　金文　篆书　隶书　楷书

如果评选对人类历史影响最大的动物，我想马当之无愧。因为马太重要了。从文字中，我们也可以窥探一二。

甲骨文的马就是一匹马的简笔画，长脸、大眼、鬃毛飞扬。还特意夸张了马蹄，就是为了表现马奔驰迅疾的特征。《说文解字》：“马，怒也。武也。”意思是说：马是爆发力像发怒一样的动物，是国家武力的象征。没错，那时候人们是通过战车的数量衡量一国军事实力的，百乘之国就是小国，千乘之国就是大国了，万乘之国则是超级大国。

在历史舞台上，国家分为两种：一种是有马的国家，一种是没马的国家。有马的是游牧民族。电视剧《芈月传》里的义渠王就是游牧民族。他们在天寒地冻、粮草匮乏的时候，经常南下劫掠。金文的马，比甲骨文简化了许多，但头上的鬃毛和强劲的身体还是充满动感。

汉代刚建国的时候，没有马，汉高祖被匈奴包围，差点被灭。公元前 104 年，汉武帝派人带着千金，和一匹用金子铸造的马来到大宛国，想换取汗血宝马，但遭大宛国拒绝。于是汉武帝任命李广利为将，远征大宛国，被打得大败。三年以后，李广利卷土重来，

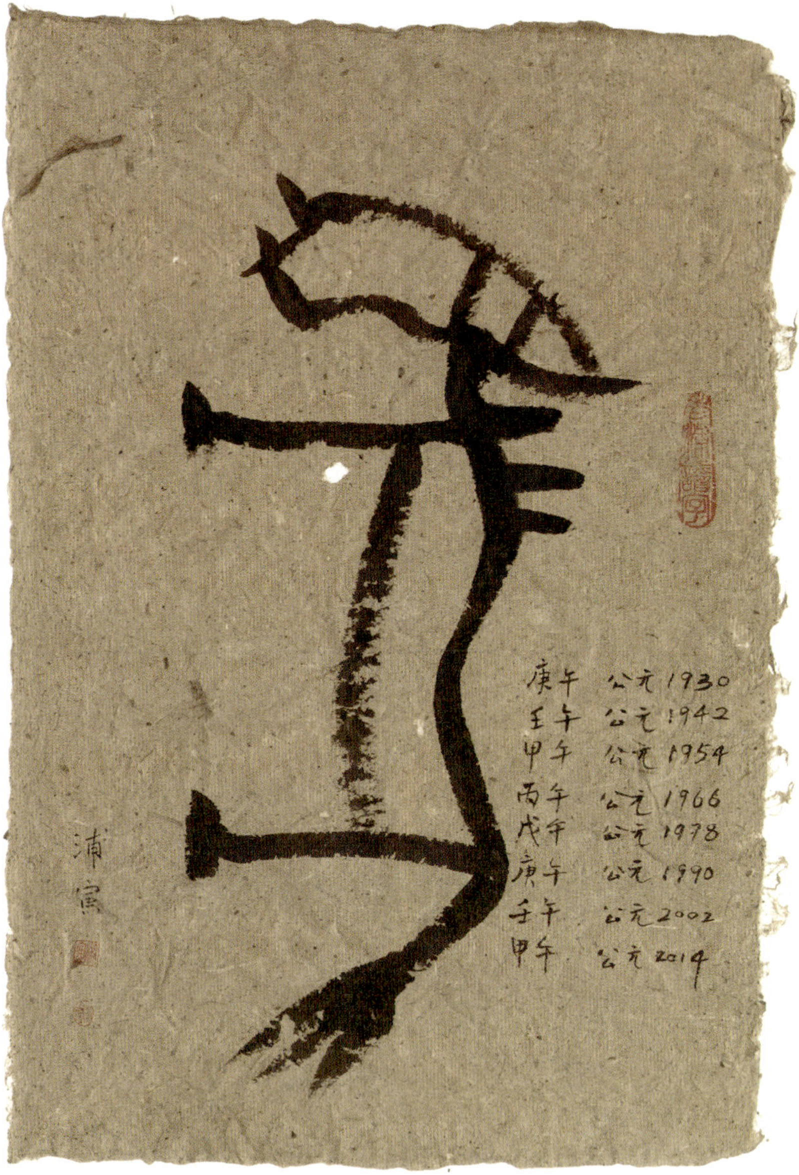
庚午 公元1930
壬午 公元1942
甲午 公元1954
丙午 公元1966
戊午 公元1978
庚午 公元1990
壬午 公元2002
甲午 公元2014

围困大宛城四十多天，大宛国王被杀，大宛国开城投降。李广利选好马数十匹，普通马三千多匹，带回国内。

为马发动战争，可见当时马的重要。汉族虽然一度击败匈奴，但汉武帝的穷兵黩武也耗尽了大汉的国力。看隶书的马馬，越来越失去活力。

唐代同样重视养马，盛唐时期马匹充裕，我们可以看看唐三彩塑造的马，和正体楷书馬的造型一样，神采飞扬。

到宋朝，北方契丹占领了燕云十六州，西北有西夏，西南有大理，这些都是产马的地区。而经济发达的大宋由于没有马，几乎是个不设防的国家，面对马上民族，尤其是蒙古，几乎没有还手之力。大明，同样败在马上的大清。可谓得马者得天下。

然而历史的脚步会甩掉很多风光一时的东西，马也不例外。清朝入主中原以后，排斥当时已经被明军广泛使用的火枪，仍然迷信弓马。皇帝每年都要组织大规模的打猎活动，目的就是提醒天下，尤其是八旗子弟不能废弛武功。然而，第二次鸦片战争，清军最精锐的三万骑兵遭到排枪齐射的屠杀，全军覆没。马就这样悲壮地退出历史舞台。

到了简化字的马马，还有什么风采吗？

马，改变了人类的历史，其实它还深刻地改变了人类的精神世界。在没有马镫之前，马就是交通工具。有了马镫之后，双手就解放出来，可以骑马打仗了，这就诞生了欧洲的重装骑士，进而发展出圆桌民主、贵族荣耀、尊重妇女的骑士精神。由骑士精神发展而来的绅士风度，也成了欧洲社会风尚形成的基石。马，留给我们的文化，还深深地影响着我们的生活。

公元1931 辛未
公元1943 癸未
公元1955 乙未
公元1967 丁未
公元1979 己未
公元1991 辛未
公元2003 癸未
公元2015 乙未

[yáng]

羊

甲骨文　金文　篆书　隶书　楷书

甲骨文的羊，就是一个羊头，和牛头的造字原理一样，只不过牛角是上翘的，而羊角是向下弯曲的。在中国，羊是祭品。牛祭被称为太牢，羊祭则被称为少牢。《说文解字》：“羊，祥也。”示的原义是祭台，所有示字旁的字都与祭祀有关。用羊祭祀，祈求吉祥。

而金文的羊，更加突出了弯曲的羊角，也更加具有装饰性。让人看起来一派祥和。

加水是“洋”，是安详、太平的大海。

加火是“烊”，是熄火为安，打烊，指关门熄灯，引申为商店晚上关门停止营业。

加气是“氧”，是空气中令人呼吸顺畅安宁的气体。

加言是“详”，是在祭祀时赞美神迹。

加行是“徉”，是步态安详。徜徉，就是神情从容自若，步态高雅安详。

加飞是“翔”，是展翼长空，顺风滑行。

加鱼是“鲜”，是人间美味。

1938 年 4 月的一个上午，湖南省宁乡县黄材镇的转耳仑山上，姜家兄弟三人挖到了一个宝贝。这就是国宝四羊方尊，是商代用于祭祀的青铜重器。古董商计划二十万大洋倒卖出去。当时的长沙县政府为了防止国宝流失，收缴了这件文物。但是在抗战的战乱中，还是失踪了。1952 年，周恩来总理亲自派人追查四羊方尊的下落，后来在湖南省银行的仓库里找到了，国宝已经碎成二十多块碎片。原来，四羊方尊在转运途中，车队遭到日机轰炸。

修复四羊方尊的工作进行了两个多月，但遗憾的是，缺了一块。这是农民姜景舒发掘的时候敲掉的。1976 年，他把这块残片献给了国家。四羊方尊作为排名第三的国家十大特级国宝之一，现珍藏于国家博物馆。

中国古代另有一个造型，有些像龙，而其实是一只羊，准确地说是獬豸，也叫独角兽。它是一种神羊，传说这种神羊能够判断各种是非曲直。打官司的时候，它会用角顶翻有罪的人，甚至把他吃掉。

中国文化中有“上古四圣”，其中尧、舜、禹三位人们更为熟悉，还有一位是皋陶。他是我国历史文献中记载的第一位法官形象。皋陶用法宽平，主张定罪有疑问时一定要从轻，不能从重，宁可有失误，也不能枉杀无辜。獬豸就是帮助皋陶断案的神兽。《神异经》说：獬豸忠诚刚直，看见人打架斗殴，就顶那个不讲理的。听见人辩论，就咬那心术不正的。皋陶用一只羊帮助断案，正是利用了羊善良、无私、公正的特性。

羊这个字告诉我们，善良、牺牲并不等同于软弱，更不等同于毫无原则。无私、公正又心存善念，这就是中国古人心目中的法律。

[hóu]

猴

甲骨文　金文　篆书　隶书　楷书

猴子的猴是一个后造的字，最早发现于小篆之中。在这之前，表现猴子的汉字是另外一个字：夒（náo）。

台湾“故宫博物院”所藏殷墟卜辞残片，刻有三个猴子形象，即三个“夒”字。《说文解字》：“夒，贪兽也。一曰母猴，似人。”但是这个夒字并没有发展为我们现在说的“猴”字。古籍中的夒字有山旁的巎，有犬旁的獿，而“猱”为其俗字。古人说猱是一种有利爪、善攀缘的大猕猴。甲骨文夒的写法，就是一只猴子的象形。

夒的发音是闹，猴子的性格不就是闹嘛。说到猴子和闹，你一定会想到一个文学形象：孙悟空。孙悟空基本代表了我们对猴子的所有认识和想象。我们就借用孙悟空这个文学形象来解读传统文化中的猴字。

小时候看动画片《大闹天宫》，觉得孙悟空是一个英雄，带领花果山群猴反抗玉皇大帝的封建统治，上天入地，七十二变，打遍天下无敌手。后来看原著《西游记》，发现不对。

孙悟空学成归来，下地狱销毁了所有猴子的生死簿，抢了龙王的定海神珍铁，阎王、龙王向玉帝告状，太白金星自告奋勇去把孙

壬申 公元1932
甲申 公元1944
丙申 公元1956
戊申 公元1968
庚申 公元1980
壬申 公元1992
甲申 公元2004
丙申 公元2016

悟空招到天庭当官，当上了管理马匹的弼马温。孙悟空是因为嫌官小才返回花果山。

后来太白金星第二次招孙悟空上天做官，真就封他个齐天大圣，专门给他修了齐天大圣府。在天庭吃喝玩乐，“只知日食三餐，夜眠一榻，无事牵萦，自由自在。闲时节会友游宫，交朋结义。”

齐天大圣孙悟空没学历，没功绩，算不上受欺压，他也没什么反抗的兴趣。后来是偷了蟠桃，搅了王母娘娘的年度神仙聚会，还偷了太上老君精心炼制的仙丹,闯了祸,逃回了花果山。这不就是一个调皮的熊孩子吗？在高等学府毕业，学会了筋斗云、七十二变，自己觉得很有本事。步入社会，少年得志，基本上不把什么人看在眼里，也没有什么责任感。

你说不对，孙悟空造反，等于闹革命啊。造反要有口号，有政治纲领。孙悟空啥都没有，再说玉皇大帝也能干，这不是造反，是逆反。年轻人挑战权威，挑战规则，这种挥斥方遒的感觉很多年轻人都经历过。你是不是也有这种经历，大领导很喜欢你，而顶头上司总是找你麻烦。现在明白，大领导喜欢是喜欢你这份纯真，顶头上司找麻烦是因为你老给他惹麻烦。就像我们看孙悟空，如此胡闹，我们还是喜欢他，就是因为他真实。

《西游记》里把孙悟空称为心猿，心猿意马，是修行中要克服的难关，只有降伏了自己的心猿，才有可能得道。很能闹腾的这个猴子跟佛祖打了一个赌，如果能够翻出佛祖的手心，玉帝就让给他当。以他的道行，当然翻不出佛祖的手心，也理解不了这种境界，最终被压在五行山下，囚禁了起来。学无止境，我们要重新学习的东西太多了，狂妄自大，就像猴子在佛祖的手指头上题字、撒尿一样可笑。

而夒字怎么变成猴了呢？

猴是左边一个犬，代表古人认为猴子是和狗一样的兽类，右边一个诸侯的侯，一个猴子怎么跟诸侯的侯拉上关系了呢？《说文解字》说猴就是夒，是一个形声字，犬说明它是野兽，侯是声符。

现代的百度百科上的解释说：“因为猴子有善变、多计谋、狡猾、伪善的天性，与古时代诸侯性质很相近，因而诸侯的‘侯’字是将猴的犬去除，代表人而成‘侯’，其道理在此。”这一说法应该比较可信，不仅把猴子这样的野兽等同于诸侯，还认为先有猴子的猴，后有诸侯的侯。

诸侯的侯在甲骨文中就有了，侯是一个厂，表示山崖，下面一个箭矢的矢，表示箭，合起来表示用箭射向高挂在崖壁上的箭靶。在周代，周天子组织贵族射箭比赛，表现好的就能当官，所以侯这样的箭靶就成为官员的代称。《礼记·射义》：“故天子之大射，谓之射侯。射侯者，射为诸侯也。射中则得为诸侯，射不中则不得为诸侯。”后来人们把夒这种动物当作箭靶“侯”来射，作为酒席宴上的娱乐活动，这种活动就叫射猴，取射侯的谐音。久而久之，夒就变成了猴。

夒成了猴，是不是象征这个熊孩子也能成长为一个当大官的？《西游记》中孙悟空保护唐僧取经的故事，于孙悟空而言，就是一个熊孩子逐渐成熟的过程。九九八十一难，象征成长过程中经历的磨难，每次磨难，都能和我们的成长联系起来。

就拿咱们最熟悉的《三打白骨精》来说，原来你是怎么理解这个故事的？

是不是觉得孙悟空火眼金睛看透了妖怪，而唐僧肉眼凡胎误会了猴王。就像郭沫若的诗：

人妖颠倒是非淆，对敌慈悲对友刁。
咒念金箍闻万遍，精逃白骨累三遭。
千刀当剐唐僧肉，一拔何亏大圣毛。
教育及时堪赞赏，猪犹智慧胜愚曹。

他觉得唐僧愚昧得就该千刀万剐，猪八戒都比唐僧强得多。

1986年版的《西游记》，就是按照这个思路来拍的。但是你仔细看《西游记》原著，就会发现这根本不是一个智慧与愚蠢相对立的故事。无论哪一版《三打白骨精》，都不是《西游记》作者的原义。

白骨精是取经团队组建以来遇见的第一个真正的妖怪。孙悟空作为团队中能力最强的人，找吃的、打妖怪都一个人干了，但嘴上却不饶人。不仅瞧不起猪八戒、沙僧，对团队领导唐僧也是冷嘲热讽。让他找吃的先是推脱拿搪，认不清妖怪讽刺唐僧看上了美女。三次打妖怪，都是上来就打，让领导一再误会，动用处罚手段紧箍咒不灵，最终被辞退。

孙悟空的问题是情商太低，不懂沟通。而唐僧的问题是不相信这个能干的部门经理，固守自己的认知，以致冤枉了好人。这场戏最大的主角其实是猪八戒。作为昔日的天蓬元帅，他是有一定辨识能力的，但第一个上当的就是他。而后来孙悟空三打白骨精，每次接近真相，都被猪八戒谗言给带偏，说是孙悟空搞的鬼，即使白骨精被打死现了原形，猪八戒仍然诬称这是孙悟空变出来的，最终导致孙悟空被驱逐。而孙悟空面对不理解自己的领导和不友好的同事，空有一身本领，最后惨遭辞退。这是我们很多心高气傲的年轻人都会经历的事。猴子，就是我们心中需要降服的狂傲之气。

一只猴子真正要想成功，要经过九九八十一难的磨砺。在这八十一难中，给我印象最深的是“真假美猴王”。

孙悟空刚刚作了唐僧的徒弟，杀了几个强盗，被唐僧轰走，心中委屈。这时候就冒出一只六耳猕猴，打伤了唐僧，抢走了行李，要自己去西天取经。其实，这只和孙悟空一模一样，除了佛祖谁也分辨不出的六耳猕猴，就是孙悟空自己，或者说是孙悟空的另一面。他打伤唐僧，是因为“你这个狠心的泼秃，十分贱我”，是孙悟空被压抑的潜意识。我们在职场上，面对自己看不起的上司，是不是也这种心理？后来这六耳猕猴用小猴子变出一个取经团队，也是心里不服气的表现，觉得凭自己的一己之力，取经的事业也能完成。两个孙悟空，一个委屈，到菩萨那儿放声大哭；一个暴虐，要另拉一支队伍单干。

这就是《西游记》原著说的“二心”。我们其实哪天不是和自己的二心做斗争。想努力却克服不了懒惰，想减肥又克服不了美食，走出舒适区谈何容易。在佛祖的帮助下，孙悟空打死了六耳猕猴，也就是战胜了另一个自我。

没有打死自己的决心，三心二意，怎么可能迭代。正像《西游记》里的诗：

人有二心生祸灾，天涯海角致疑猜。

降服这个每个人心中都有的猴子，就是熊孩子的成长历程。能不能修成正果，就看你的努力了。

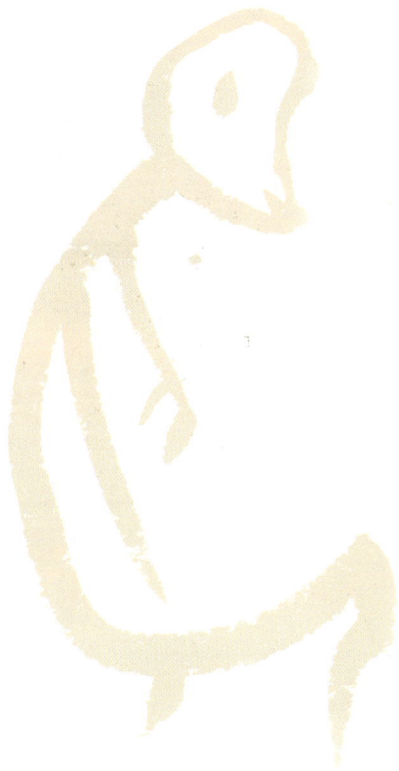

癸酉 公元1933
乙酉 公元1945
丁酉 公元1957
己酉 公元1969
辛酉 公元1981
癸酉 公元1993
乙酉 公元2005
丁酉 公元2017

[jī]

鸡

甲骨文　金文　篆书　隶书　楷书

啤酒炸鸡、叫花鸡、西红柿炒鸡蛋，在十二生肖中，鸡这种我们几乎每天都要打交道的家禽，却起码能够进入人类鄙视链的前三名，太多成语俗话表达了人们对于鸡的轻视：鸡飞狗跳、鸡飞蛋打、狗盗鸡鸣、割鸡焉用牛刀……原因很简单，它太平凡、太没脾气了。

过去人再穷，农村老太太也能养几只老母鸡，用鸡蛋换点日用品。说明家里养几只鸡，几乎不需要什么成本。而“野鸡打得满天飞，家鸡打得满院跑”，也说明了鸡对人类饲养的依赖，平凡、廉价、低贱，难怪人们鄙视它。但是我们通过汉字追根溯源，却发现鸡在古人的心中，曾经地位很高，是人们崇拜的对象。

甲骨文中，鸡是一只昂首挺胸、引吭高歌的大鸟，象形字突出了它高高的鸡冠、美丽的羽毛，尤其突出了张开的喙，表现出公鸡最大的特征：早上打鸣，古人叫雄鸡为司晨。

甲骨文鸡的形象和凤很像，和凤相比，只是少了一顶王冠，说明凤的形象和鸡是有关联的。《太平御览》：“黄帝之时，以凤为鸡。”当然，和凤最大的不同，是公鸡打鸣，赚钱养家。而凤，只需要貌

美如花就可以了。

公鸡打鸣本来是一种生物现象，光线刺激了鸡的眼睛，它就不由自主地打鸣，表示“主权宣告”，一方面提醒家庭成员它至高无上的地位，另一方面警告临近的公鸡不要打它家眷的主意。

其实不光公鸡，鸟儿都有这个特性，所以你要是熬夜，听到窗外的鸟叫，就知道天亮了。公园里遛鸟的大爷，平常用黑布罩住鸟笼子。想听鸟叫，就掀开黑布，鸟儿就会不由自主地鸣叫起来。古人不懂这个，他们以为太阳是鸡叫出来的，“是日中乌，鸡鸣日出”，带来光明，能够驱逐妖魔鬼怪。正月初一贴“鸡王镇宅”年画的习俗就是这么来的。李白有诗：

半壁见海日，空中闻天鸡。

甲骨文彝族的彝，两只手捧着一只捆绑起来的鸡，表示用鸡献祭。古代歃血为盟，就是把鸡血倒进酒里，一起喝下去。所以鸡代表吉祥。

鸡在西方文化中同样代表着昼夜变幻，万物更新。柏拉图记载，苏格拉底临终时说：“克利托，我还欠着阿斯克勒庇厄斯一只鸡，你能记得帮我还上吗？”这是说苏格拉底讲诚信，临终还不忘还债吗？其实阿斯克勒庇厄斯是希腊神话中的医神，苏格拉底认为，死亡不是悲剧，而是医治人类眷恋生命这种疾病的方式，向医神献上代表日夜变幻的公鸡，是感谢医神医治自己的生命之疾，将赋予自己新的生命。这和庄子对待死亡的态度是一致的。

正是基于这种认识，公鸡在基督教中代表警醒和新的生命。6 世纪，教宗大格里高利说：公鸡是基督教“最适宜的标志”，因为它“宣告光明战胜了黑暗，生命战胜了死亡”。9 世纪时，教宗尼古拉斯要求每个教堂顶上都应该有一个公鸡形象，以提醒人们悔改、醒悟、坚持信仰。直到现在，我们还能在很多欧洲教堂顶上看到公鸡形象的风向标。

甲骨文鸡的另外一种写法，是鸣叫的鸟儿旁边，增加了一个奚字。奚是一只手抓住一个被捆绑起来的人，是男性奴隶的会意字，在这里用作声符，也有奴役并戏弄的意思。这反映了公鸡被人利用的另一个特性：斗鸡。

古人发现公鸡好斗，于是就专门饲养打架的公鸡来娱乐。斗鸡在先秦时期就有了。唐朝时发展到高潮，不仅民间斗，王公贵族、皇室大内都在斗鸡。李白有诗形容斗鸡的贵族趾高气扬的样子：

路逢斗鸡者，冠盖何辉赫。
鼻息干虹霓，行人皆怵惕。

意思是说：大马路上碰见斗鸡的人，坐着豪华马车，傲慢地昂着头，鼻子里呼出来的气恨不得跟彩虹一样，把路边普通老百姓吓得够呛。

不仅中国，据记载，古希腊军队也有斗鸡的传统，用以激发士气。后来，斗鸡传到了日本、老挝、越南、菲律宾等国。如今国内和世界各地还有斗鸡活动。以今天的眼光来看，斗鸡这种活动是很残忍的。有的在鸡爪子上装上锋利的小刀子，场面十分血腥。唐朝陈志岁《斗鸡》诗：“五亩田平踏迹新，噍群围处起禽尘。常说和生犹未得，挑唆血斗是何人？”抨击了挑唆动物血斗取乐的行为。

到篆书时，基本上鸡这个字的写法定型了，简化字把“奚”简化为“又”，主要是为了简省笔画。《说文解字》：“鸡，知时畜也。”意思是说：鸡是守时的家禽。由于公鸡的守时，好斗，古人给鸡总结了五种品德：

头上戴着美丽的冠冕，象征升官，是文；
走起路来气宇轩昂，是武；
大敌当前，挺身搏斗，是勇；
看见食物互相呼唤分享，是仁；
按时报晓，是信。

文、武、勇、仁、信“五德”。

而金文鸡的写法，因为是铸造在青铜器上的，造型比较写实。这个鸡字的形象，让我想起了一个成语：呆若木鸡。一般人会认为这是个贬义词，说一个人呆头呆脑跟个木头似的。其实，这是形容一种极高的人生境界。

庄子讲过一个故事。说一个训练斗鸡的高手纪渻子为齐王养斗鸡。十天，问：“鸡训练好了吗？”曰：“未也，方虚而恃气。”意思是虚浮骄傲，自恃意气。十日又问，曰：“未也，犹应向景。”意思是听到动静马上有所反应，不稳重。十日又问，曰：“未也，犹疾视而盛气。”说还不行，眼光锐利迅猛，傲气十足。十日又问，曰：“几矣。鸡虽有鸣者，已无变矣。望之，似木鸡矣，其德全矣，异鸡无敢应者，反走矣。”说这回差不多了，别的鸡打鸣，咱这只鸡一点都不为所动，看着就跟一木鸡似的。别的鸡看见它精气内敛，渊渟岳峙的姿态，根本不敢跟它打，转身就跑。

从年轻时的恃才傲物到屡经挫折后的呆若木鸡，我们还需要更多的修炼。

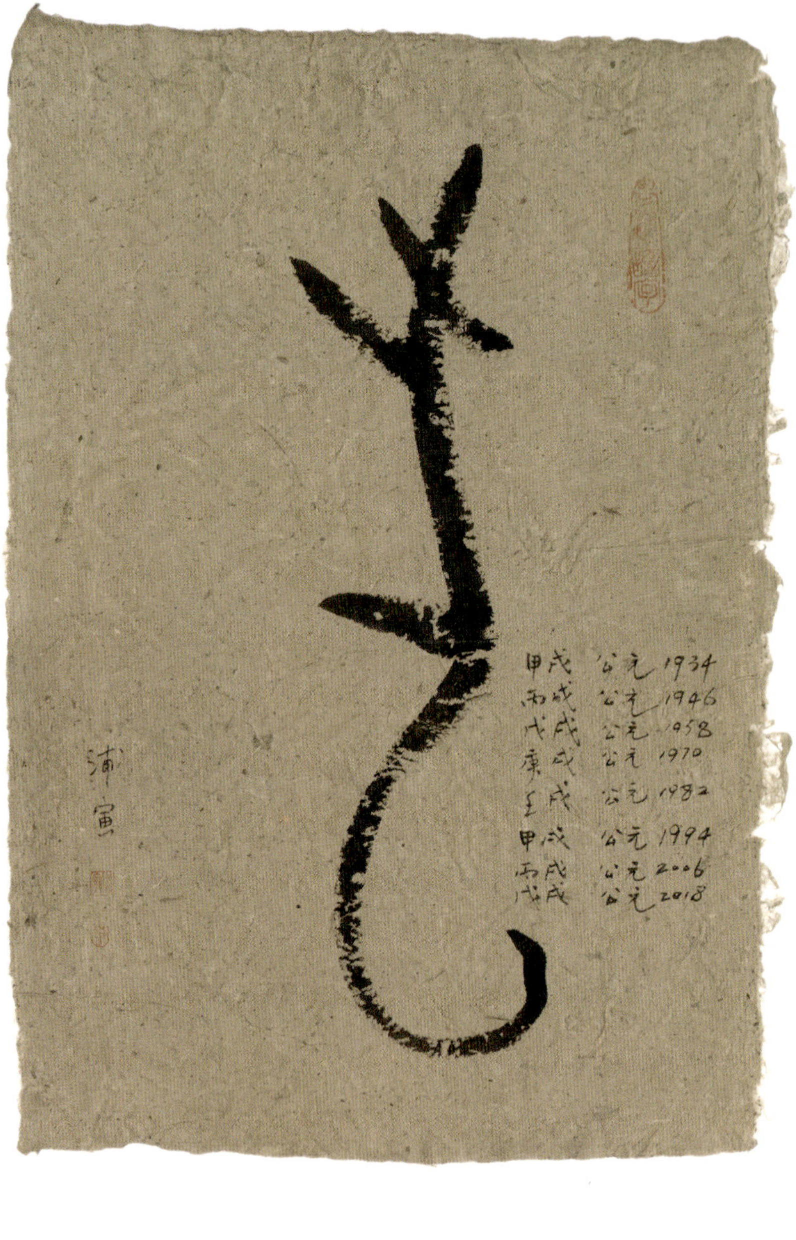
甲戌 公元1934
丙戌 公元1946
戊戌 公元1958
庚戌 公元1970
壬戌 公元1982
甲戌 公元1994
丙戌 公元2006
戊戌 公元2018

[gǒu]

狗

甲骨文　金文　篆书　隶书　楷书

在人类对动物的鄙视链中，狗应该居于绝对榜首：鸡鸣狗盗、鸡零狗碎、狐朋狗友、狐群狗党、狗仗人势、狗皮膏药、狗急跳墙、狗眼看人低、狗拿耗子——多管闲事，等等，没一个好词。这是极其不公平的事，狗是人类最忠诚的朋友，有无数关于狗的感人故事，古往今来，忠犬救主的故事层出不穷。传说满族人不吃狗肉，不戴狗皮帽子，就是因为一条黄狗救过努尔哈赤的命。

这么好的伴侣动物，为什么得不到人的尊重呢？其实汉字里，和狗有关的大多是好字。

甲骨文中，和猴子的猴一样，狗字是后来才有的，甲骨文的狗是一个象形字：犬，细长的身体，长长的尾巴。一看就是一只善于奔跑，身形健美的好狗。

《说文解字》：“犬，狗之有县蹏者也。象形。孔子曰：‘视犬之字如画狗也。’凡犬之属皆从犬。”意思是说：犬是悬蹄奔腾的动物。象形。孔子说：“看‘犬’这个字，字形就像是在画狗。”所有与犬相关的字，都采用“犬”作偏旁。和狗相关犬字旁的汉字，反映了古人心中狗的形象。

臭，上面一个表示鼻子的“自”，下面一个“犬”，表示狗嗅觉的灵敏。人的嗅觉细胞大概有五百万个，而狗有两千万个，狗的嗅觉比人类灵敏四十倍，最灵敏的狗的嗅觉是人类的一百倍。有这么好的嗅觉，就有了这个字，狩，狩猎的狩，一个单，原始木制武器，加上一个犬，表示手持木棍，带上狗去打猎。而埋伏的伏，一个人带着犬趴在隐蔽的地方。篆书猝然的猝，一个犬，加上一个表示声音的卒，《说文解字》解释这个字：“猝，犬从艸暴出逐人也。”意思是犬从草丛中猛地蹿出来追逐猎物。

这些犬字旁的汉字，是古代狩猎活动生动的写照。从这些字上，我们分明能够感受到猎人和自己心爱的猎犬之间亲密无间的关系。狗是人类最早驯化的动物之一，在狩猎采摘为主要生产方式阶段，狗几乎是不可或缺的得力助手。

还有一个汉字，贡献的献，是一个鬲，祭祀用的鼎锅，旁边一个犬，表示煮食狗肉，敬献鬼神祖宗。那时候把狗肉称为“香肉”，是充满诚意的供品。犬是重要的祭祀品，重要的建筑、墓葬都要埋入犬来祭祀。商王的王后妇好的墓葬，除大量玉器、青铜器陪葬品，还有十六人和四条狗殉葬。这些可以肯定都是妇好身边最亲密的伙伴。在网络上可以查到一个资料，说英国考古学家在埃及一个山谷发现八百万条狗的木乃伊，显然也是祭祀用的。

吠是狗另一个重要的生理特性。在游猎时代，狗守着篝火，在人们熟睡以后防范偷袭者，用疯狂的吠叫唤醒人。农耕时代，狗司职看家护院，鸡犬相闻是农耕和平生活的生动写照。

另一个和狗有关的重要汉字是戾气的戾，门的一半是户口的户，原义是房屋的小门，代表房屋（门是院子的大门，由两个户组成），旁边有个犬，表示狗在看门的时候极其凶恶。

古希腊神话中有一条看守冥界的大狗，这怪物的外形凶恶可怕：它有许多个头，还长着蛇的尾巴，脖子上也盘绕着毒蛇。它在狂吠时从嘴里喷出毒液，为冥王哈得斯看守冥界的大门。允许每个死者的灵魂进入冥界，但不让任何人出去，同时也不允许活人进入。古希腊人有在死者的棺材里放一块蜜饼的习俗，据说就是为了讨好这条大狗。

甲骨文中突击的突，一个表示巢穴的穴，代表狗窝，边上一个犬，表示看家的狗猛地冲出来，突然出现，令人猝不及防。

以上这么多犬字旁的汉字，都是对狗的赞美。最后戾气的戾也是狗在看家的时候过于热心凶恶，得罪了客人，挨了主人的呵斥。那么多对狗的贬义词又是怎么来的？这大概和犬变成了狗有关系。

犬是这种家养动物的象形，也称为它的学名。狗这种称呼最早是俗称。为什么叫狗呢？这和狗的交配行为有关。

狗的生殖器官非常特殊，公狗的阴茎里有一根骨头，它在交配的时候不需勃起，就可以插入母狗的阴道内。受阴道的刺激后，位于阴茎骨前端的龟头球状海绵体立即充血并迅速膨胀，周径比原来增大一倍左右，于是被母狗的阴道卡住、锁紧，以致阴茎无法脱出，其锁紧的程度，往往很难将公、母狗分开。这时，公狗转身滑下，背向母狗，并与母狗成尾对尾的特殊姿态，这时看上去公狗和母狗有如屁股粘连在一起的连体狗，交配时间大约为十分钟到四十五分钟，最长的可达一个小时。当公狗射精完毕，阴茎海绵体缩小后，阴茎方可脱出，使它们分开。

我小时候在农村生活过，见过狗的这种交配。我们小孩看见这种情况就会拿石头土块去打狗，而平时多凶的狗，这时候都老老实实任你欺负。古人也一样，他们看见这种情况，又好气又好笑，会笑着叫：“勾住了。”

狗是一个犬旁边加一个句，句的原义是“勾”，勾连，两犬交配，勾住了。狗的称谓就是这么来的。在人类看来，狗的这种行为是很丢脸，很没有廉耻的事，再加上狗还有吃屎的习性，所以对狗，慢慢就有越来越多的鄙视。但就根本而言，狗受到鄙视还是与它无条件的忠诚有关。人们欣赏这样的忠诚，但又不珍惜。就像两性关系中的爱情，那个完全放弃自己全心全意投入的感情，注定要受到伤害。

美国作家杰克·伦敦有一篇写狗的小说《雪虎》，描写了一只有狼血统的狗雪虎的故事。这只后来流落荒野，在狼群中也能生存的猛犬，在人类社会却受尽磨难。最后，它落到贪婪的赌徒手里，成为一只专门用来搏斗的战狼。他打败过狼、野猪甚至熊，但最后，却败在一只笨拙的斗牛犬嘴下。

雪虎动作敏捷，攻击凶狠，斗牛犬被它咬得遍体鳞伤，但还是稳稳地接近它，终于找到一次机会，咬住了雪虎的脖子下面，咬住了就再也不松口，并且一点一点地往脖子的要害部位挪动。一位绅士表示可以买下这两只狗，要求斗牛犬的主人让狗松口。斗牛犬的主人说没办法，这狗只要咬住，永远不会松口，除非对手死掉。

最后那个卖家用枪管一点一点撬开斗牛犬的铁嘴钢牙，救了雪虎一命。九死一生的雪虎和新的主人保持着距离，虽然后来救了主人一命，却始终保持自己有尊严的距离。直到老死。

这是一部用荒野世界隐喻资本主义社会残酷竞争的文学名著。从狗的角度看，完全的人身依附只会给自己带来越来越多的苦难，不管你有多强，都是人类的奴仆。最后个性独立，才有了自己的尊严。这也许是狗这种动物给我们最好的启示。

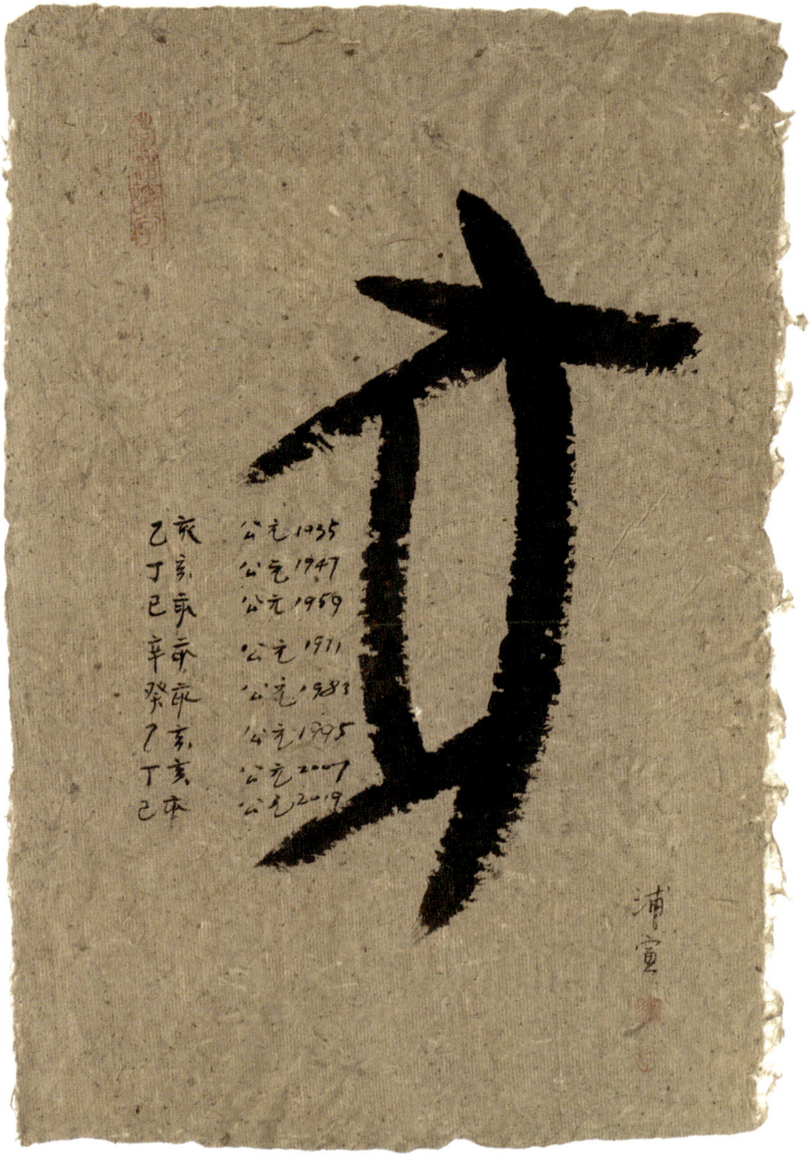
公元1935
公元1947
公元1959
公元1971
公元1983
公元1995
公元2007
公元2019

[zhū]

猪

甲骨文 金文 篆书 隶书 楷书

在十二生肖中，猪排在最后一位，从另一个角度说，是压轴，算最重要的也说得通。

猪会是十二生肖中最重要的？当然可以这么说，因为猪的饲养，代表着农业，代表定居，代表安宁。而中国人，大概是世界上最重视家庭的民族，一年一度全球最人规模的迁徙——春运，足以证明中国人恋家的情结。

不仅对猪的饲养象征家庭，猪的很多特点也与中国人在农业社会形成的特殊人格息息相关。比如猪八戒，前些年开始很走红，说受到女性的青睐。很多人就在分析猪八戒到底有什么优点，有说是脾气好，爱笑，有说是疼媳妇，能干。但这些都是大家的揣测，并无根据。或许我们可以通过汉字来分析一下猪八戒这个文学形象，进而透析中国文化中的一个特有群体：农民。

猪也是后造的字，甲骨文的猪是豕，是猪的象形。肥肥的身体，短短的尾巴。而家这个汉字就是房子里面一口猪，代表定居，代表安宁，代表家。猪的一个最主要特征就是懒，待在栏里除了吃就是睡，可能要说恋家，猪是最恋家的。

猪八戒的兵器是九齿钉耙，据说是太上老君亲自打造的。但这分明是一件农具，是除草用的，暗示着猪八戒农民的身份。好吃懒做是猪八戒的标签，但仔细看看原著，猪八戒其实最辛苦。你挑着担，我牵着马。谁挑担，不是沙僧，而是猪八戒。三个徒弟，猴子打妖，固然辛苦危险，可也风光。沙僧牵马，马是白龙，哪里用牵？担子可是实实在在的。说到这儿，大家可能有疑问，不是沙僧挑担吗？其实这是影视剧的误导。《西游记》原著中最后，如来对八戒说："因汝挑担有功，加升汝职正果，做净坛使者。"可见是八戒干的挑担的活。

给我印象最深的一次是猪八戒七绝山开路。故事出自《西游记》第六十七回，有一座七绝山，山上有很多柿子树，每年都能结许多柿子，长年累月，没人去摘，烂的柿子把七绝山变成了一条淤泥河。一刮西风烂柿子的怪味飘进庄来，奇臭无比。唐僧师徒路过，孙悟空和猪八戒合力打死一个巨蟒妖怪，但是道路却被烂柿子淤积堵死。八戒叫人抬来米饭、果品、烧饼、馒头，张开大嘴，秋风扫落叶一样吃了个干干净净，然后把衣服一脱，嘴里念念有词，变成一头野猪，两只蹄子比人都高，好像一座山。猪八戒就用自己的鼻子在前面拱路，悟空和沙僧扶着师父跟在后面，驼罗庄的百姓轮流运送粮食。几天工夫，八百里七绝山的稀柿沟被八戒拱开了一条大路。这得是多脏多累的活儿啊。

猪八戒最经典的行为就是遇到困难分行李，闹着回高老庄。作为曾经统率十万水军的天蓬元帅，猪八戒其实有的是地方可去，他可以回到天庭任某个闲职，也可以回到他前妻的洞府做山大王，可他偏偏就是对高老庄念念不忘，其实在高老庄，老丈人不待见他，屡次想请孙悟空彻底结果了他。并且他还得干活，一个人把家里大牲口的活儿都干了。就这样也闹着回去，应了老百姓的那句俗话：金窝银窝不如自家的狗窝。

恋家本身没有错，但猪八戒的恋家表现为不思进取，胸无大志，小富即安，这是很多人身上的缺点。传说《西游记》的作者吴承恩是按照村里一个二流子朱八的形象为原型创作的猪八戒，这样看，在猪八戒身上，集中了农村人普遍鄙视的好吃懒做的二流子的缺点。

在汉字里，家字那个房子里的猪，有的字形会特意强调这是一头公猪，寓意家庭开枝散叶，繁衍生息。而猪八戒最突出的缺点，就是好色。

猪八戒本身就是因为酒醉调戏仙女被贬下界的，但他强烈的性欲让他在不停犯错。不仅人间的高小姐、女儿国国王，妖精蜘蛛精、白骨精，甚至菩萨变化的美女，一律不放过。在第二十三回《三藏不忘本，四圣试禅心》中，黎山老母、观音等几位菩萨变身为美女，试探唐僧诸人取经诚心，猪八戒是最禁不住考验的，他竟然要求将菩萨变的三位姐妹一同娶进门，并自豪地说道：“你看娘说的话。哪个没有三房四妾？就再多几个，你女婿也笑纳了。”可见猪八戒对待女性是动物性的性欲，与感情、爱情无关。

但这是猪八戒漂泊在外的表现，如果让他过上稳定的家庭生活，背媳妇的理想实现了，他还会那么花心吗？从他对孙悟空变的媳妇的态度来看，猪八戒完全可能成为一个标准的妻管严。到时候有贼心，未必有那个贼胆。

金文豕在动物的腹部加（即“肉”）表示猪多肉。篆书猪是在原有豕作偏旁，加上一个者，者的原义是烹煮，强调用烹煮猪肉祭祀。清代祭祀祖先，把大块猪肉放入大锅里煮，不放任何调料，只要一开锅就把肉捞出来，全体参与祭祀的人一起吃这种半生不熟的肉。这种肉叫祚肉，对于得到肉的人，

这是一种荣耀。但要把它吃下去，确实十分困难。晚清政治腐败，一个突出现象就是大臣们都会偷偷在袖子里藏一些盐。这说明他们对这样的仪式已经没有了敬畏之心。

猪八戒的贪吃是有名的，实际上，猪是杂食动物，几乎什么都吃，并且和狗一样，会吃人类的排泄物。以前食堂的剩饭剩菜，都是喂猪用的，不会浪费。最后，佛祖封猪八戒为净坛使者，专门去吃人类供奉佛祖的供品，也算得其所哉。

到了楷书的猪，把篆书的“豕”改成“犬”，是因为后来汉字中所有的动物都用“犬”来表示。

孙悟空和猪八戒代表了我们人生的两种状态，猴子是心猿，是我们那颗不安定的叛逆的心，所以菩萨给他取名悟空，意思是要了悟万物皆空。而猪是木母，是懒惰的代表，不思进取，沉迷于肉欲和食欲这些原始的欲望，为了自保，还常常撒谎，打小报告，进谗言。所以唐僧给他取名八戒，法号悟净，就是告诉他，先戒除了这些欲望，才能走上悟净的道路。

[dōng]

东

甲骨文　金文　篆书　隶书　楷书

我们都知道，太阳从东边升起，那“东”这个字应该和太阳有关。《说文解字》：“东，动也。从木。官溥说：从日在木中。”意思是说：东代表移动。字形采用木作偏旁。官溥的观点认为，字形采用“日、木”会意，表示日在树丛中。篆书东的字形的确是“日”在“木”中，可惜甲骨文并不支持许慎的解读。

甲骨文的东是个大包裹，两头扎紧，一个沉重的行囊。有的甲骨文是大的包囊里装着小包囊。这明显是古人出门远行的包裹。金文东、字形和甲骨文相似。篆书进行了简化，隶书**東**拉直了笔画。

甲骨文的字形不支持《说文解字》的解读，何况太阳在草木中间这个景象是有专门的汉字的，这就是“日暮乡关何处是，烟波江上使人愁”的“暮”。太阳处于林木中间，这是日落的景象。

“东方欲晓，莫道君行早。”出远门，要早早收拾好行囊，趁着早上凉快赶路，晓行夜宿，所以这沉重的行囊就被借用为早晨日出的方位。借用为方位字以后，原义另造“橐（tuó）”代替。

东代表方位，《乐府诗集·木兰诗》中花木兰替父从军，“东市

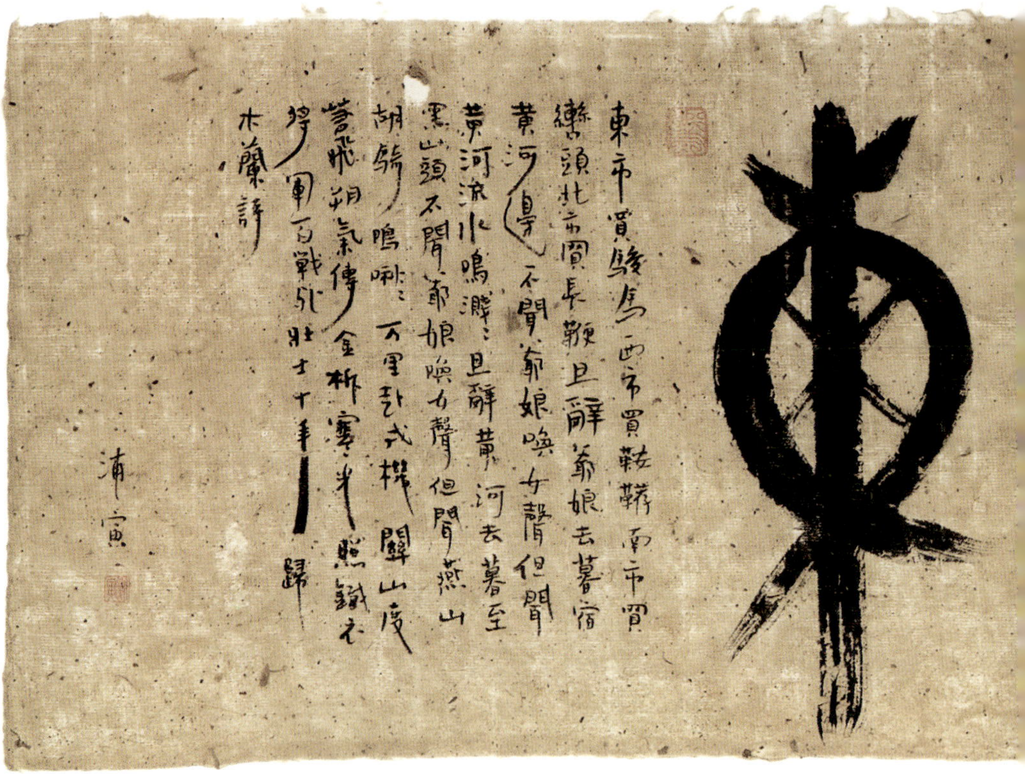
東
東市買駿馬西市買鞍韉南市買
轡頭北市買長鞭旦辭爺娘去暮宿
黃河邊不聞爺娘喚女聲但聞
黃河流水鳴濺濺旦辭黃河去暮至
黑山頭不聞爺娘喚女聲但聞燕山
胡騎鳴啾啾万里赴戎機關山度
若飛朔氣傳金柝寒光照鐵衣
將軍百戰死壯士十年歸
木蘭詩

买骏马，西市买鞍鞯。”

东道主这个词来自一个典故，晋国和秦国一同包围了郑国。郑伯委托烛之武夜缒（zhuì，用绳索拴住人或物从上往下放）而出，从城头吊下来，秘密会见秦穆公，陈说灭掉郑国只是对晋国有利，而对秦国不利。因为从地理位置来看，秦国和郑国中间隔着晋国，灭掉郑国，秦国并不可能直接占领郑国的土地，反而便宜了晋国。晋国强大，则对秦国形成威胁。这时候烛之武说：“若舍郑以为东道主，行李之往来，共其乏困，君亦无所害。”意思是说：您要是能把郑国留下，让他作为你们东方道路的主人。你们使者来往经过郑国，郑国可以提供食宿，对您只有好处没有害处啊。

由于这个典故，后来人们就把接待宾客的当地主人称为东道主，进一步引申为主人。宴会请客的叫做东，房屋的主人叫房东，拥有股票的叫股东，雇用劳力的叫东家。现在，国际赛事的主办国或者主办城市也称为东道主；举办各种国际会议，主办方也被称作东道主。

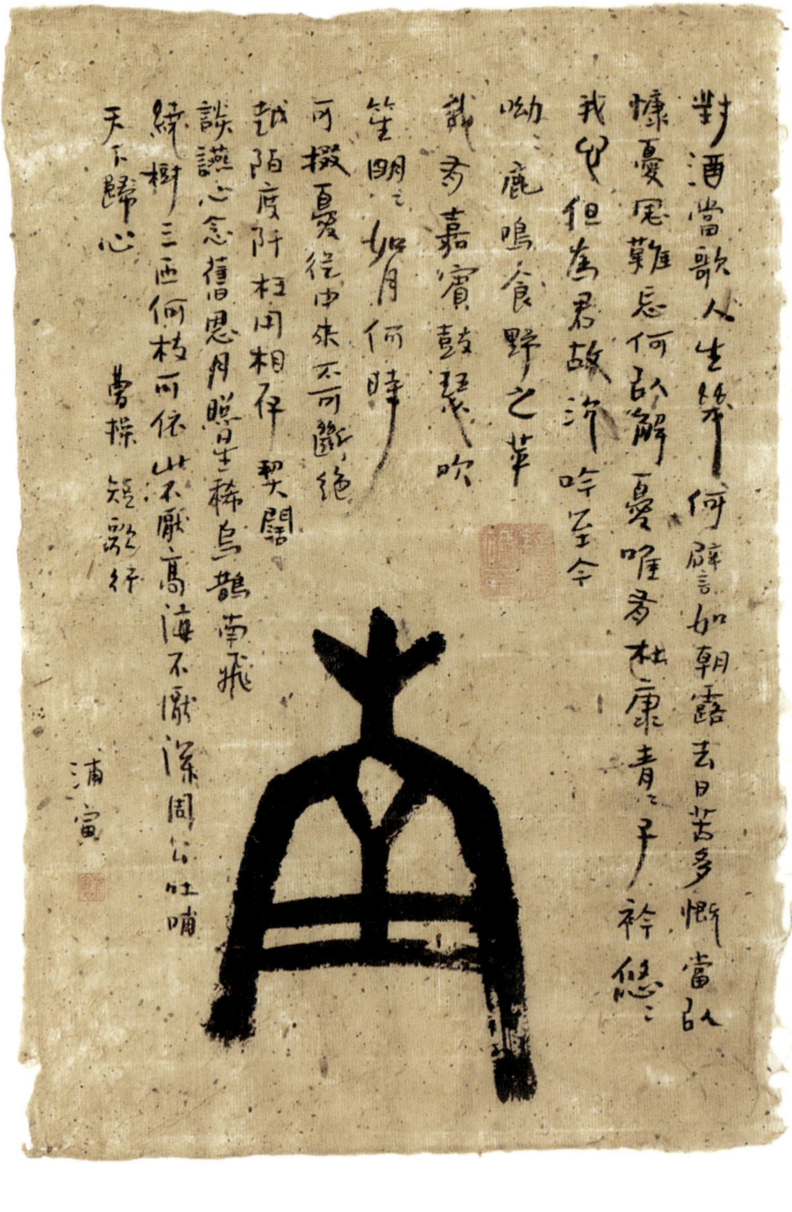
對酒當歌人生幾何辟如朝露去日苦多慨當以
慷憂思難忘何以解憂唯有杜康青青子衿悠悠
我心但為君故沉吟至今
呦呦鹿鳴食野之苹
我有嘉賓鼓瑟吹
笙明明如月何時
可掇憂從中來不可斷絕
越陌度阡枉用相存契闊
談讌心念舊恩月明星稀烏鵲南飛
繞樹三匝何枝可依山不厭高海不厭深周公吐哺
天下歸心
曹操 短歌行
浦當

[nán]

南

甲骨文　金文　篆书　隶书　楷书

东南西北，这些表示方位的汉字都是假借来的，假借总是有迹可循的。但循迹回溯，你会发现原义往往出人意料。

南的甲骨文上面是一个绳结，下面是鼓形，合起来表示悬吊起来的鼓。

为什么这就是个鼓呢？它的形状看似还可以作很多其他解释。但考察甲骨文，最重要的是研究甲骨卜辞，看看这个字的上下文。这个字出现在卜辞里通常是表示方向的。

考察甲骨文另外一个方法是看其他相关的字。甲骨文还有一个字，鼓的旁边多了一个手持鼓槌的象形，表示用鼓槌击鼓，这是“殻”字，表示器物的表面。由这个字，也可以反证这个字形。

南的本义是一种鼓形乐器，由于来自长江地区的南方，所以“南”字假借为表示方位的字。关于鼓为什么能够代表南方，还有一种说法，古代朝堂坐北朝南，举行仪式的时候，乐队在天子的对面，而乐队最主要的乐器是鼓。天子坐北，鼓代表的乐队就是南了。

金文在甲骨文字形的中间加上了一个棍棒，表示敲

击鼓形乐器。有的金文有所变形。篆书承续了金文字形，成为我们今天熟悉的“南”字。

《说文解字》：“草木至南方，有枝任也。”意思是草木到了南方生长得格外茂盛。《徐曰》：“南方主化育，故曰主枝任也。”《前汉·律历志》：“太阳者，南方。南，任也。阳气任养物，於时为夏。”这些都是根据篆书字形，用阴阳五行学说来解读的，并不是甲骨文原义。

中国文化南北差异很大，以楚文化为代表的南方文化尊凤尚赤、崇火拜日、喜巫近鬼。以屈原为代表的楚辞辞藻华丽，想象力丰富，是中国浪漫主义文学的鼻祖。就文字而言，近年大量出土的楚简、帛书以及战国后期出土的鸟篆，与我们常见的金文、秦简差异很大，字形独特。

[xī]

西

甲骨文　金文　篆书　隶书　楷书

“我去买点东西”，这是日常生活常用的词语，但为什么叫“东西”不叫“南北”呢？

西的甲骨文是鸟巢的形状。《说文解字》：“西，鸟在巢上。象形。日在西方而鸟栖，故因以为东西之西。”意思是说：西是鸟在巢上。这是根据篆书字形来说的。许慎把形认作鸟，这显然和甲骨文原义不符。但他的解释很准确，说日在西方的时候，飞鸟归巢而栖。“或许明日太阳西下倦鸟已归时，你将已经踏上明日的归途。”这句歌词很好地解释了“西”的来历，太阳落山，正是飞鸟归巢之时。所以鸟巢就被借用作太阳落山的方向：西。

陶渊明著名的诗句：

采菊东篱下，悠然见南山。
山气日夕佳，飞鸟相与还。
此中有真意，欲辨已忘言。

说我在东边的篱笆下采菊，抬头悠然眺望南山。山峦间雾气萦绕，

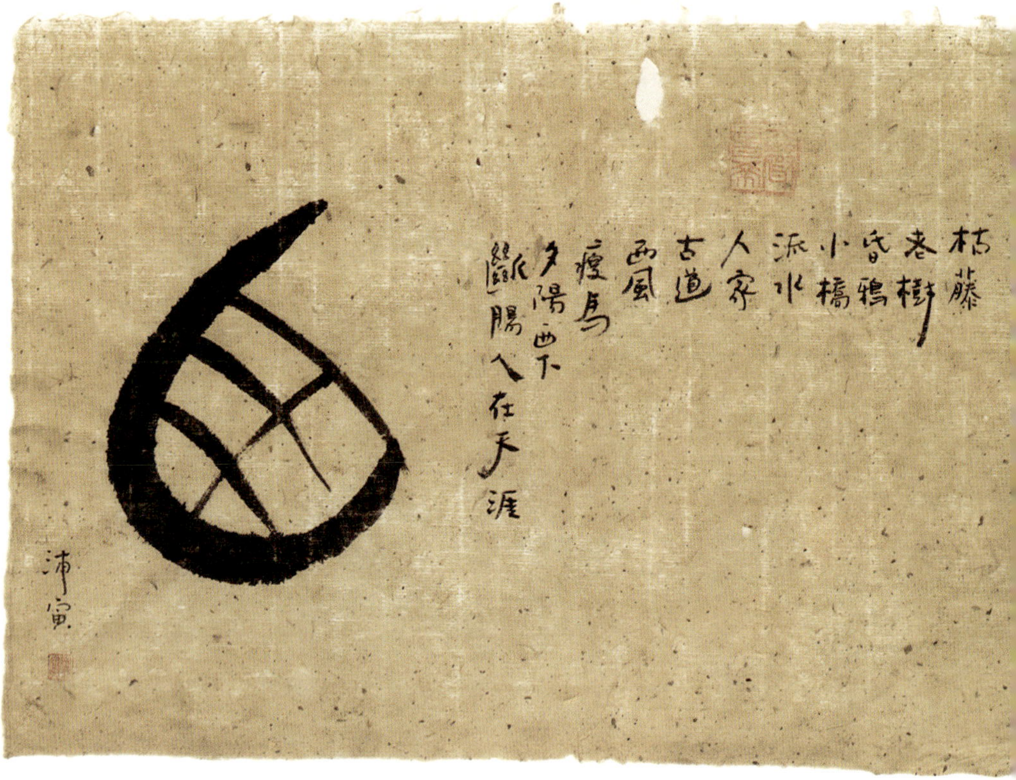
枯藤
老樹
昏鴉
小橋
流水
人家
古道
西風
瘦馬
夕陽西下
斷腸人在天涯

光影变幻不定。此刻，鸟儿从山间飞来，鸣叫着相伴归巢。这样的情景是有着人生真谛的，只是我已经忘记怎样向你辩驳说明了。

因此，西的原义是鸟巢，被借用为表示方位的字。原义另造“栖”代替。

为什么表示物品叫东西呢？

有人说物产于四方，故称东西。这不通，既然是产于四方，为什么不叫“南北”呢。还有人说，东汉时，商人大都集中在东京洛阳和西京长安，俗语有“买东”或“买西”，即到东京洛阳和西京长安购货。还有的说，在唐代，长安城有严格的区划，只有东市和西市可以购物，所以“东西”成为货物的代称。

这些说法都没有说服北宋学者朱熹。朱熹有一天在路上碰见他的朋友盛温如提着篮子上街。朱熹问：“你去哪儿？”盛温如回答说：“上街买东西。”朱熹又问：“难道不能买南北？”盛温如回答说：“当然不能。东方属木，西方属金，凡属金木类，篮子装得了；南方属火，北方属水，水火之类篮子是装不得的，所以只能买‘东西’，不能买‘南北’。”意思是按照阴阳五行，金木水火土，金代表金属矿物，方位在西。木代表一切植物，方位在东。金属和树木都是物体，当然可以购买。而方位在北的水和方位在南的火不是具体的物体，自然没法购买。这事放在今天当然解释不通了，水要交水费，火要交煤气费，都得购买。

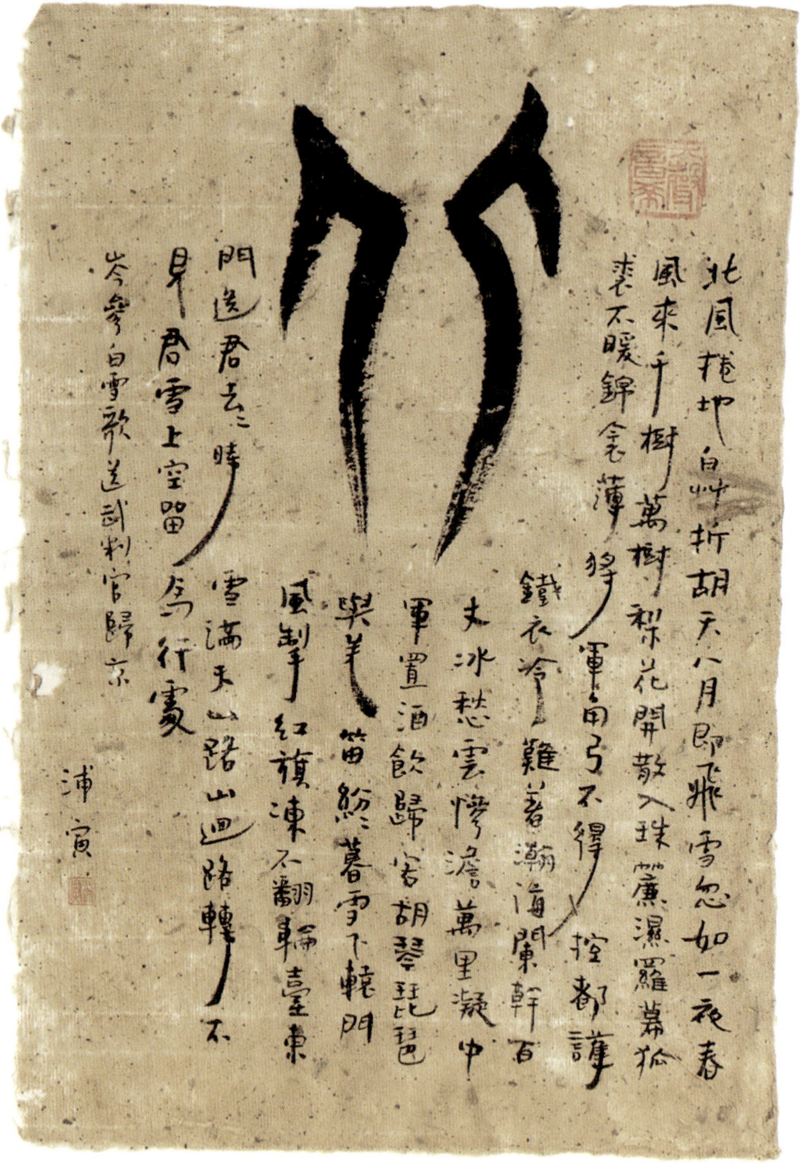
北風捲地白草折胡天八月即飛雪忽如一夜春風來千樹萬樹梨花開散入珠簾濕羅幕狐裘不暖錦衾薄將軍角弓不得控都護鐵衣冷難著瀚海闌干百丈冰愁雲慘淡萬里凝中軍置酒飲歸客胡琴琵琶與羌笛紛紛暮雪下轅門風掣紅旗凍不翻輪臺東門送君去時雪滿天山路山迴路轉不見君雪上空留馬行處
岑參白雪歌送武判官歸京
浦寅

[běi]

北

甲骨文　金文　篆书　隶书　楷书

东西南北，方向又不止一个，为什么失败了要说“败北”呢？想搞清这个问题，还得从甲骨文看起。北的甲骨文是两个人形，一个朝左一个朝右，两个人朝相反方向站立，很像两口子吵架。

北的造字本义类似于两个人吵架。《说文解字》：“北，乖也。从二人相背。”乖，是相违背的意思，字形采用两个相背的“人”会意。金文、篆书字形变化不大。隶化后楷书把两个人形符号化了，也更刚劲有力了。

北的原义是意见不合，谁也不理谁，所以背向而立，背向而立就引申为人的后背。后来字义细分。加表示肉体的月，成为“背”。意见不合给对方后背，打仗的时候，逃跑也是给对方后背。贾谊《过秦论》中的“追亡逐北，伏尸百万”，《史记·项羽本纪》中的“连战皆北”，都是打败仗的意思。这就是败北。

为什么讲究“坐北朝南”？这就要说到中国的建筑了。中国地处北温带，地势西北高，东南低，冬季冷空气南下，刮寒冷的西北风。所以中国人的建筑都是正南正北，北边的墙很厚，窗户很小，以抵御西北风。夏季南方的暖湿气流北上，刮东南风，所以中国人的房子南面开敞，以便采光通风，这就是南北通透。天子的大殿尤其讲究正南正北，天子坐在大殿上，后背的方向就是北了。

所以坐北朝南是尊位。在举行朝会的时候，背北面南为尊，因此称帝叫作“南面”，南面称帝。而为臣则叫作“北面”，北面称臣。另外，通常的看法是，右者为尊，因此遭受贬谪称为“左迁”。

《史记·高祖本纪》有一段：“发使者告诸侯曰：‘天下共立义帝，北面事之。今项羽放杀义帝于江南，大逆无道。’”刘邦说我们都向义帝北面称臣，而项羽却在江南把义帝杀死，真是大逆无道。义帝是楚王的后裔，项羽、刘邦都打着拥立义帝的旗号。项羽杀义帝固然无足轻重，却让他在道义上居于不利的位置。坐北朝南是要有资格的。

在筵席上，最尊的座次是坐西面东，其次是坐北向南，再次是坐南面北，最卑是坐东向西。《史记·项羽本纪》中载有：“项王、项伯东向坐，亚父南向坐……沛公北向坐，张良西向侍。”其中，项王的座次最尊，而张良的座次最卑。而在座次的排定上，地位次尊的人则居于最尊者的右边。

[chūn]

春

甲骨文　金文　篆书　隶书　楷书

春的甲骨文有多种写法，但几种写法其实字符都是一样的，只是组合的方式不同，表现了古人对春的不同表现方式。在这几种字符中，最中心也是最重要的字符是屯，这个字的本义就是春，是植物幼芽破土而出的象形。第二种字符是木，表示这是植物，有的写了两个，有的写了三个，有的写了四个，总之是表现草木茂盛生长的状态。第三个字符是日，表示太阳。冬日的暖阳温煦地照耀，树木的芽孢开始胀满，变得嫩绿。微风徐来，小草的绿色从若有若无到一望无际，草色遥看近却无，二月春风似剪刀，这就是春。

春的本义就是春季，由于春天是万物生发的季节，所以春季是农民耕种、学子考试的季节。是春季农耕之事，春忙是春季农耕忙碌之时；是春季饲养的蚕；春社是元宵节前后举行猜灯谜活动的组织。春闱、春试是春季在京师举行的科举考试。唐代，孟郊的诗《登科后》：

昔日龌龊不足夸，今朝放荡思无涯。

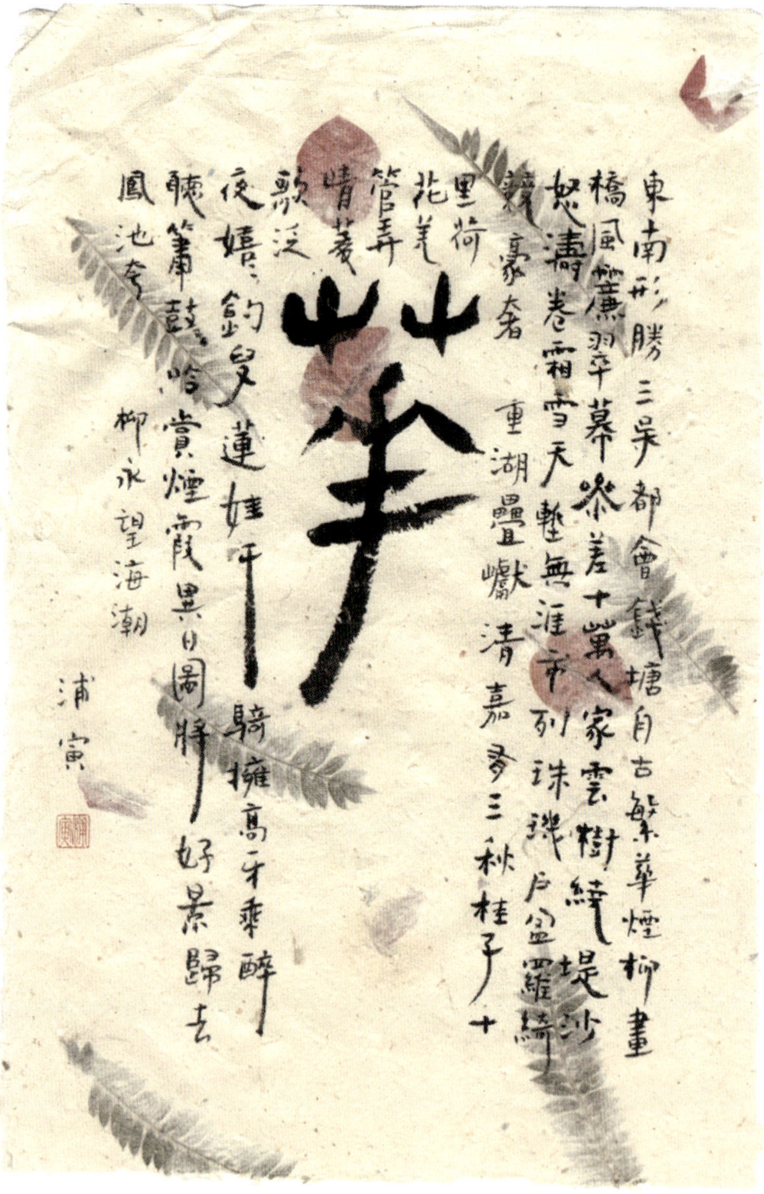
東南形勝三吳都會錢塘自古繁華煙柳畫
橋風簾翠幕參差十萬人家雲樹繞堤沙
怒濤卷霜雪天塹無涯市列珠璣戶盈羅綺
競豪奢 重湖疊巘清嘉有三秋桂子十
里荷花羌管弄晴菱歌泛夜嬉嬉釣叟蓮娃千騎擁高牙乘醉
聽簫鼓吟賞煙霞異日圖將好景歸去
鳳池誇 柳永望海潮
浦寅

> 春风得意马蹄疾，一日看尽长安花。

把年轻人高考成功得意扬扬的状态写得淋漓尽致，也是坦率得可爱。

由于春天万物复苏，生机勃勃，春光烂漫，所以在古代也指男女之间的情欲。《诗经》:“有女怀春，吉士诱之。”这里的怀春，就是形容少女犹如春天万物生发跃跃欲试的情欲。春风一度就是指男女交欢一次。春宫本来是古时太子居住的宫室，也借指太子，后来指描绘男女交合的图画。春光漏泄是指男女的私通苟合被人觉察识破。

这些词看起来很美，但内容却有所特指，要避免望文生义。如近来很流行的“春风十里不如你”，就不是字面上“十里春光如此烂漫却不如你美”这样的含义。这个诗句出自唐代杜牧的《赠别二首》:

> 娉娉袅袅十三余，豆蔻梢头二月初。
> 春风十里扬州路，卷上珠帘总不如。

娉娉袅袅是形容女子体态轻盈美好。十三余是说这个女孩子的年龄。豆蔻是一种花，古人根据这种花的姿态，常以此比喻少女。春风十里是说扬州歌台舞榭密集，美女如云。“珠帘”是歌楼房栊设置，“卷上珠帘”就能看得见“高楼红袖”。而扬州路上不知有多少珠帘，所有帘下不知有多少红衣翠袖的美人，但“卷上珠帘总不如”。扬州所有美人都不如你。

这是杜牧赠送给只有十三岁的妓女的诗。在唐代，诗人流连青楼并不是什么道德污点。杜牧是官宦子弟，由于不得志，如自己诗中所言“十年一觉扬州梦，赢得青楼薄幸名”，是声色场所的常客。大和九（835）年，杜牧由淮南节度使掌书记升任监察御史，离扬州奔赴长安，与在扬州结识的歌妓分别之作。

[xià]

夏

甲骨文 金文 篆书 隶书 楷书

黄河流域是中华民族的发祥地，在这片中原大地繁衍生息的先民，是上古时期黄帝和炎帝部落的后裔，炎黄子孙。其中华族、夏族经过多次融合，形成一个中原地区最发达的民族，华夏。

孔颖达《春秋左传正义》：“中国有礼仪之大，故称夏；有服章之美，谓之华。”意思是说：中国是礼仪之邦，故称夏，夏有高雅的意思；中国人的服饰很美，故作华。

华夏后来就成为中原民族的总称，汉代是一个强盛的朝代，其他民族称这个强盛的民族为汉族，并一直延续至今。

夏的金文是一个面部很大的正面站立的人形，古文字学家认为：“祈雨之祭，古之所重，祭时所用歌舞，声容盛大，故名之为夏，造为文字，像人舞形。”意思是说：夏是表现古人祈求降雨的祭祀舞蹈，由于场面很大，所以有盛大的含义，甚至就是禹时乐舞的名称。

《礼记·乐记》：“夏，大也，殷周之乐尽矣。”

《穀梁传》：“舞夏，天子八佾，诸公六佾，诸侯四佾。”可见夏是一种祭祀礼仪舞蹈的名字，具有严格的规范。

《说文解字》：“夏，中国之人也。”

中国有禮儀之大故稱夏
有服章之美故稱華
浦寅

由于夏这种舞蹈盛大热烈，于是被借用作一年最热的季节名，夏天。也是由于夏盛大的含义，古人喜欢用这个字作朝代名。中国最早的王朝就叫夏。

《庄子集释》卷六下《庄子·外篇·秋水》:“北海若曰:井蛙不可以语于海者，拘于虚也;夏虫不可以语于冰者，笃于时也;曲士不可以语于道者，束于教也。今尔出于崖涘,观于大海,乃知尔丑,尔将可与语大理矣。”意思是,渤海神若说:对井里的蛙不可与它谈论关于海的事情，是由于它的眼界受着狭小居处的局限;对夏天生死的虫子不可与它谈论关于冰雪的事情，是由于它的眼界受着时令的制约;对见识浅陋的人不可与他谈论关于大道理的问题，是由于他的眼界受着所受教育的束缚。如今你从河岸流出来，看到大海后，才知道你的浅陋，这就可以与你谈论大道理了。

其中说到有一种虫子只能活一个夏天，根本不可能知道冬天的冰雪，你就是告诉它也想象不到。这是说人的见识是受到各种局限的，我们自以为什么都知道，其实由于各种局限，我们对于宇宙的认识并不比夏虫强多少。突破局限只有一个办法，就是走出局限你的空间，见识更广阔的大海。

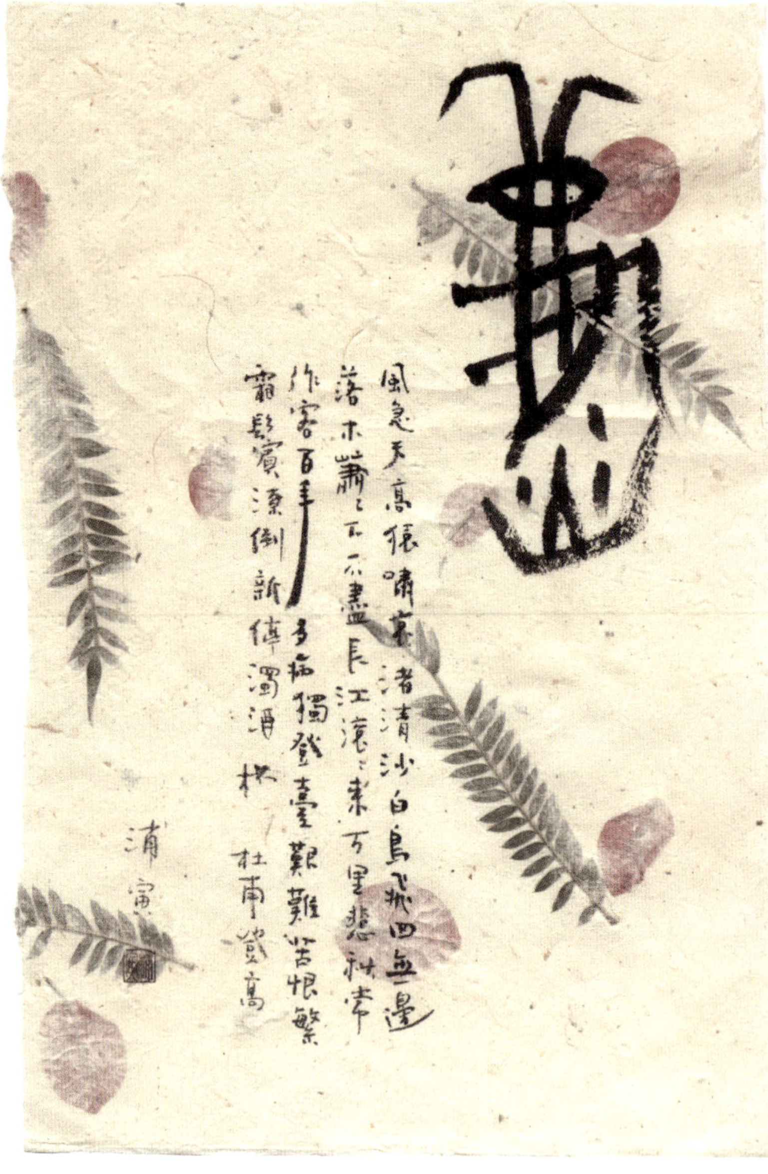
風急天高猿嘯哀渚清沙白鳥飛回無邊
落木蕭蕭下不盡長江滾滾來万里悲秋常
作客百年多病獨登臺艱難苦恨繁
霜鬢潦倒新停濁酒杯 杜甫登高
浦寅

[qiū]

秋

甲骨文　金文　篆书　隶书　楷书

象形文字表现具体的形象或者事物比较容易，要表现抽象的概念，就需要拐个弯，借用相关的事物或形象来代表，文字学上叫借代。春夏秋冬这种人为的概念就需要使用这种方法。

秋没有具体形象，那有什么特点能够代表秋天呢？古人想到了蛐蛐，也就是蟋蟀。一到秋天的晚上，蛐蛐的叫声就格外热闹，取代了夏天的蛙鸣。秋天，夜凉如水，虫声唧唧，心情多少有些寂寥。于是，古人就借用蛐蛐的形象来代表秋季，甲骨文秋就是一只蛐蛐，大大的头上有两只触须，背上的翅膀正在振动，仿佛能够听到虫声唧唧。

生物学家经过研究发现，蟋蟀没有声带，永远不会张嘴鸣叫，它的发音器官长在翅膀上，前翅下边有一个发音器，翅膀上有一个刮片。它们振动起那坚硬的前翅，翅膀上的刮片就会摩擦发音器，发出响亮的唧唧声。

甲骨文特别强调了蟋蟀振动的翅膀，难道他们那时候就已经知道蟋蟀的发声原理吗？

但这个字还是不够准确：只是一个虫子的象形，我们怎么知道你是在说小虫子还是秋天呢？于是古人进一步完善这个字，给这个小虫子下面加上了一团火。这团火让人有点困惑，这是要烧死这只小虫子啊。既然要烧死，那肯定不能烧蛐蛐，没意义啊，那就是烧蝗虫，对，秋天烧蝗虫，省得来年闹蝗灾。

其实这是望文生义，蛐蛐就是蛐蛐，秋天最活跃，火其实是用它的颜色。火是什么颜色的？红色和黄色。秋天的树叶是什么颜色呢？对，是红色和黄色。古人正是添加了火这个貌似和小虫不相容的事物来表现秋天的颜色，视觉和听觉结合起来，表示秋天。

秋天的含义太丰富，对于古人来说，秋天除了金黄，更是收获的季节，一年的辛劳就在于这秋天的丰收，所以金文的秋增加了表示禾谷的禾，作为指代收获的符号。于是，金文秋的视觉“火”、听觉“蛐蛐”和指事“禾”，都全了。

不过金文把蛐蛐的象形写得太接近龟，以至于直接把篆书带偏，成了，后来楷书中就出现了“穐”这种不合理的异体字。

当然，篆书还有一种字体，把这个字进行了简化，保留了表示颜色的火和表示收获的禾，小虫子蛐蛐消失了。我们今天使用的秋，就是这样演化过来的。

蛐蛐的形象虽然从汉字秋中消失了，但秋虫唧唧仍然是诗词歌赋中秋天的象征。欧阳修在《秋声赋》中，对秋天的风声进行了传神的描写，对秋天的肃杀发了一系列人生感慨以后，用“童子莫对，垂头而睡。但闻四壁虫声唧唧，如助予之叹息”作为这篇千古名篇的结尾。辛弃疾也说：“一松一竹真朋友，山鸟山花好弟兄。”在这金色的秋天，还是让我们更多地亲近自然，听到树间的风声、四壁的虫声。

[dōng]

冬

甲骨文 金文 篆书 隶书 楷书

对于人为的抽象概念，古人造不出相应的字，就会借用一个逻辑上有联系的字，借了不还，逼着人家原来的概念另造一字，例如东南西北，春夏秋冬，都是如此。那冬借了什么？

借了一个绳头。甲骨文是丝线的两头各有一个结，表示终点。原义是终，到头了，完结了。冬天是四季最后一季，所以用绳头打结表示。有人说这是结绳记事的遗存，我倒不这么觉得。中国很早就发明了丝绸，织造丝绸、日常缝衣，常常需要给丝线打结。由于“冬”借用为四季中的冬季，原义只好加上绞丝旁，另造了“终”。

大概光打个结很难让人直接想到冬天，所以金文加以改进，造了个很萌的字形，在保留了甲骨文绳结的基础上，在绳圈里放进了一个“日”，表示太阳被遮住，热量微弱，天气寒冷。后人还是感到表述得不明白，于是竹简上的手写体“冬”，增加了“冰”的字符。关于冰这个字符，来看看寒冷的寒，表现的是一个人在房子里，身上盖满了草，但下面有冰，显得非常寒冷。

篆书又进行了改进。去掉了“日”，增加了表示寒冷的“冰”。想想也是，你把太阳盖上，但太阳给人的直观印象还是温暖而不是

燭龍栖寒門光曜猶旦開日月照之何不及此
惟有北風號怒天上來
燕山雪花大如席片片吹落軒轅臺
幽州思婦十二月停歌罷笑雙蛾摧
倚門望行人念君長城苦寒良可哀
別時提劍救邊去遺
此虎文金鞞靫中有一雙
白羽箭蜘蛛結網生塵埃
箭空在人今戰死不復回
不忍見此物焚之已成灰
黃河捧土尚可塞北風雨雪恨難裁
李白北風行

寒冷。

古人为了把这个寒冷的季节说清楚，真是煞费苦心。

汉字是一个不断细化、不断完善的过程，“越来越简化”不是汉字发展的轨迹。本书的确介绍了很多笔画越来越简化的汉字，但更多的是越来越细化，很多笔画也越来越烦琐。这是语言文字发展精细化的必然结果。

对于笔画烦琐书写不方便的问题，古人发明了草书。其实草书战国时期已经出现，现在出土的战国竹简很多都是篆体草书，就是解决笔画烦琐的问题。

这两个字体都是战国时期的，那个简写体的冬就是当时的草书。可见草书远早于楷书。另外，隶书也是从竹简文字发展而来，理解了手写体的竹简，也就理解了中国文字发展的脉络。

那不还是越来越简吗？是，就“冬”字这个字而言，结果是简了，但从甲骨文到金文，再到篆书，其发展思路是讲清楚四季中冬季这个抽象概念，随着表述的全面和准确，必然增加笔画而不是简化，后世采用了草书字形，确实是出于方便书写的需要。但中国社会在发展，印刷术的出现，就又出现了大量新造的字和笔画繁多的字，形成了阅读“繁体”，手写“简体”并行不悖的现象。就像这个“冬”字，后来古人又造了一个“鼕”字，表示敲鼓的声音，简化字合并为“冬”。

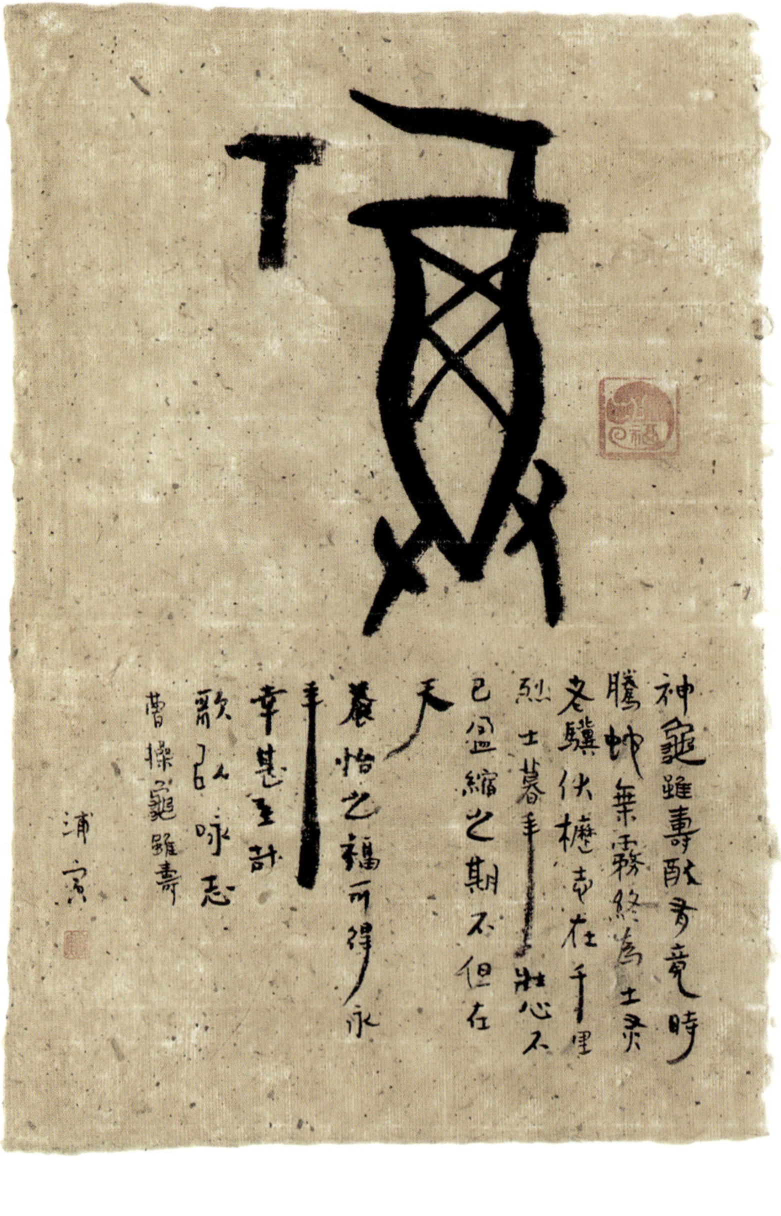
神龟虽寿犹有竟时
腾蛇乘雾终为土灰
老骥伏枥志在千里
烈士暮年壮心不
已盈缩之期不但在
天
养怡之福可得永
年
幸甚至哉
歌以咏志
曹操龟虽寿
浦宾

[fú]

福

甲骨文　金文　篆书　隶书　楷书

我们现在很多人都习惯于将“福”字倒着贴,美其名曰“福到”。那么这种做法究竟有没有依据呢?

福字倒贴有几个传说。

第一种，明太祖朱元璋攻占南京后，命心腹悄悄在曾经支持和帮助过自己的人家门上贴一“福”字，以便第二天将门上没有“福”字的人家通通按暗通元贼杀掉。好心的马皇后为消除这场灾祸，遂令全城大小人家必须连夜在各自门上贴一个“福”字。于是，各家各户都遵懿旨照办。其中有一廖姓人家因为不识字，把“福”字给贴倒了。第二天，御林军前来回禀说，全城家家都贴有“福”字。只有一家人把“福”字倒着贴在了门上。朱元璋听了更加生气，立即命令御林军把那家人一个不留全部杀掉。马皇后一看事情不好，忙对朱元璋说:“那家人知道您今日来访，故意把‘福’字贴倒了，这不是‘福到’的意思吗？”朱元璋听完后立刻转怒为喜，便消除了杀人的念头，一场大祸得以避免。

第二种传说，清光绪某年腊月二十四，慈禧太后传旨，叫翰林院的翰林写些庆贺春节的对联。并命令写几个“福”字来。“太后从中挑了几张，让大总管李莲英带着太监到宫内各处去张贴。没承想有个太监不识字，把一个“福”字贴倒了。第二天，太后出来欣赏对联和“福”字，碰巧看到了那个贴倒了的“福”字。她刚要发怒，大总管李莲英急忙上前说：“老佛爷请息怒，这是奴才有意把它倒着贴的。这‘福’字倒贴，就是‘福’倒了，福到了，不是大吉大利吗？”慈禧听后，果然转怒为喜，不但没惩罚那个太监，还赏了他几两银子。

第三种传说，清咸丰年间的一个春节前夕，恭王府大管家为讨主子欢心，写了几个斗大的“福”字，叫人贴于库房和王府的大门上。有一家丁因目不识丁，竟将大门上的“福”字贴倒了。为此，恭亲王的福晋十分气恼，大管家怕福晋怪罪下来连累自己，慌忙跪倒陈述：“奴才常听人说，恭亲王寿高福大造化大，如今大福真的倒（到）了，乃吉祥之兆。”福晋一听，转怒为喜，赏管家和家丁各五十两银子。

也有说法称，“福倒了”需要张贴在特殊的位置。大门贴正福，寓意开门“迎福”和“纳福”，有吉祥临门之意。如大门的“福”字倒着贴可就把福气倒在门外了。所以门福必须是正福。倒着贴的福主要应该在这三种地方：第一种地方是在水缸和垃圾箱上，由于水缸和垃圾箱里的东西要从里边倒出来。为了避讳把家里的福气倒掉，便倒贴福字。第二种地方是在屋内的柜子上。柜子是存放物品的地方。倒贴福字，表示福气会一直来到家里、屋里和柜子里。还有一种就是在牲口棚，例如牛棚、猪圈的门上才会倒着贴“福”字，寓意福到。

以上所有的说法都有一个关键词，那就是张贴的人不识字，把字贴倒了，别人将错就错的一种权宜的说法。这就像过年把碗碟不小心摔碎，说一声“岁岁（碎碎）平安”来找一点心里安慰。可见，这是不识字的人干的事。

那我们就来从头认识一下这个福字。

福首先是祭祀祈福迎祥。甲骨文福是一个酒坛子，用双手捧着，上面一个示和又，示是供桌的象形，又是巫师的动作，表示祭祀。酉是酒坛的象形。是双手，表示捧酒献祭。

为什么捧着酒祭祀就是福呢？酒在上古时期意味着富足，富裕的富就是房子里面一个酒坛子，表示有余粮酿酒，富裕。

商代是一个非常好酒的朝代，我们现在去博物馆参观，会发现商代的青铜器绝大多数是酒器。祭祀是国家的头等大事，而祭祀一定要有酒。仪式以后，大家分食祭祀的酒肉，在醺醺然的状态中，他们仿佛和祖先鬼神进行了沟通，得到了他们的祝福。福字中用酒献祭，一方面表明粮食丰收，生活富裕，因此向祖先、鬼神感恩，另一方面，是将美酒献祭以后全体族人分享。甲骨文带给我们的信息是：福，是富裕、感恩和分享。把这样寓意深刻的福字倒贴，酒都洒出来了，供桌也四脚朝天，还有什么福气可言？

福字的篆字误将金文的酒坛形写成“畐”，并以“畐”作为声旁，变成形声字。有人将这个字形理解为一人一口田，有了田地，自然有福。

东晋伟大的诗人陶渊明在《桃花源记》中，描写了一个自己心目中的理想社会，在那里，“土地平旷，屋舍俨然，有良田美池桑竹之属。阡陌交通，鸡犬相闻。”意思是说：在桃花源中，土地平整宽阔，房屋排列整齐，有田地，有池塘，有树林，有道路。鸡鸣狗吠，富裕安宁。这是典型的小农经济，就是“三十亩地一头牛，老婆孩子热炕头”。这是陶渊明的梦想，也是两千多年来普通中国人的梦想。

那我们今天的梦想是什么？大概事业有成、有房有车、孩子快乐、老人健康吧。这样的“福”字，如果倒挂，田在上，人倒悬，也是不应该倒着贴吧。

中国自古以来是农业社会，农业社会的基础是家庭。老人长寿，子孙满堂，人们把对家庭生活的幸福渴望赋予在这个“福”字上，过年的时候张挂在大门上，企望福气满门。

清朝皇帝有过年给大臣题写福字的惯例。恭亲王府有一个福字厅，专门张挂历年皇帝赏赐的福字。这个“福”字左部偏旁像一个“才”字，隐含“子”字，右部像王羲之所书“寿”字，右边也可以看成“多”字，右下部又像“田”字，再加上左上角的一点，呈现“多一点”的整体含义，故称该字为“多才多子多田多寿福”。据说，周总理称该字为“中华第一福”。

据说是康熙为重病的孝庄皇太后“请福续寿”而书，太后病好以后特意刻成石碑放在宫里。后来，乾隆皇帝将此碑赏给了自己的宠臣和珅，和珅用太湖石在自己的花园里堆叠了一座“寿”字形假山，将此碑嵌到寿字中的那一点上。康熙的这幅字在福字的上面盖了“康熙御笔之宝”印玺，所以也是不能倒挂的。

康熙用一个字写出了五种福，但这还不是我们平常说的五福临门那五福。据《尚书》记载，第一福是“长寿”，第二福是“富贵”，第三福是“康宁”，第四福是“好德”（攸好德），第五福是“善终”（考终命）。这才是我们传统正统的“五福”。

贴福字是古老的民俗，中国人相信汉字具有不可思议的力量，一个福字当头，一年自然幸福安康。

但注意，福字不要再倒着贴了。

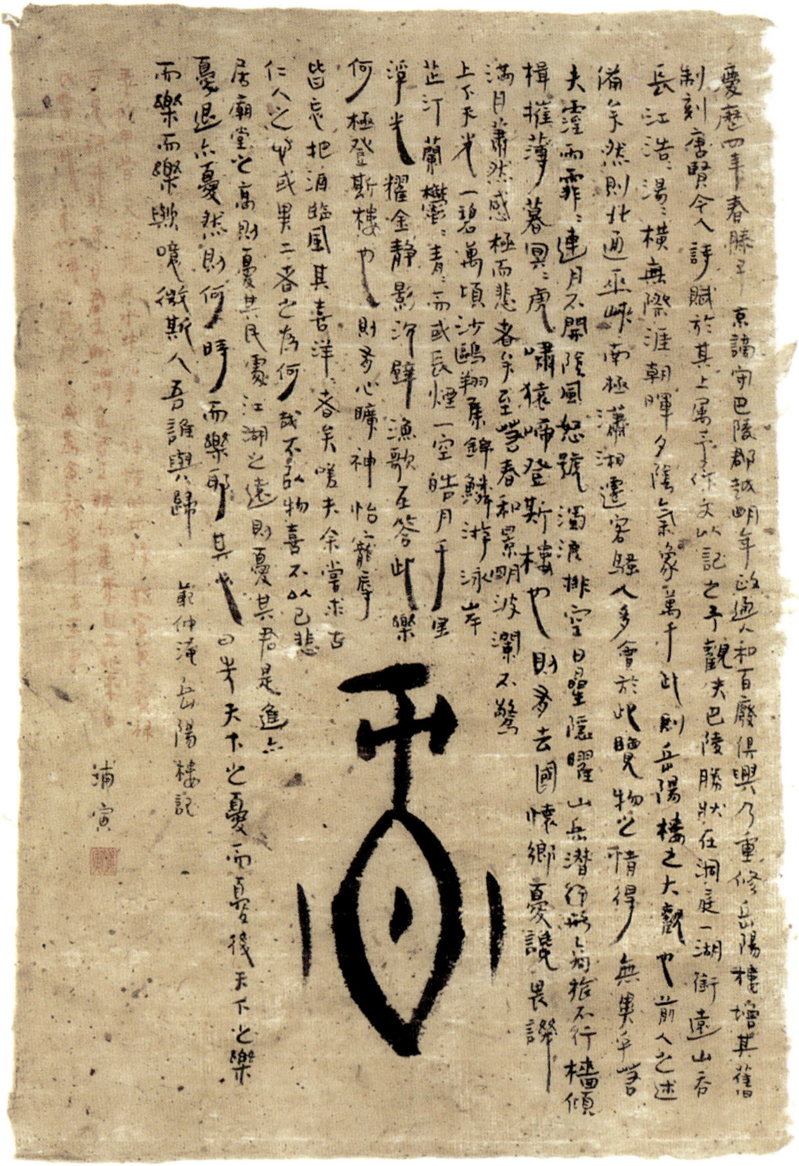
慶歷四年春滕子京謫守巴陵郡越明年政通人和百廢俱興乃重修岳陽樓增其舊
制刻唐賢今人詩賦於其上屬予作文以記之予觀夫巴陵勝狀在洞庭一湖銜遠山吞
長江浩浩湯湯橫無際涯朝暉夕陰氣象萬千此則岳陽樓之大觀也前人之述
備矣然則北通巫峽南極瀟湘遷客騷人多會於此覽物之情得無異乎若
夫霪雨霏霏連月不開陰風怒號濁浪排空日星隱曜山岳潛形商旅不行檣傾
楫摧薄暮冥冥虎嘯猿啼登斯樓也則有去國懷鄉憂讒畏譏
滿目蕭然感極而悲者矣至若春和景明波瀾不驚
上下天光一碧萬頃沙鷗翔集錦鱗游泳岸
芷汀蘭鬱鬱青青而或長煙一空皓月千里
浮光躍金靜影沉璧漁歌互答此樂
何極登斯樓也則有心曠神怡寵辱
皆忘把酒臨風其喜洋洋者矣嗟夫予嘗求古
仁人之心或異二者之為何哉不以物喜不以己悲
居廟堂之高則憂其民處江湖之遠則憂其君是進亦
憂退亦憂然則何時而樂耶其必曰先天下之憂而憂後天下之樂
而樂歟噫微斯人吾誰與歸
范仲淹 岳陽樓記
蒲寅

[lù]

禄

甲骨文 金文 篆书 隶书 楷书

中国民间常见有福禄寿三星，禄在中间，头戴官帽，代表官运。从他的位置就可以看出来，这可是中国人最在意的神。

禄这个汉字代表一种福气，即做官的命运。《说文解字》：“禄，福也。从示录声。”意思是说：禄就是福。

甲骨文的禄是井架辘轳下面一个打水的容器，旁边还有几个小点，表示水。甲骨文禄的本义是有辘轳的水井。辘轳井和官运有什么关系？

辘轳井代表政府官员的俸禄。从西周到东周，实行的是邦国制度，天子对社会的管理是分封制，即天子把土地分封给亲属和功臣，这些受封的人就是诸侯。诸侯又把土地分封给卿大夫。卿大夫再将土地和人民分赐给士。于是就形成以周天子为中心的几十个邦国，也就是诸侯国。分封的土地被划分成井字形，中间的地是公田，所打的粮食一律上缴，边上的小块土地是劳动者的口粮，为私田。这就是井田制。在中原地区，田地往往围绕水井分布，水井，即禄，意味着分封下来的土地，意味着卿大夫的收入，这就是俸禄的由来。

周朝是没有土地私有的，普天之下莫非王土，所以官员的俸禄理论上都来自周天子的分封，所以，食君之禄、忠君之事便成为中国识得几个字的人的显著特点。

金克木先生在他的《中国文化老了吗？》中论道：印度的识字人，无论婆罗门或出家的沙门都靠“施主”养活，老了就进入森林修道，所以只关心宗教不关心政治。欧洲教会与政府平行，识字人也多是依傍教会不理会政府。18 世纪反教会便依靠帝王，19 世纪改依靠资本。

中国古代的识字人显著的特点便是依傍政权，从占卜的巫师便直接间接和政治首领结下不解之缘。靠政权养活，自然依靠政权。春秋战国的俸禄上不封顶，自由择业。

金文的“禄”，在井水盛器下面加“水”，仍然是水井的造型。

春秋战国时期礼崩乐坏，再也不是率土之滨莫非王臣了，识字人没有了铁饭碗，所以思想也空前活跃。诸子百家这些中国文化的巨人就是在这一时期诞生的。那时候的知识分子大多是国际主义者，谁能用自己就为谁服务。而诸侯国在你死我活的竞争中，想方设法延揽人才，为此不惜千金。燕昭王想招揽人才，问大臣郭隗（wěi）有什么办法，郭隗就给燕昭王讲了个故事。

从前有一位国君，愿意用千金买一匹千里马。可是三年过去了，千里马也没有买到。有一位不出名的人，自告奋勇去买千里马，结果用五百金买回一副千里马的骨头，说我这样做，是为了让天下人都知道，大王您是真心实意地想出大价钱买马，并不是欺骗别人。果然，不到一年时间，就有人送来了三匹千里马。

这个故事很可能是郭隗编的。郭隗继续说，大王我现在就是那副千里马的骨头，你高薪聘我，天下人看郭隗都有这待遇，那国君一定真心招纳贤士。于是燕昭王在易水边修筑黄金台，招贤纳士。被诸葛亮推崇的管仲乐毅的乐毅，就是这么来到燕国，成为军队的统帅。

商鞅出身于卫国公族之家，又名卫鞅、公孙鞅。青年时代在魏国宰相公孙痤门下当食客，被提拔为中庶子。公孙痤临终，推荐商鞅做下一任宰相。惠王未置可否。公孙痤就说："大王如果不录用，就得杀死他，不能让他到别国去。"惠王答应了，但似乎也没当回事。公孙痤想想不对劲，又把商鞅叫进来说："我刚才推荐你继任宰相，可是惠王没有说什么，看来他不赞同。所以我又说，如果不用你一定要杀掉你，大王同意了，你快逃吧。"商鞅立刻奔秦，谒见孝公，说以王霸大略，最终在秦国成就了一番事业。可见那时候人才的争夺。

战国末期著名的四君子，即魏国的信陵君魏无忌、赵国的平原君赵胜、楚国的春申君黄歇、齐国的孟尝君田文，是著名的养"士"之人，门下常常是"食客三千"。

这时候被称之为"士"的，包括学士、方士、策士或术士，有没有本事不知道，但先养起来再说。比如冯谖，穷得只剩一柄剑，还整天弹着剑唱歌闹待遇，没肉吃不行，没车坐也不行。孟尝君给了他所有待遇，后来这位冯谖也以为孟尝君建立狡兔三窟作为回报。

那时候的士人还是很有尊严的，齐国有一年闹饥荒，一个叫黔敖的贵族来到大路上赈灾。黔敖左手端着食物，右手端着汤，对一个用衣袖遮住脸的人吆喝道："喂！来吃吧！"那人瞪大他的眼睛盯着黔敖，说："我就是因为不吃侮辱我的尊严的食物，才饿成这个样子的。"这个不知姓名的人就这样饿死了。这就是君子不食嗟来之食的典故。

汉简禄字，示字旁表示庙堂，录成了录取的录。

自隋代开始，中国开始实行科举制。相对于以推荐为主的察举制，科举制让普通人有了改变命运的机会。十年寒窗苦读，“朝为田舍郎，暮登天子堂”。但是读书人从此也就被那些儒家经典束缚住了。

半亩方塘一鉴开，天光云影共徘徊。问渠那得清如许？为有源头活水来。

这是南宋朱熹的诗。我们通常把财比喻为水，俸禄便是把水抽上来的辘轳。

周天子时，这水来自分封土地农田边的水井。春秋时期，水来源于君王的赏识重用。帝制时代来源于科举制的选拔。到今天，我们怎样找到这样一眼活水呢？我想，古往今来都一样，自己的学问能力就是一眼井水，有了活水的井，何愁没有把水抽上来的辘轳。

[shòu]

寿

甲骨文　金文　篆书　隶书　楷书

中国人把百岁老人称为人瑞，意思是活着的神仙。民间俗语也经常有这样的说法：这老人，活成精了。长寿的寿字就与神仙有关。

甲骨文是一个S形，S的两个勺里各有一个口。关于这个符号，有很多种解释。

一种解释是田畴说，说S形是耕地的犁铧犁出来的沟，去过农村的人都知道犁好的地是一行一行的。而那两个口则是犁铧翻起来的土块。那跟长寿有什么关系？有说田地是生活的基础，有田就可以长寿。这逻辑有点牵强。

还有一说是铸造说，解释S形是浇注青铜器的陶范，口字是浇注的口。那这跟长寿有什么关系呢？有说青铜器坚固，浇注青铜器犹如人长寿。这貌似也不算很可信？

还有一说认为S是佛教里的“卐”字形的一半，表示无限延伸，口是朝夕的“夕”，即“肉”，代肉身，表示肉身长久延续。道理是通的，我只是纳闷，他是怎么把S形看出是佛教“卐”字形的一半的。甲骨文时期还没有“卐”字形的符号吧。可见此说也站不住脚。

要找到这个字形的原义，还要先认识另一个字：神，这是闪

煙波萬里扁舟小 靜依孤蓬西施聲絕 涤慮洗心名利少 閒採菱葉
蓑笠數點沙鷗堪樂道 柳岸蘆灣喜 平詞歡笑 一覺安眠風浪俏 無縈
無慮無煩惱 漁翁蝶戀花 侶 無牽
雲林一段松花滿 默聽鶯啼巧 古如調管 紅瘦綠肥 春正暖 候然 夏至半
陰轉 又值秋來容易換
黃花香堪供筑邑連 一葉小舟隨限寓萬
嚴冬如指指道還四季 山翁蝶戀花 過煙波無影懸鈎
無人管 撒網捉鮮鮮 沒將
賦偏多味冬事稚
平兒團團會

魚多义貨長安市換得香藥吃 笛誠
夏處不戀人間笛与貴 漁翁天仙字 那金籤椒出美
嶺覺幹紫沒人輕從我實取少成多 世界將
自在配酬醉了臥松舊 松竹梅蘭具可 鈞休酒隨心快夏鈞磁顯珠
無挂得無利實不管 間樂与財 山翁天仙子

浦寅

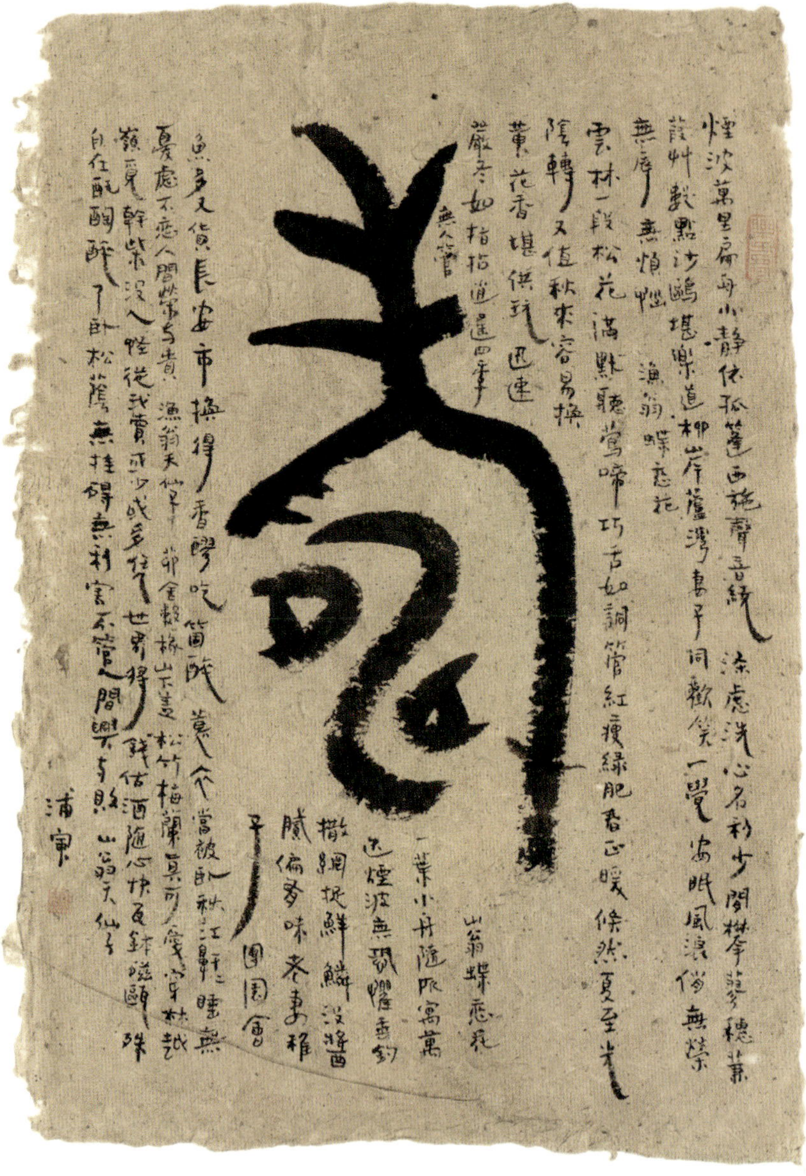

电的象形。古人看见天上的闪电带来雷雨，并且常常引发森林火灾，认为这就是神的化身，就把闪电定义为神。

甲骨文这个闪电的形状和前面我们看到的寿字形状是不是很像？再来看和闪电有关的雷字，同样的S形，S的勺子里变成“田”，这是象形滚滚的雷声。同理，寿字S勺子里的口是敬神的祭器，表示虔诚敬神，祈求长寿。

说白了，长寿的人就是神。或者说，寿，是神赐予的。

总有一种观点，说汉字越来越简化。其实仅就笔画而言，汉字从甲骨文、金文、篆书到正体楷书，是越来越繁复的。为什么？因为准确。

甲骨文总共才一千多个字，很多意义就用一个字代替，比如存在的在和人才的才，甲骨文就是同一个字。后世为了准确，就要造新字。新字不能凭空造，办法有两个，一个是组合，把最原始的字当作零件，两个或多个拼接组合起来，这就形成了汉字的部首。比如玉字旁，就都与玉器有关，衣字旁都与衣服有关。另一个办法是按读音造字，把最原始的字当作音符，按发音造新字，我们管这种字叫形声字。不管哪种办法，都会让字越来越多，笔画也越来越多。到清朝的《康熙字典》，已经收录了47035字。

寿字金文在甲骨文字形基础上，增加了表示年老的符号，这个形状是一个长发驼背的老人，老、考等与老人有关的字都用这个符号。加上这个符号，表明这个像神仙一样的人岁数很大。

多活几年大概是全人类的共同追求，中国人在这方面格外在意，很早就发展出长寿文化。

传说最长寿的中彭祖活了八百零三岁。彭祖生活在尧舜时代，是尧手下的官员。有一次他给尧圣人做了一锅野鸡汤，喝得尧龙心大悦，就把彭这个地方封赏给会做野鸡汤的官员，他从此就以封地彭为姓，后世便称之为彭祖。彭祖娶了四十九个老婆都老死了，生子无数，有生之年五十四个儿子老死，先他而去。道家把他封为道教的始祖，后来道家忽悠秦始皇、汉武帝这些怕死的皇帝，都拿他来说事。

彭祖有生之年死了那么多老婆儿子，说明他只能顾自己，长寿方法没法传授。但他吐纳入定，淡泊名利、随顺自然的生活态度，还是深深影响了后世的养生长寿之道。

寿字有很多种写法，最典型的就是百寿图。金文有的加“口”，表示口齿清晰，有的金文加手形，表示手脚利索，有的金文加“口”、加“手”。表示一个长寿老人，高寿百岁，人生经验通神，口齿清晰，手脚利索，堪称人瑞。

老子曰：死而不亡者寿。就是说真正长寿是人死后，后世子孙永远不会忘记。所以寿，并不仅仅岁数大那么简单。汉字寿告诉我们，寿要有年岁，还要身体好，头脑清晰，口齿清晰，最好著书立说或者写字画画，肉身消失，精神也不死，快乐如神仙。

[xǐ]

喜

甲骨文　金文　篆书　隶书　楷书

喜是一个讨人喜欢的汉字，字形就像张开大嘴欢笑的人脸。人们把两个喜字合到一起，寓意喜结连理，是结婚必备的物品，甚至结婚本身，也称为办喜事。中国式婚礼，办喜事，涵盖了汉字“喜”最重要的两个特点，也是中国人的两个重要特点。

第一点是大事张扬，所有亲友一定通知到，有关系没关系来了就好，越多越好。这和“喜”字的本义完全一致。

甲骨文由两部分构成，上面是一面打鼓，鼓上面有供悬吊的绳索，鼓下面有三角形支架。鼓是庆典的代表，有什么喜事，古人一定要打鼓聚会。鼓下面是口形，这是上古时期祭祀的器皿。古人干任何事都离不开祭祀敬神，有任何喜庆节日，当然要先敬神，然后庆贺，而打鼓，本身就是敬神仪式的组成部分。

我在陕西农村拍摄过庙会，可谓真正意义上的庙会。山上有个神庙，过年的时候，附近几个村要协商好，把神请到哪个村。全套仪仗把神迎请下来，在村里广场上临时搭上一座庙，供百姓祭拜。再在庙的对面搭上戏台，演戏给神看。由于人群聚集，所以也是商品、小吃和娱乐的大集。我们拍到的山神据说是古时候的一个将军，

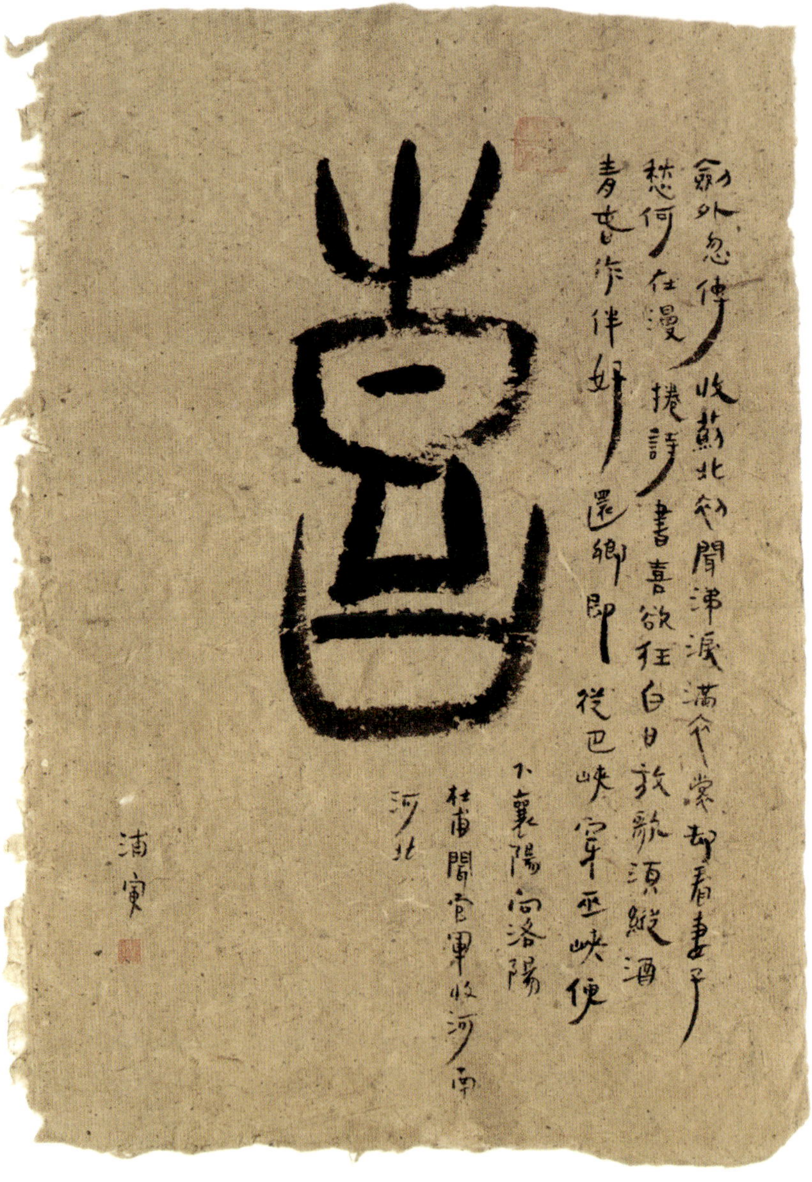
劍外忽傳收薊北初聞涕淚滿衣裳卻看妻子
愁何在漫捲詩書喜欲狂白日放歌須縱酒
青春作伴好還鄉即從巴峽穿巫峽便
下襄陽向洛陽
杜甫聞官軍收河南
河北
清寅

保境安民，很有灵性。我是从那次才真正搞懂什么叫庙会。

中国人有什么喜事一定要打鼓聚集，广为张扬的。传统的四喜：久旱逢甘雨，他乡遇故知，洞房花烛夜，金榜题名时，除了他乡遇故知比较私人，其余的喜，都是要有大张旗鼓的仪式感的。

金榜题名后是礼部派人通知。中状元后会在京城骑着大马，戴着红花，鸣锣开道，在京城夸官。黄梅戏《女驸马》的一个著名唱段形容中了状元的喜庆：“为救李郎离家园，谁料皇榜中状元。中状元着红袍，帽插宫花好哇，好新鲜哪。我也曾赴过琼林宴，我也曾打马御街前。人人夸我潘安貌，原来纱帽罩哇，罩婵娟哪。”唐朝孟郊四十六岁进士及第，大喜，写了一首很著名的诗《登科后》：“昔日龌龊不足夸，今朝放荡思无涯。春风得意马蹄疾，一日看尽长安花。”

喜字带出来的第二个特点是吃。

篆书规范化以后，上部是吉祥的“吉”，中间是双手，下面就是吃饭的“口”了。中国人有什么喜事是一定要吃的。

也是那次到陕西拍摄，我们还见识了陕西农村的婚礼。在场院搭上席棚，摆了几十桌，流水席，来了坐下就吃，抹嘴就走。这么大的场面没法炒菜，全是蒸食，大锅上十几个笼屉摞得老高，热气腾腾，分外喜庆。为什么中国人的喜事一定要大吃大喝呢？

美国传教士明恩溥在晚清时期写的书《中国人的气质》中提道：“在中国旅行过的人的最初印象之一，就是当地人饮食的极端简单。大多数人看上去只吃有限的几种食物，比如大米、豆制品、小米、蔬菜，还有鱼。以上这些，再补充一点其他东西，就构成了为数甚众的好几百万人的主要食物。只有在逢年过节或者什么特殊的日子里，才会添上一点肉。”

其实我们距离连饭都吃不饱的年月并不遥远，有了什么喜事，当然要大吃一顿了。至于说到大事张扬，这大概和我们中国的社会形态有关。

我们看传统四喜的第一喜：久旱逢甘霖。中国是农业社会，农村的社会结构是以家族为基础的，往往一个村的人都沾亲带故。

曾经看过一个纪录片，说村口有一片墓地，有一个小小的神龛，有蜡烛祭祀的痕迹。介绍说，这些是违反了族规，死了也不许牌位进祠堂的人，成为在村口的孤魂野鬼。这也许是对一个家庭最严厉的惩罚了。干了坏事不准进村，有了荣耀当然要大肆张扬了，所谓一荣俱荣。

项羽可以不眨眼地杀人放火，但在打下天下以后，执意回故乡建立都城，说富贵不还乡，犹如锦衣夜行。还是在意家乡人的观感。最后穷途末路在乌江边上，说自己带八千子弟出来打天下，如今就剩下一人一骑，这么回去无颜见江东父老，自杀了。在这一点上刘邦也一样，他那著名的大风歌：“大风起兮云飞扬，威加海内兮归故乡，安得猛士兮攻四方”，不就是回故乡炫耀的产物吗？

同样是因为农业社会，我们通过解读汉字“喜”，会发现中国人在价值观上严重趋同，什么事喜，什么事怒，似乎都规定好了，都是群体的活动。

这个情况大才子金圣叹已经意识到了，他特意写了三十三则不亦快哉，以张扬个人的小喜悦。

如第二十七则：“推纸窗放蜜蜂出去，不亦快哉！”蜜蜂是益虫，不能打死，开窗放出去，高兴。第二十八则：“作官每日打退堂鼓时，不亦快哉！”下班了，高兴。第二十九则：“看人放风筝断线，不亦快哉！”幸灾乐祸哈哈。第三十二则："还债毕，不亦快哉！"无债一身轻，高兴。

金圣叹的喜事是私人的，细腻的，心中窃喜，不用大事张扬，也不必摆酒庆祝，这样的小确幸，是满满的幸福感啊。

事实上，如果你时时能够感知幸福，便是天天都有喜事。

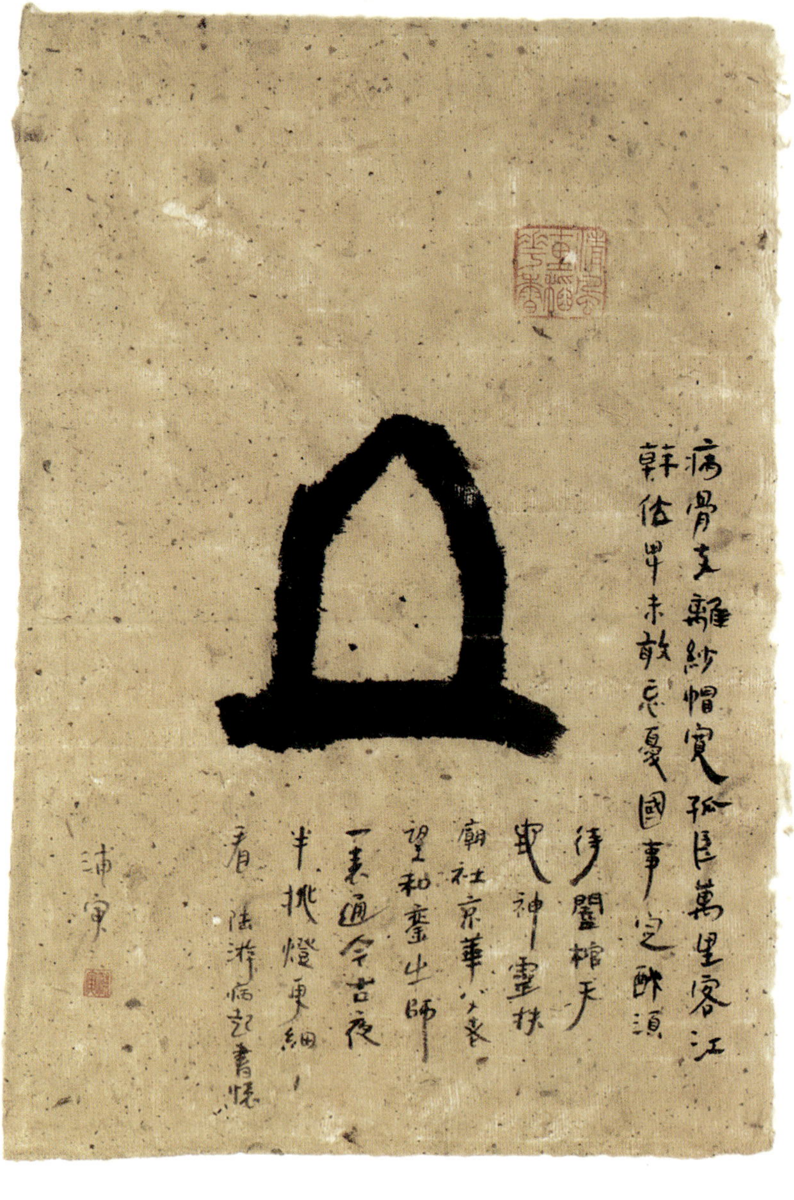
病骨支離紗帽寬孤臣萬里客江
乾位卑未敢忘憂國事定猶須
待闔棺天
地神靈扶
廟社京華父老
望和鑾出師
一表通今古夜
半挑燈更細
看 陸游病起書懷

[shè]

社

甲骨文　金文　篆书　隶书　楷书

去过日本的人一定会对大大小小的神社印象深刻。神社是日本重要的宗教场所，据说在日本，人们日常生活中有烦恼都去神社许愿祈福，婚礼在神社办，死亡的丧事到寺庙办理，所以佛寺往往很肃穆清静，而神社就显得很世俗。

社原指祭祀土地。社的甲骨文就是一个大土堆，人们把土垒成馒头形，供奉在土台上，祭祀土地神。早先的“社”并不需要建造房屋，人们会在祭祀场所植树。这是金文的“社”，增加了祭台，更加明确了对土地敬奉的含义。

中国是农业社会，人们对土地极其尊崇，慢慢地，为土地神盖起寺庙，并以这个建筑为中心建立村落。这个建筑模式一直延续下来，形成了中国城市、村庄左宗右社的格局，即中轴线左边是祭祀祖先的宗庙、祠堂，右边是祭祀土地神的社、土地庙。比如故宫中轴线的左边劳动人民文化宫，是明清的太庙，即宗庙，右边是中山公园，是明清的社稷坛，供奉五色土。

后来，人们以社为中心结成各种集团，就有了结社、会社，祭祀土地神、迎神赛会的日子，就成为节日，叫社日。而这种节日的聚集，叫社会。古代社会在仲春和秋收时举行。

现代汉语的“社会”来自日本，是日本对于西文“society”一词的翻译，被中国采用。这样的词，叫侨归词，意思是它原本是汉字，被其他民族赋予新的含义，最后回归回来。现代汉语的形成时期是清末民初，有很多人赴日本留学，也带回很多日本对西方语言翻译的词汇，如博士、科学、海拔、革命等，最终成为现代汉语的一部分。

[huì、kuài]

会

甲骨文　金文　篆书　隶书　楷书

甲骨文是一个有盖的锅的象形，上面的三角形是锅盖，下面是座台，中间是煮的食物。原义是把肉、米合在一起煮，所以“会”有了会集、相会的含义。

会的甲骨文的不同写法，最后一个字形增加了金字旁，说明这是一口金属的大锅。

我们发现有三个写法加入了代表行走的走之旁，说明这个字义已经不是带锅盖的大锅，而有了人们从四面八方走来会集的含义。一起喝茶叫会茶，一起吃酒叫会酒，一起打猎叫会猎，以及军队会合、会师、会战，等等。

由于这口大锅上下交合，于是引申出交合、交配、符合的含义。一口大锅怎么变成一种能力呢？这还是从大锅锅盖、台座上下相合引申过来的。上下交合严丝合缝，就有了恰巧、适逢的引申义。《史记·陈涉世家》：“会天大雨，道不通，度（duó）已失期。”说正赶上天下大雨，道路不通，算算已经耽误了期限。这个“会”，就是适逢的含义。

由恰巧，引申为“一定”。李白有诗：“长风破浪会有时，直挂

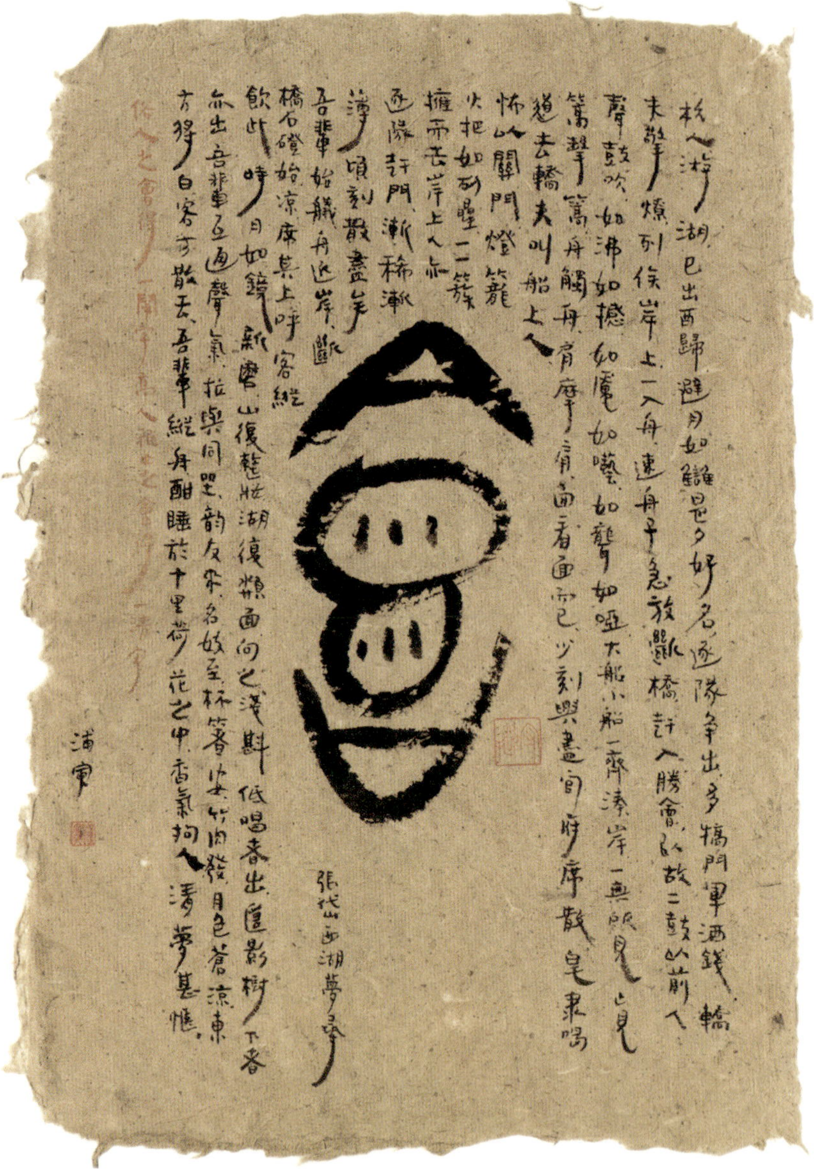
杭人游湖，巳出酉歸，避月如仇。是夕好名，逐隊爭出，多犒門軍酒錢，轎夫擎燎，列俟岸上。一入舟，速舟子急放斷橋，趕入勝會。以故二鼓以前，人聲鼓吹，如沸如撼，如魘如囈，如聾如啞。大船小船一齊湊岸，一無所見，止見篙擊篙，舟觸舟，肩摩肩，面看面而已。少刻興盡，官府席散，皂隸喝道去。轎夫叫船上人，怖以關門，燈籠火把如列星，一一簇擁而去。岸上人亦逐隊趕門，漸稀漸薄，頃刻散盡矣。吾輩始艤舟近岸，斷橋石磴始涼，席其上，呼客縱飲。此時月如鏡新磨，山復整妝，湖復頮面，向之淺斟低唱者出，匿影樹下者亦出，吾輩往通聲氣，拉與同坐。韻友來，名妓至，杯箸安，竹肉發。月色蒼涼，東方將白，客方散去。吾輩縱舟，酣睡於十里荷花之中，香氣拘人，清夢甚愜。
張岱西湖夢尋

云帆济沧海。”这个会，变成了“一定”的意思。

由一定，又引申为“领悟、理解”。李清照在《金石录后序》中描写：“于是几案罗列，枕席枕藉，意会心谋，目往神授，乐在声色狗马之上。”意思是说：将收集来的书籍罗列在几案上，堆积在枕席间，我们心意相会，心心相印，用眼神就能够默契交流，这种乐趣远远超过歌舞、女色、斗狗、赛马这些低级趣味。这是李清照最幸福的日子。这里的会，就有领悟、理解的含义。

从领悟、理解，又引申出“能、擅长”的含义。沈麟《送道士曾昭莹》诗：“南北东西事，人间会也无。”意思是你一个世外高人，人间的事情你会做吗?至于会议，是会集的含义应用，汇集起来商议事情。

会（kuài）计，也是会集的含义的应用，就是把零散的数字会集起来计算。《战国策·齐策》里有一个我们很熟悉的故事：“后孟尝君出记，问门下诸客：‘谁习计会，能为文收责于薛乎？’冯谖署曰：‘能。’”意思是孟尝君拿出账簿，问门下的食客：“谁熟悉会计，能为我到薛邑去收债吗？”冯谖签上名，写了个“能”字。这里的“计会”，就是会集、计算的含义。

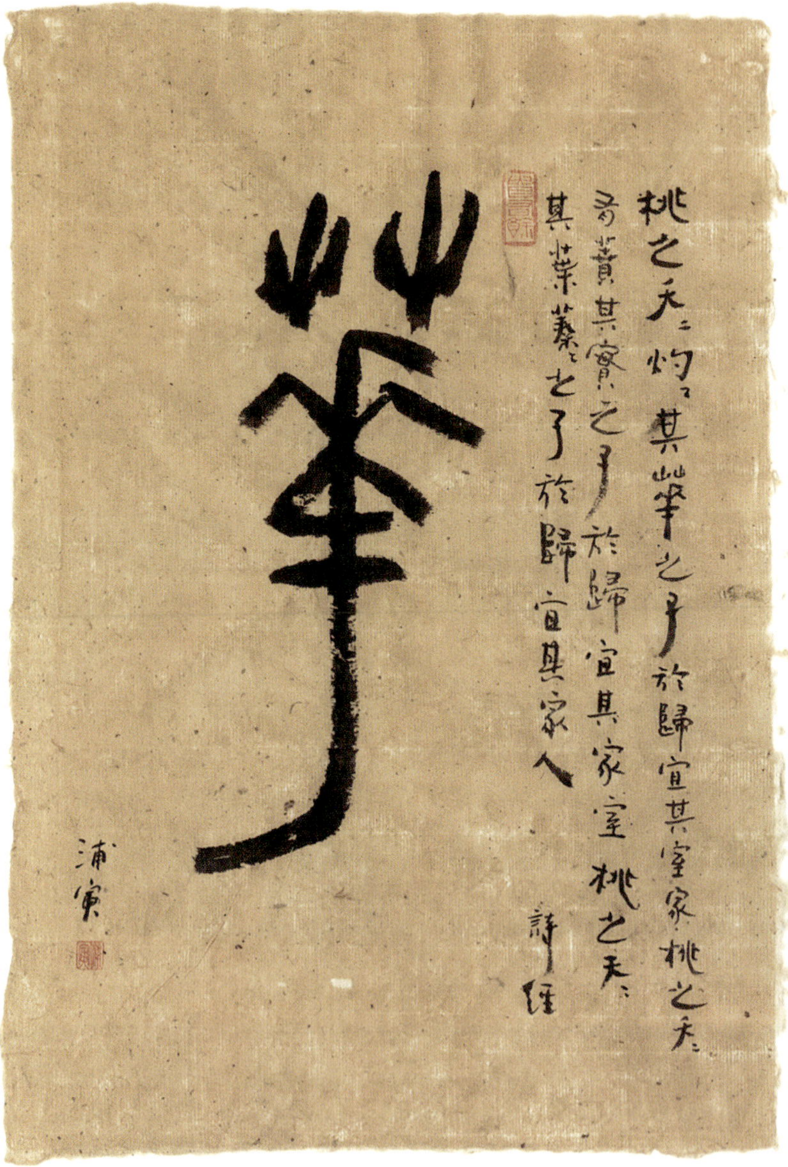
華
桃之夭夭灼灼其華之子於歸宜其室家桃之夭夭
有蕡其實之子於歸宜其家室桃之夭夭
其葉蓁蓁之子於歸宜其家人
詩經
浦寅

[huá、huā、huà]

华

甲骨文 金文 篆书 隶书 楷书

中国也叫中华，中华人民共和国。“中”字我们已经了解了，古人生活在黄河流域的中原地区，他们认为这是天下的中心，由这个中心地区向外扩展，所以叫中国、中华。那“华”是怎么回事？

华的甲骨文是一棵树开满花的样子，原义是树木开的花。金文对甲骨文进行了规整。篆书仍然是树上开花的造型。有的篆书加上了草字头“艸”,成为繁体字“華”的原型。“華”字在隶书阶段分化出“花”字。

由于华的原义是木本植物的花，所以引申为光彩、光辉、华丽、豪华。在文章中形容漂亮的词汇，华章。也是由于花的原义，古人用“华”来形容花白头发。“多情应笑我，早生华发”，这是苏东坡的名句。

距今大约一万年到七千年前，在今天的陕西、甘肃地区，生活着一些母系氏族的族群，其中有以农业为生的华族和以采集狩猎为生的胥族，两个氏族的青年男女在胥水河边踏歌起舞，戏水欢聚，互相通婚，生的孩子由母亲的氏族抚养。两个氏族后来合并为华胥族，华胥族的氏族首领相传踩了雷神的脚印，生下了我们的人文始祖伏羲和女娲。于是这位华胥氏就成为中华民族的“始祖母”，后来的神农、黄帝都是这一支的繁衍。于是，这个民族就称为中华民族。

华胥氏为什么用“华”作氏族的名字呢？有人说是因为华胥族在华山脚下。其实了解了汉字原义就很好理解，华的原义是木本植物的花朵，指明这个氏族的生活方式是由狩猎采集过渡为农业种植，是中国农业社会的开端。

相传华胥氏埋葬在今陕西省西安市蓝田县华胥镇孟岩村，在半坡遗址和陈忠实小说《白鹿原》的故事发生地附近。

华还引申为丝绸服装，即华服。由于率先进入农业社会，并且相传黄帝的妻子嫘祖发明了丝绸纺织，文明程度明显高于周边蛮夷，所以称为华夏。华是着华服，夏是大人，意思是强大的文明部族。华胥、华夏、中华，就是这么沿革下来的。

说到中华，我们总是会想到天安门前的华表，觉得华表和天安门一起，是祖国的象征。

华表古代称诽谤木，是上古君王尧设立的“意见箱”，在一个木头柱子上横钉一块木牌，树立在交通要道上，征集群众意见。古代帝王在宫殿前建立这样的柱子，表明自己纳谏。诽谤原来是个褒义词，古代大臣上奏折说希望君王“开诽谤之路，纳忠说之言”，意思是接受不同意见。后来词性演变，称为不实之词。

天安门前后各有一对汉白玉华表。华表顶上蹲着的动物叫石犼（hǒu），是神话传说中喜欢登高望远的北方食人之兽，下面横插云板，柱身雕刻云龙。华表与天安门同建于明永乐年间，迄今已有五百多年历史。

[shén]

神

甲骨文　金文　篆书　隶书　楷书

甲骨文的神就是一道闪电。在古代，有许多事情古人无法解释，于是就仰望苍天，觉得世上万物都是上天决定的。但上天的旨意体现在哪里呢？那应该就是闪电吧。

闪电可不仅看起来可怕，一个霹雳下来，可以劈死人，还会引发森林火灾，非常恐怖。然而，闪电带来的火也是人类的福音。火烧死了很多野兽，被火烤过的兽肉格外香，还好消化。而且，被火焚烧的林地长出的庄稼也格外茁壮。

闪电既恐怖，又有益，真可谓是上天的意志。《说文解字》：“神，天神，引出万物者也。”所以，闪电的形状就是神的样子。

希腊神话中，最高级别的神——宙斯，就手擎雷电。普罗米修斯为人类盗火，让人成为万物之灵，却遭到宙斯最严厉的惩罚：宙斯令其他的山神把普罗米修斯用锁链缚在高加索山脉的一块岩石上，让恶鹰天天来啄食他的肝脏，而他的肝脏又总是重新长出来，这样的痛苦要持续三万年。

“神”从什么时候开始有了示字旁呢？神既然如此神秘莫测，人类当然要对它礼敬有加，所以就摆上供桌进行祭祀，这就是金文

陽之精氣曰神「禮記」
神也者妙萬物而為言者也「易說卦」
聖而不可知之謂神「孟子」
沛寅

神。

和世界很多古老文化一样，中国人也相信万物有灵，世界上所有的事物都有神负责掌管。后世，人们把无所不包、无所不在的大神称为帝、天，而具体的办事部门则由神来掌管：河神、山神、土地神、财神，等等。

篆书的神将金文的写成，已经不像闪电了。隶书将篆书的写成申。这就是我们今天使用的神字了。

中国文化中，不仅大自然是由神掌管的，人体内部也有神，这就是我们平常说的精气神。这个神，指的是人的意识和灵感。道家养生，讲究炼精化气、炼气化神，就是指通过对身体进行物质性的修炼，涵养你的意识，也就是神，神养好了，就能够强健身体。我们平时说的“闭目养神”就是这个意思。宋代丞相范仲淹在《岳阳楼记》中说：“登斯楼也，则有心旷神怡，宠辱皆忘。”这个神，指的就是人的意识。

闪电加上，是神仙的神。加上雨字头，就是雷电的电。由于闪电很长，并由上往下延展，加上单立人，就是伸展的伸。而由于闪电的神性，本字申就引申为自下而上的请求和表达，比如申请、申诉。申，还被借用为地支第九位，属猴。

古之學者必有師。師者，所以傳道授業解惑也。人非生而知之者，孰能無惑？惑而不從師，其為惑也終不解矣。生乎吾前，其聞道也固先乎吾，吾從而師之；生乎吾後，其聞道也亦先乎吾，吾從而師之。吾師道也，夫庸知其年之先後生於吾乎？是故無貴無賤，無長無少，道之所存，師之所存也。

浦寅

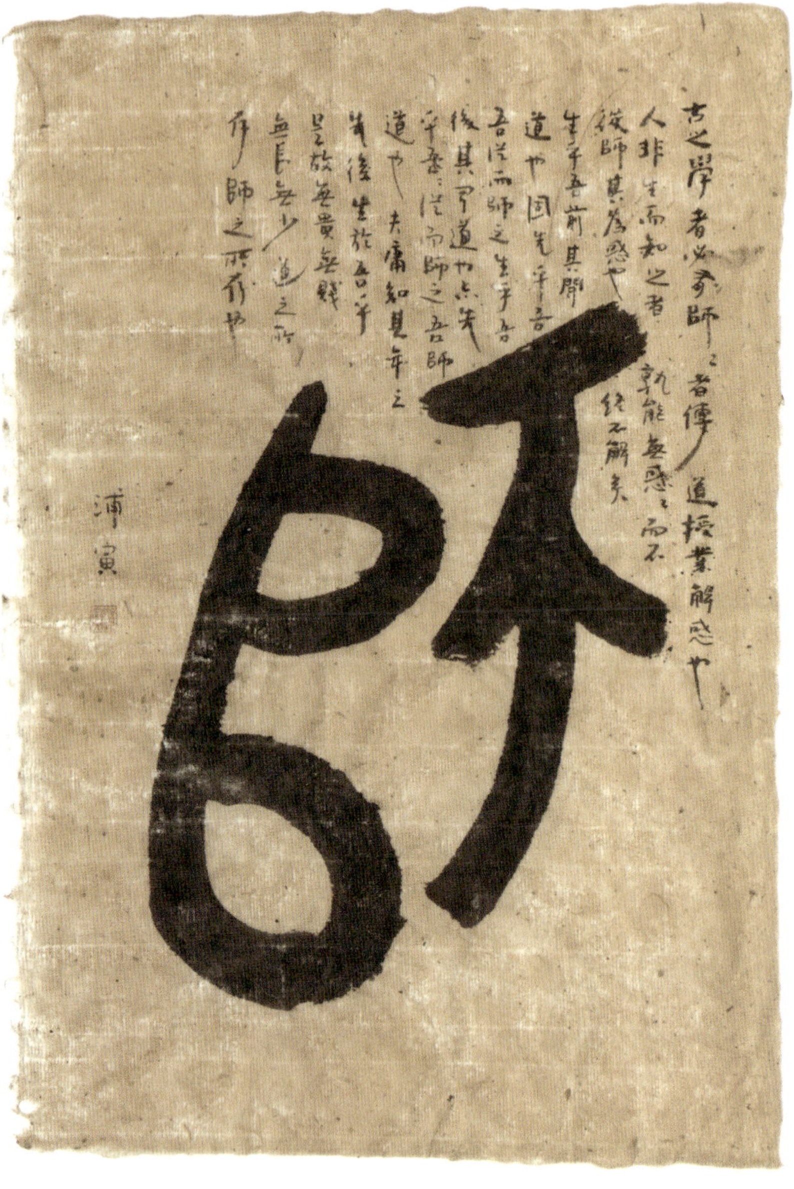

[shī]

师

甲骨文　金文　篆书　隶书　楷书

军棋很多人都玩过，记住军棋棋子的大小，有一个口诀：军师旅团营，连排带工兵。还有一个口号你肯定听过：百万雄师过大江。这里面有一个共同的字，就是“师”，在这里表示军队。但是，我们最熟悉的师都是老师、师父，老师和军队有什么联系呢？

师的甲骨文左边是两个土堆“𠂤”，右边是“帀（zā）”，帀同匝，是环绕一周的意思。合起来表示建造营垒，安营扎寨。有的甲骨文就是一个，在这里是师的简写；金文基本承袭了甲骨文的字形；篆书变化也不是很大；简化字简省笔画师，将正体楷书的𠂤简化成刂。

师的甲骨文原义是军队扎营，引申为军队和军队的编制单位。《论语·先进》中有一段对话，孔子让学生们谈谈自己的志向。“子路率尔而对曰：‘千乘之国，摄乎大国之间，加之以师旅，因之以饥馑；由也为之，比及三年，可使有勇，且知方也。’”意思是，子路抢先回答说：“一个拥有一千辆兵车的国家，夹在大国之间，有外国军队来犯，又遇上饥荒。如果让我治理这个国家，三年工夫，就可以使人人勇敢善战，而且还懂得做人的道理。”子路的志向是治理一个千乘之国的中等国家，内忧外患，用三年就可以稳定下来。这里的“师旅”，就是指军队。

《说文解字》：“师，二千五百人为师。”意思是二千五百人组成一个师。“二千五百人为师”源于《周礼》，这个师不是专指军队，而是一种理想化的兵民一体的编制单位，只有在战时，它才是军队的编制单位。有点像屯垦戍边的生产建设兵团。

段玉裁《说文解字注》：“师，众也。京师者，大众之称。众则必有主之者。”意思是说：师是大众的意思。既然是大众，那就必然有主事的领导。所以一师之众叫师，一师之长也叫师。

段玉裁提到的“京师”，是指天子的都城。“天子所都曰京师。地下之众者，莫过于水，地上之众者，莫过于人，京大师众也。”意思是说：地底下最多的是水，地上人最多的地方是天子的都城，所以天子的都城叫京师。

一师之长既是领导者，又是负责训练的教官，所以师就引申为教官，教师。有句话我们都会背，韩愈在《师说》中说：“古之学者必有师。师者，所以传道受业解惑也。”这里的“师”，就是教师的意思。

“师”由于地位崇高，所以就引申为效法、榜样的意思，比如师法古人，师范。对于有特殊技能的人，也用“师”来尊称，工程师、技师、厨师。而确实需要表达尊敬的人，也一定会用到“师”字：禅师、法师、大师。

在我们今天的社交场合，如果你拿不准怎么称呼对方，不管男女，你都可以叫声老师，大体不会失礼。

[péng]

朋

甲骨文　金文　篆书　隶书　楷书

我们谈到月字旁，说隶书把“肉”写成“月”，以至于月字旁的汉字大都与月无关，而是与肉有关。于是可能就有一个疑问：那两个月（肉）字在一起怎么就成了朋友的朋呢？两个“人”在一起都不是朋友，两个“月”在一起就变成朋友了？

甲骨文的朋不是两块肉，而是两串玉串系在同一根绳子上，形成一挂玉串。礼字里也有两个玉串，这是把玉连成串，敬献神灵。两个肉叠加在一起是另一个字：多。有了用贝做的货币以后，这个原本是玉串的字借用为古代货币单位，五个贝穿成一串叫一系（xì），两系为一朋。

《周易·损》里有：“十朋之龟。”意思是用十朋钱换回的一只乌龟。《诗·小雅·菁菁者莪》：“既见君子，赐我百朋。”汉代经学大师郑玄笺曰：“古者货贝，五贝为朋。赐我百朋，得禄多，言得意也。”意思是古代用贝作货币，五个贝为一朋。“赐我百朋”，是说得到很多钱，两情相悦。

但上文不是说五个贝叫系，两系连在一起叫朋吗？没错，但汉代的郑玄和许慎一样，也没见过甲骨文。从甲骨文的造型来看，咱

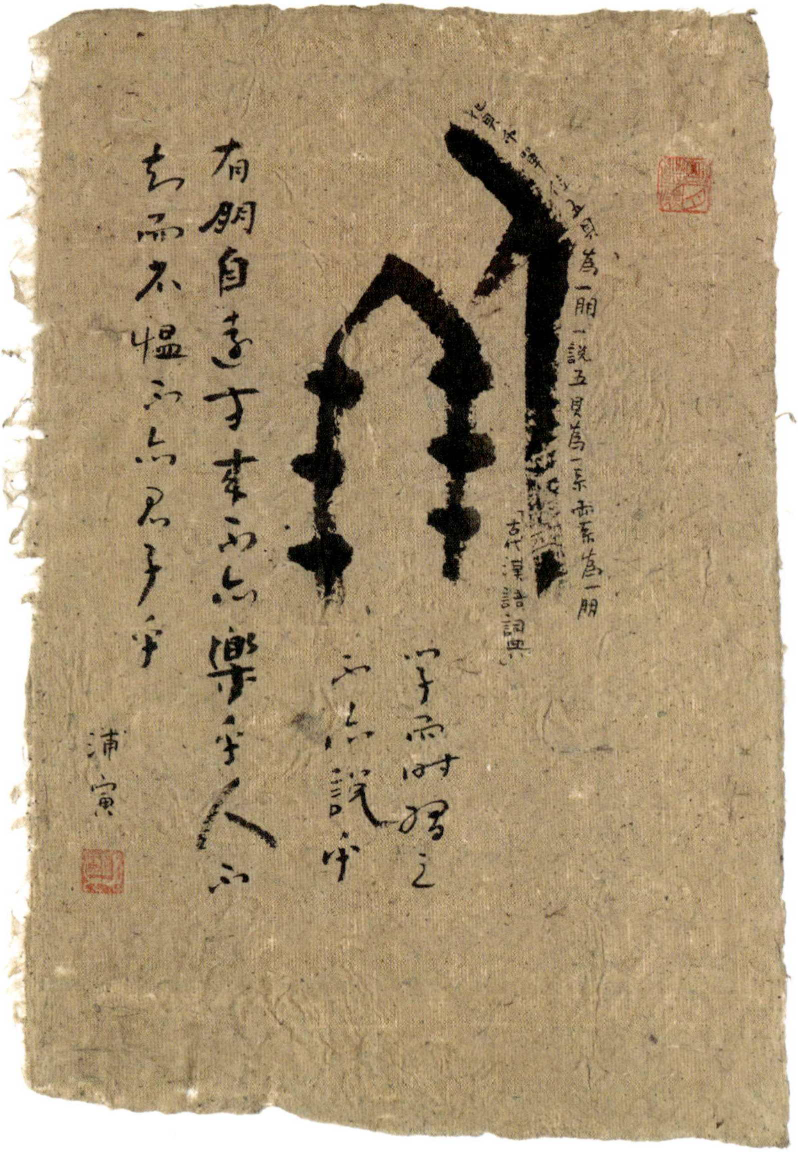
學而時習之
不亦說乎
有朋自遠方來不亦樂乎人不
知而不慍不亦君子乎
「古代漢語詞典」
浦寅

们的说法是对的。

《说文解字》按照小篆字形解读："朋，古文凤，象形。凤飞，群鸟从以万数，故以为朋党字。"意思是说：朋是古文的凤的形象，凤飞起来，数以万计的群鸟都会跟从，所以用为朋党的意思。

金文承续甲骨文字形。篆书把玉串变成并列的羽毛强调并列含义。隶书在篆书字形基础上有所变形，简化成两个"月"。朋由于两串紧密并列的特点，就引申为关系很好的人。《论语·学而》："有朋自远方来，不亦乐乎？"郑玄注《大司徒》云："同师曰朋，同志曰友。"其后"朋""友"均指朋友。

在古代，朋在很多时候是个贬义词。朋比为奸、朋党。同师曰朋，朋党原义是指因为个人利益组成的小圈子。后来士大夫在朝廷中结成的不同派别也叫朋党。同门、同年或同乡最容易结成朋党。

在封建统治者看来，所有人都应该围绕自己一心一意，不应该有自己的小山头、小圈子，所以朋党历来遭到贬斥。这种朋党之争是古代版的扣帽子、打棍子，一旦给你贴上标签，那就无情打击。

我们熟悉的大文豪苏东坡就比较倒霉，王安石的新党给他贴上守旧党的标签，遭到打击。旧党上台，又给他贴上同情新党的标签，同样遭到打击。北宋朋党之争发展到最高峰，是宋徽宗时，把元祐、元符年间司马光、文彦博、苏轼、黄庭坚、秦观等三百零九人列为奸党，将姓名刻石颁布天下。有点像古罗马把一些人宣布为人民公敌，天下共讨之，并且勒石刻碑，让他们遗臭万年。

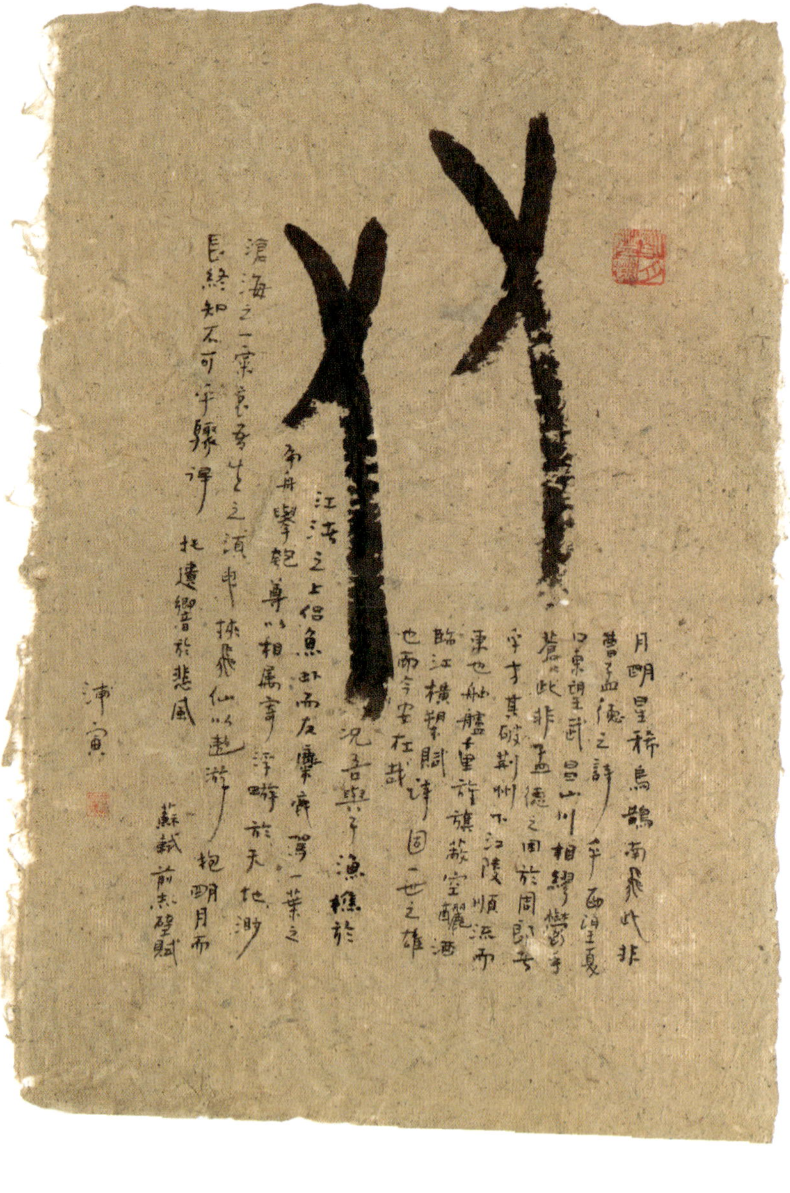
月明星稀烏鵲南飛此非
曹孟德之詩乎西望夏
口東望武昌山川相繆鬱乎
蒼蒼此非孟德之困於周郎者
乎方其破荊州下江陵順流而
東也舳艫千里旌旗蔽空釃酒
臨江橫槊賦詩固一世之雄
也而今安在哉
況吾與子漁樵於
江渚之上侶魚蝦而友麋鹿駕一葉之
扁舟舉匏尊以相屬寄蜉蝣於天地渺
滄海之一粟哀吾生之須臾挾飛仙以遨遊抱明月而
長終知不可乎驟得托遺響於悲風
蘇軾前赤壁賦
沛寅

[yǒu]

友

甲骨文　金文　篆书　隶书　楷书

友，从简化字的字形看，已经很难想象出甲骨文原来的样子。

甲骨文的友是两只一样的手平行抓握在一起，表示握手结交、合作。金文承续了甲骨文字形。篆书把并列的两只手调整为上下结构，还是两只手握在一起。变化比较大的是隶书，手变成了一横一撇，手的形状消失了。到楷书友，就已经看不出两只手握在一起了。

《说文解字》："友，同志为友。从二又。"意思是说：志向相同的人相交是友。他还列出另外两个古文"友"的写法："，古文友。，亦古文友。"这两个字形，第二个更有意思，在并列的两只手下面，加了一个曰，表示说话，进一步诠释了交友的要点，那就是要有充分的交流和协调。

至于篆书为什么要把两只手的并列结构调整为上下结构，可能并列象征平等，而上下就有了尊卑。也许这就是现实吧，平等交流的朋友毕竟是理想化的，现实的朋友总有高下尊卑，而这种高下之别，是最伤害朋友感情的。

春秋时期有两个朋友之交是最能反映"友"的原义的。有个叫鲍叔牙的结交了一个别人眼中不靠谱的朋友，一起做生意。那哥们儿出钱少，分的却多，而且按照他的点子办事，一办就砸。这哥们儿当公务员不成，三次被罢免，当兵也不成，临阵脱逃。其他人都劝鲍叔牙，别跟这种不靠谱的人交往。鲍叔牙每次都解释，他家穷，又有老母亲要照顾，所以多分钱、当逃兵都是顾家，至于不靠谱的主意，那是时机不好。鲍叔牙坚信他这位朋友必成大事。

最不靠谱的是那哥们儿射了鲍叔牙辅佐的公子小白，也就是齐桓公一箭，幸亏射在带钩上没伤着。齐桓公当然要报一箭之仇，被鲍叔牙拦下，说这是大大的人才，您应该不计前嫌重用他，让他做丞相，我来辅佐他。这回，终于靠谱了。他这位朋友辅佐齐桓公成为霸主，他本人也成为中国历史上最伟大的政治家之一，就是管仲。

历史上专门有一个成语称他们两个的友谊:管鲍之交。管鲍之交有多深厚?鲍叔牙死后，管仲在墓前大哭，说:“生我者父母，知我者鲍叔牙。”

[jué]

绝

甲骨文　金文　篆书　隶书　楷书

绝，是个极端的字，断子绝孙，多恶毒的诅咒。有种解读认为，贪官一沾上色，就绝了。那用绞丝旁的绳子把色捆起来，就可以断绝错误吗？

甲骨文的绝是两缕丝线中间各加一短横，表示将丝线割成两段。金文则在两组丝线之间加一把刀，明确表示用刀割断丝缕。

慈母的慈，也有两缕丝线，是“兹”，表示草木繁盛生长，引申出生殖繁衍、生生不息的意思。由“兹”组成的字，很多都与繁育后代有关。慈是母亲的爱。孳是孳生、繁殖生长的意思。滋是滋生、滋养的意思，又引申出味道、滋味的意思。继，是连接、继承。这些字都与繁衍有关，割断丝线已经令人痛惜，而切断了繁衍和继承，就是断子绝孙了。可见“绝”这个汉字有着强烈的感情色彩。

金文绝看起来更像断绝的断，那怎么成篆书绝了？这就是汉字的细分现象。绝和断都来自金文，断是在金文基础上加上了一个表示斧子的斤，表示用斧头砍断物品。而绝是将两束丝

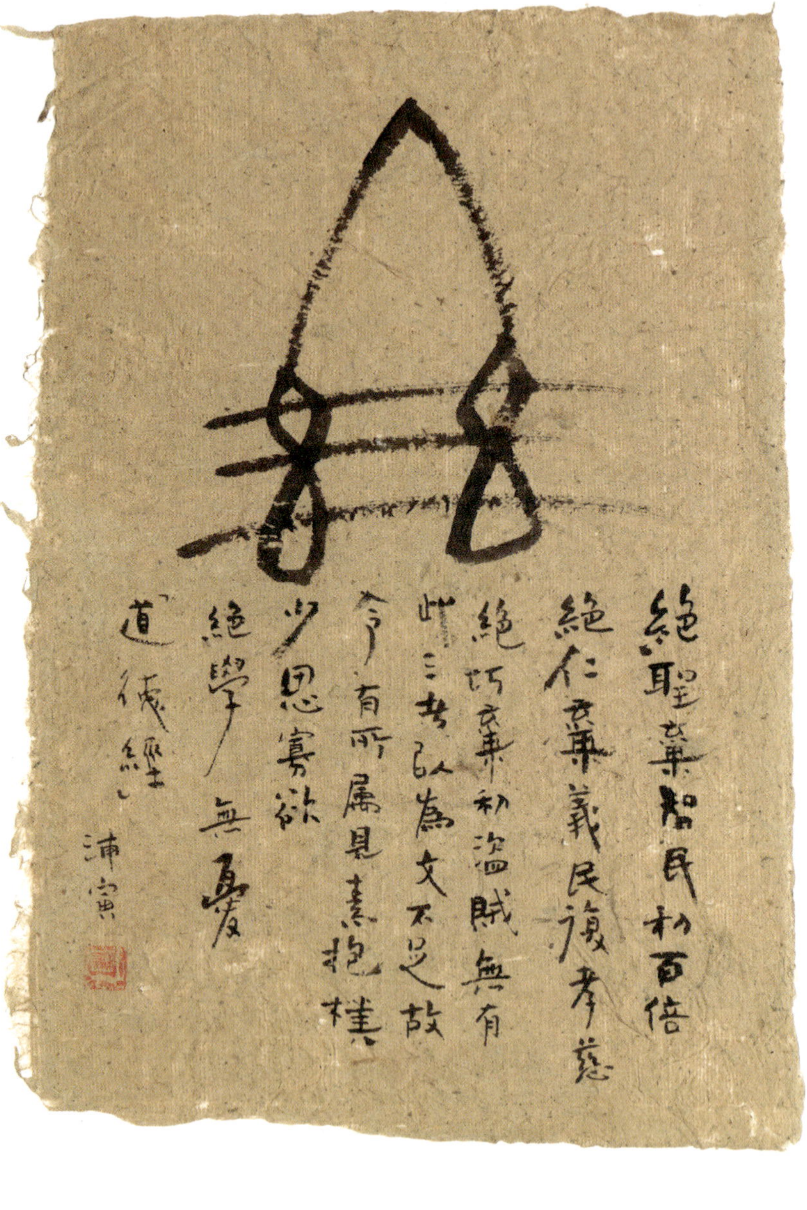
絕聖棄智民利百倍
絕仁棄義民復孝慈
絕巧棄利盜賊無有
此三者以為文不足故
令有所屬見素抱樸
少思寡欲
絕學無憂
道德經
沛寅

线规范成绞丝旁，加上刀，保留了“用刀割断”的原义，又加上一个人形，扩大了字义，表示这样的割断是与人的遭遇有关的。

需要注意的是，虽然这个色的字形与颜色的色很接近，但是和今天颜色的色并不是一个字，颜色的色的上部是人形，而绝字中的色是刀。之所以不一样，是因为，隶书的误将篆书字形中的写成了色。所以，绝不是用丝线把“色”捆起来，而是用刀斩断丝线，引申为割断血缘继承。

《三字经》：“昔孟母，择邻处，子不学，断机杼。”说的是孟母为了孟子的学习，三次搬家选择对孩子有益的环境，并经常督促孟子勤奋学习。有一天，孟子从老师那里逃学回家，孟母正在织布，她看见孟子就非常生气，拿起一把剪刀，把织布机上的布匹割断了。孟子看了很惶恐，问原因，孟母说：“你读书就像我织布一样，织布要一线一线地连成一寸，再连成一尺，再连成一丈、最后成一匹，织完后才是有用的东西。学问也必须靠日积月累，是不分昼夜勤求而得来的。你如果偷懒，不好好读书，半途而废，就像这段被割断的布匹一样变成了没有用的东西。”

孟母用如此决绝的行为，告诉孟子一个道理：中途荒废学业，那以前的所有努力也就废了，绝了。

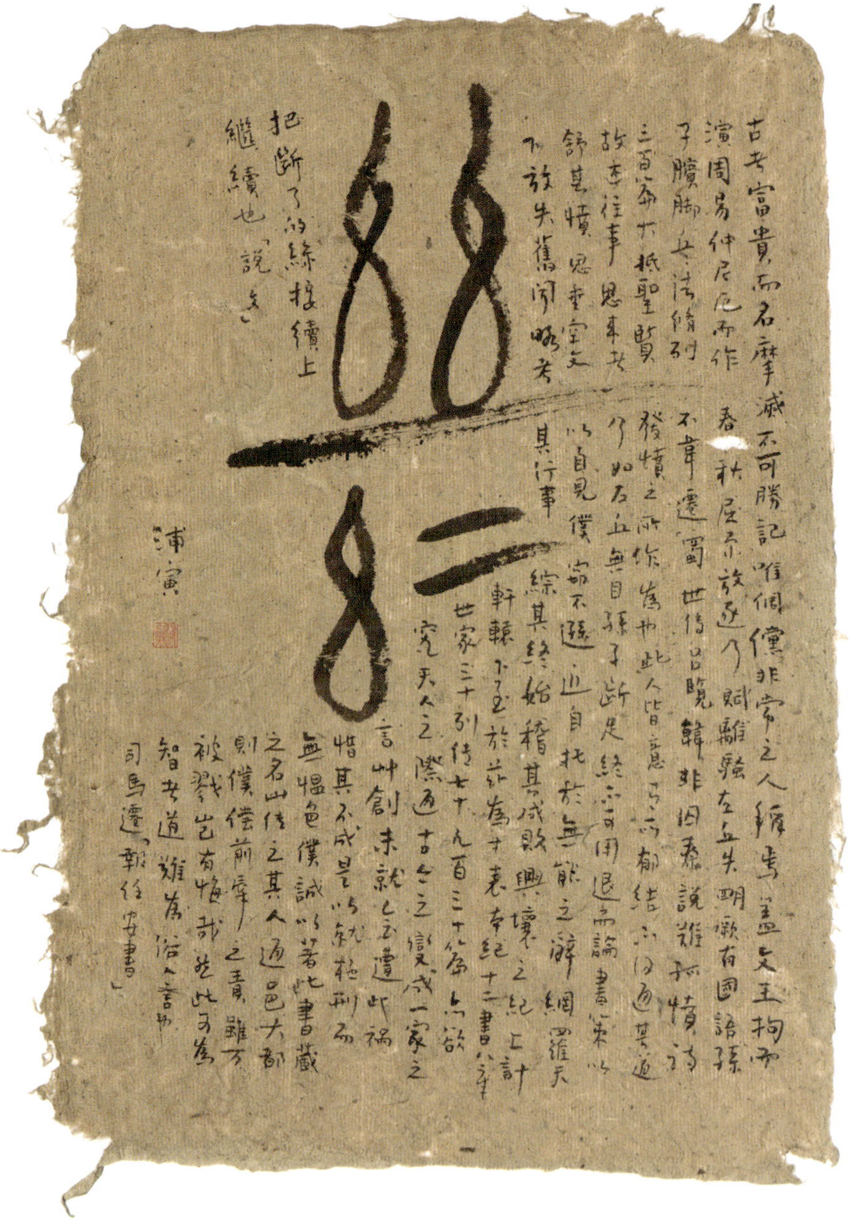
古者富貴而名摩滅不可勝記唯倜儻非常之人稱焉蓋文王拘而演周易仲尼厄而作春秋屈原放逐乃賦離騷左丘失明厥有國語孫子臏腳兵法脩列不韋遷蜀世傳呂覽韓非囚秦說難孤憤詩三百篇大抵聖賢發憤之所作為也此人皆意有所鬱結不得通其道故述往事思來者乃如左丘無目孫子斷足終不可用退而論書策以舒其憤思垂空文以自見僕竊不遜近自托於無能之辭網羅天下放失舊聞略考其行事綜其終始稽其成敗興壞之紀上計軒轅下至於茲為十表本紀十二書八章世家三十列傳七十凡百三十篇亦欲究天人之際通古今之變成一家之言草創未就會遭此禍惜其不成是以就極刑而無慍色僕誠以著此書藏之名山傳之其人通邑大都則僕償前辱之責雖萬被戮豈有悔哉然此可為智者道難為俗人言也
司馬遷報任安書
把斷了的絲接續上
繼續也「說文」
浦寅

[jì]

继

甲骨文　金文　篆书　隶书　楷书

金文继，是绝，表示被割断的丝线少了一截，加下面的指示符号二，表示将两截被切断的丝再连接起来。丝线不仅表示蚕丝，也引申为血脉繁衍。

血脉繁衍在远古是大事，另一个汉字“好”，就是从女人生养孩子是公认的好事而来。在母系社会，女人拥有主导权，孩子只知其母不知其父。而随着生产力的发展，男人在农业生产中发挥越来越重要的作用，男人的男就是一个代表力量的犁铧和田地组成的。这个时候，男人开始要求有自己的血脉。父亲的父就是一只手握着生殖器官，在宣示生殖权。

篆书继是一个表示丝线的绞丝旁，加上一个绝，合起来也是表示将割断的丝线连接起来。

男人要接续自己的血脉，就要从女人手里抢，因为抢孩子没有用，你也不知道孩子到底是谁的。妻子的妻，就是一只手抓住了女人的头发，抢女人为妻。其实，这可不是中国独有的，世界上很多古老民族都有这样的风俗。

公元前 8 世纪，古罗马建城初期，罗马城的创建者罗慕路斯热情地邀请居住在附近的萨宾人参加罗马的祭祀活动。在祭祀活动达到高潮时，罗马人突然发难扣押了大批萨宾妇女。

萨宾人当然不会善罢甘休，罗马人与萨宾人开始了长期的战争。这种连绵不断的战争引起萨宾妇女的恐惧，为了不使自己的父兄和已经成为她们丈夫的罗马人继续牺牲，于是她们抱着孩子冲入战场，最后双方罢兵言和。

这正是法国画家雅克·路易·大卫的名作《劫夺萨宾妇女》的故事缘起，也表明繁衍后代的重要性。

至今欧洲国家仍然保留一个习俗，结婚的时候，新郎要抱着新娘跨过门槛。这个习俗也是源于罗马劫夺萨宾妇女的传说。

[xù]

绪

甲骨文　金文　篆书　隶书　楷书

绪，甲骨文字形是一个绞丝旁加上一个者，者就是煮，表示煮丝，本义是蒸煮过的生丝。蒸煮生丝是加工丝品的第一步，因而被引申出开端之义。

中国的丝绸文化是怎样开端的呢？

传说黄帝的妻子嫘（léi）祖有一段时间胃口不好，女伴们很着急，有一天她们在桑树上发现了一些白色的果实。桑葚是黑色的，是古人重要的食品。白色的果实是不是更加美味呢？女伴们采回去一尝，咬不动，也没什么味道，然后她们试着把这种白色的果实放到锅里煮，用棍子搅拌，就牵出闪闪发亮的丝线。嫘祖回来看到这个情形，就到桑林细心考察，发现这是蚕虫吐丝结成的蚕茧，用水煮过以后就能牵拉出丝线，这就是最早的缫（sāo）丝，也是汉字“绪”的原义。嫘祖由此发明了纺织丝绸。

1926 年，我国考古工作者在山西夏县西阴村新石器时代遗址发掘到割得很平整的半只蚕茧，由此推定在距今七千年至五千年的仰韶文化时期，黄河流域的养蚕业就已经存在，也印证了“嫘祖始蚕”的传说。

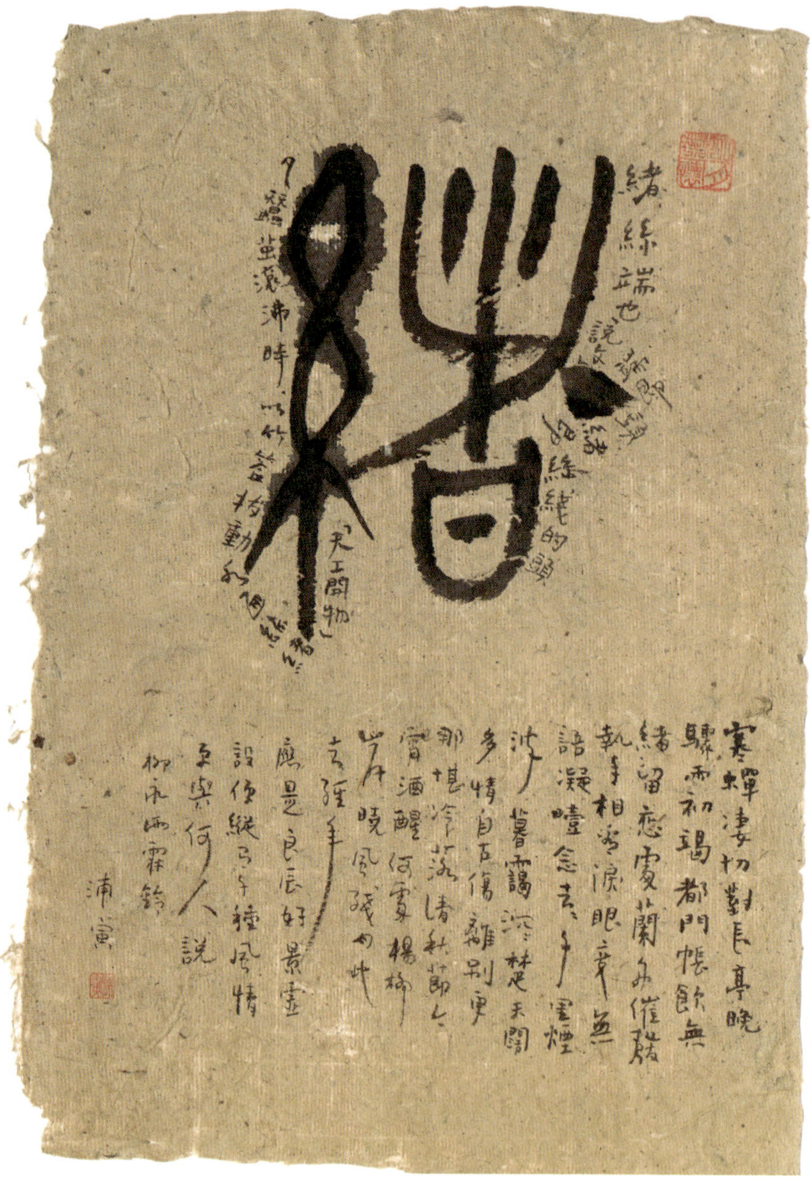
寒蟬淒切對長亭晚
驟雨初歇都門帳飲無
緒留戀處蘭舟催發
執手相看淚眼竟無
語凝噎念去去千里煙
波暮靄沉沉楚天闊
多情自古傷離別更
那堪冷落清秋節今
宵酒醒何處楊柳
岸曉風殘月此
去經年
應是良辰好景虛
設便縱有千種風情
更與何人說
柳永雨霖鈴
浦寅

丝绸的丝是个象形字，甲骨文像两根两端打了结的丝线。《说文解字》：“丝，蚕所吐也。”明确说丝是蚕丝。而打成两束，说明这不是自然状态的丝，而是加工过的丝线。在古汉字里，丝，特指蚕丝；线，特指麻线。采用丝字旁作偏旁的汉字有三百多个，间接和丝有关的字就更多了，说明丝织对中国社会的重要性。

在颐和园西北边，有一处“耕织图”景区，是乾隆皇帝下令根据古代耕织图的画意修建的，反映男耕女织的图景。建好以后，乾隆皇帝将宫廷内务府织染局迁到此处，实际生产皇家丝织品，产品都绣有“耕织图”标签。把实际景观画成图画，这很自然。把图画变成实物，则非常少见，反映了封建时代对男耕女织农业生产的鼓励。

头绪，是煮丝牵出的线头，这美丽的线头，牵出了中国古代男耕女织的生活方式，也牵出了中国丝绸的辉煌。

3

精神篇

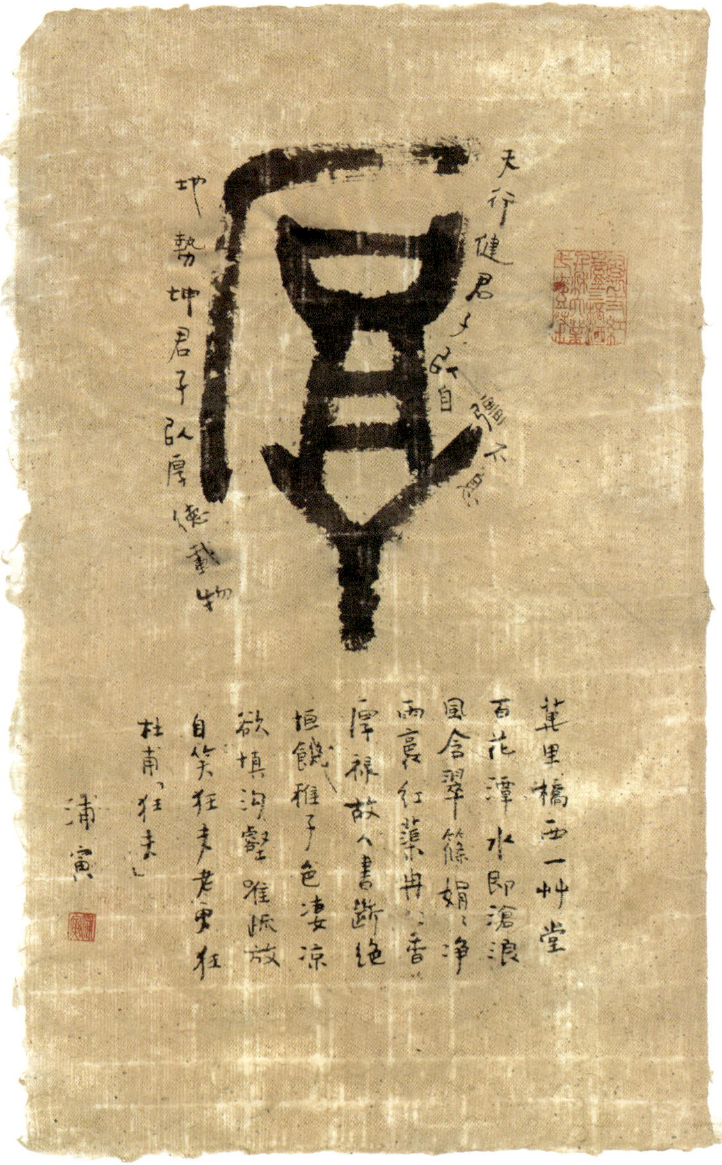
厚
天行健君子以自强不息
地势坤君子以厚德载物
萬里橋西一艸堂
百花潭水即滄浪
風含翠篠娟娟淨
雨裛紅蕖冉冉香
厚祿故人書斷絕
恒饑稚子色淒涼
欲填溝壑惟疏放
自笑狂夫老更狂
杜甫狂夫
浦寅

[hòu]

厚

甲骨文　金文　篆书　隶书　楷书

厚字的解读有好几种，甲骨文的厚，由和组成，对这两个字符，专家有不同的理解。

第一种说法，指山崖，是“享”，是的倒写，“享”是祭祀的庙堂，倒着写表示祠堂阴间的祭殿，就是凿岩为墓，此为厚葬。《说文解字》：“厚，山陵之厚也。”就是这种观点。但是，商代实际上并没有这种凿山厚葬的传统。在商代早期，丧葬的习俗是在地上挖个坑，将遗体葬入后，面上盖上树枝，并不填土。所以吊丧的吊是一个箭上有丝线的弓箭，是专门射鸟用的。吊丧的人来到墓地，带上弓箭以免鸟儿啄食亲友的尸体。商代晚期开始有了封土，也有了大量陪葬品的厚葬，但那时还没有凿山为陵的现象。所以这个解释存在问题。

第二种说法，在山崖上打洞，洞打得越深越好，叫作厚。第三种说法，厚由三部分组成：小石片、大石块、山崖，用这种递增来表示厚的意思。

普遍得到承认的解释是，这个字符是广，是有三面围墙，一面敞开的大殿，是祭祀和集会的场所。是尖底的酒瓶，是祭祀专用的酒，合起来表示祭祀的供品就像老酒一样醇厚，表示祭礼丰厚，诚心诚意。进而引申出人品的厚道和物理上的厚薄。

金文厚突出了尖底酒瓶的尖底。篆书变形较大，原来的尖底成了一个台子，隶书厚则误将篆书的写成“子”，使本义线索完全消失。

厚的特征很像大地，所以厚德、厚道就成为古人推崇的重要品德。但厚道并不等于老实。战国时期孟尝君的故事可以很好地说明这个问题。

孟尝君号称门客三千，以“好客养士”“好善乐施”而闻名。但碰上冯谖这个怪人，还是很考验一个人的宽容度的。冯谖来了，寸功未立，也不说有什么本事，就开始闹待遇，弹着剑，“食无鱼”“出无车”“无以为家”，说伙食不好没有鱼，出门没车，家里老母亲没人奉养。有了车还到处去炫耀，一副无赖嘴脸。

这些要求孟尝君都一一满足。孟尝君让他去收租，结果他居然把债券当众给烧了。说您不是说让我买点家里缺的东西吗？我看您啥都不缺，就缺人心。孟尝君气得要命，但毕竟厚道，只是淡淡地说，先生去休息吧。

冯谖此举，叫作焚券市义，意思是烧掉债券，买回仁义。孟尝君后来丢了官，回到封地，受到老百姓的热烈欢迎，就是源于冯谖焚券市义。后来冯谖还帮助孟尝君东山再起。说起来，这是得益于孟尝君的宽容厚道，性格决定命运。但从另一个角度说，冯谖焚券市义，加厚了孟尝君的群众基础，吃亏是福，这也是厚德，厚德就能载物。

[dé]

德

甲骨文　金文　篆书　隶书　楷书

日常用语中，有一些我们并不了解其原义，比如骂人话“王八蛋”,原义是“忘八端”。什么是八端？按照儒家的解释,八端是指孝、悌、忠、信、礼、义、廉、耻。忘八端说白了就是缺德。

甲骨文的德，是一个十字路口中间有一个眼睛，眼睛上面还有一条直线，这是曲直的直。合起来表示在大路上行走，目标坚定，绝不曲折犹疑。有的甲骨文德将十字路口“行”简化为双立人“彳”，意思不变。

德的本义是行为正直，不搞歪门邪道。到了金文，德的字义发生了变化。金文的德在甲骨文眼睛上的一条直线上加上了一点，写成，强调这条直线是重点。

有的金文，德加上了“心”，表明这不仅是行为，更是心灵的修养。因为强调了心灵，德的分量越来越重，德高望重、感恩戴德、功德圆满，甚至以德报怨。

关于“德”的历史故事有很多。

娄师德是武则天时期的宰相。他弟弟被任命为代州刺史，来向他辞行。娄师德嘱咐弟弟一定要低调，他弟弟说：“放心，就算有人

有女同車 顏如舜華
將翱將翔 佩玉瓊琚
彼美孟姜 洵美且都
有女同行 顏如舜英
將翱將翔 佩玉將將
彼美孟姜 德音不忘

《詩經》

清寅

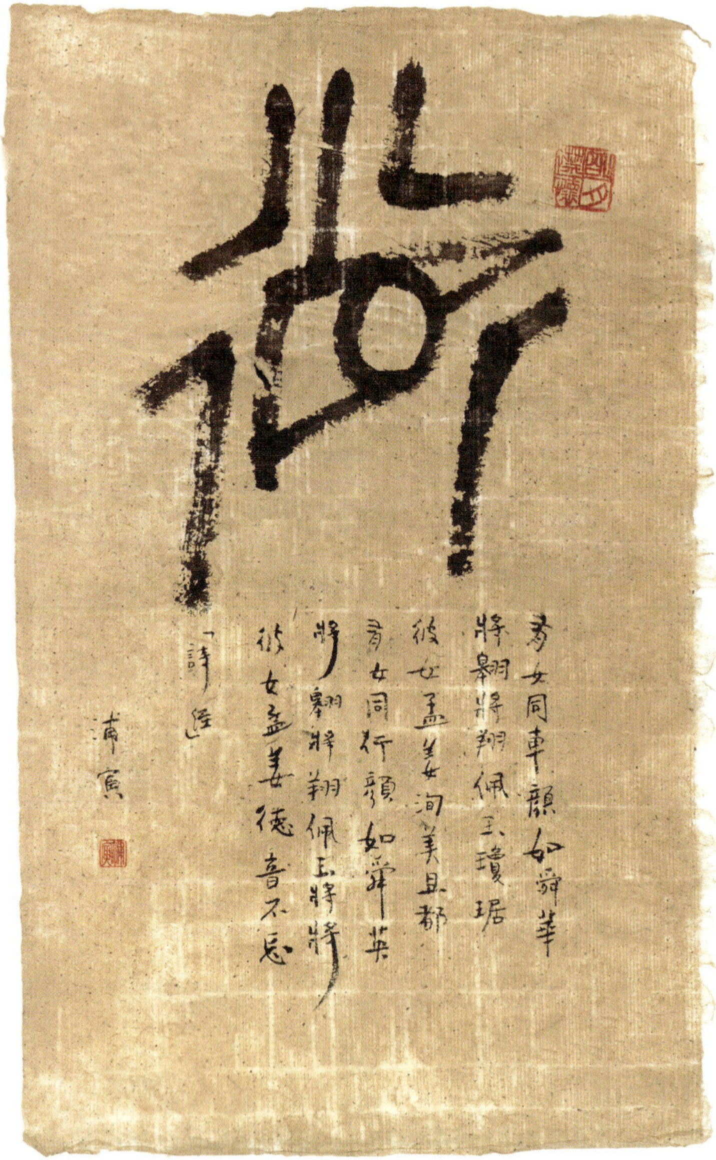

往我脸上啐唾沫，我擦了就算了。”娄师德说：“那哪行，你擦了，人家觉得你不服，该妒恨你还是恨你。你应该让那唾沫自己干。”这就是唾面自干的典故。类同于基督教打左脸给右脸的意思。

这种以德报怨的态度，孔子其实是不认同的。《论语·宪问》：“或曰：‘以德报怨，何如？’子曰：‘何以报德？以直报怨，以德报德。’”学生问孔子：“人家欺负我，我用道德感化他，如何？”孔子说：“你用德来回报怨恨，那你用什么来回报有道德的人呢？正确的做法是：用正直来回报怨恨，用道德回报道德。”正直行世，是德的甲骨文本义。

关于“以直报怨”的解读有不同版本，另有一种说法，说“直”是“等值”的意思。

“二战”结束以后，由美、中、英、法、苏等 11 国指派的 11 名法官组成远东国际军事法庭，在日本东京，对第二次世界大战中日本首要甲级战犯进行了国际大审判，史称东京审判。

东条英机、广田弘毅、土肥原贤二、板垣征四郎、松井石根、武藤章、木村兵太郎被判绞刑，木户幸一等 16 人被判处无期徒刑，东乡茂德被判处 20 年徒刑，重光葵被判处 7 年徒刑。7 人绞刑于 1948 年 12 月 23 日在东京巢鸭监狱执行。

东京审判从 1946 年 5 月 3 日开始，到 1948 年 11 月 12 日结束，前后持续两年多，共开庭 818 次，有 419 名证人出庭作证，受理证据 4336 份，英文审判记录 48412 页。整个审判耗资 750 万美元。从 1948 年 11 月 4 日起宣读长达 1231 页的判决书，到 12 日才读完。

这不是简单的复仇和传统意义上的冤冤相报，而是严格按照国际法，对这些恶贯满盈的战争罪犯进行公正、公开、严谨的审判，对恶人不姑息，也绝不意气用事。

这应该就是“以直报怨”的另一种解说。

[zǎi、zài]

载

缺 

甲骨文 金文 篆书 隶书 楷书

金文载是一个“𢦏”字符，表示兵灾，战争带来的灾难。加上一个“车”，表示用车装运。灾和车合起来，表示军队装运人员物资，进行战争。

还有一种解释，说𢦏字符解释为持戈猎手，护卫运输货物的车辆。因为商周时期人口密度很低，城际间的运输常常受到野兽和他族匪寇的袭击。此说也有一定道理，但考虑到𢦏这个字符兵灾的原义，可能还是运载人员物资上阵打仗比较合理。运输从来都是一个国家的命脉，在古代，马车、牛车是最有效的运载工具，所以一辆车的载重也成为计量单位。一车所载的容量为一载。篆书承续了金文字形。隶书将篆书字形中的“才”写成“十”。载这个字从此定型。

《说文解字》：“载，乘也。”意思是人乘车。随着时代的发展，载的用法越来越灵活。不仅可以载看得见的货物：“黔无驴，有好事者船载以入。”（柳宗元《三戒》）用船装载货物，船本身也被承载：水能载舟亦能覆舟。还可以载情绪，怨声载道：只恐双溪舴艋舟，载不动许多愁。甚至记录历史：永载史册、文以载道。

我们现在用学富五车来称誉一个人知识渊博、才学高深。“五车”

倚筒炊煙綠野澄亭液添

流 每度棄汚任己懷

泄不盡貪婪樓空盡來

無憂六隱憂

倒海挑山易灣多

崖斷壩雜惺岸

戰尸不復舟

晨清逝通萬物六起聲日濤捲整約

左河水破陣子 江河多

老清

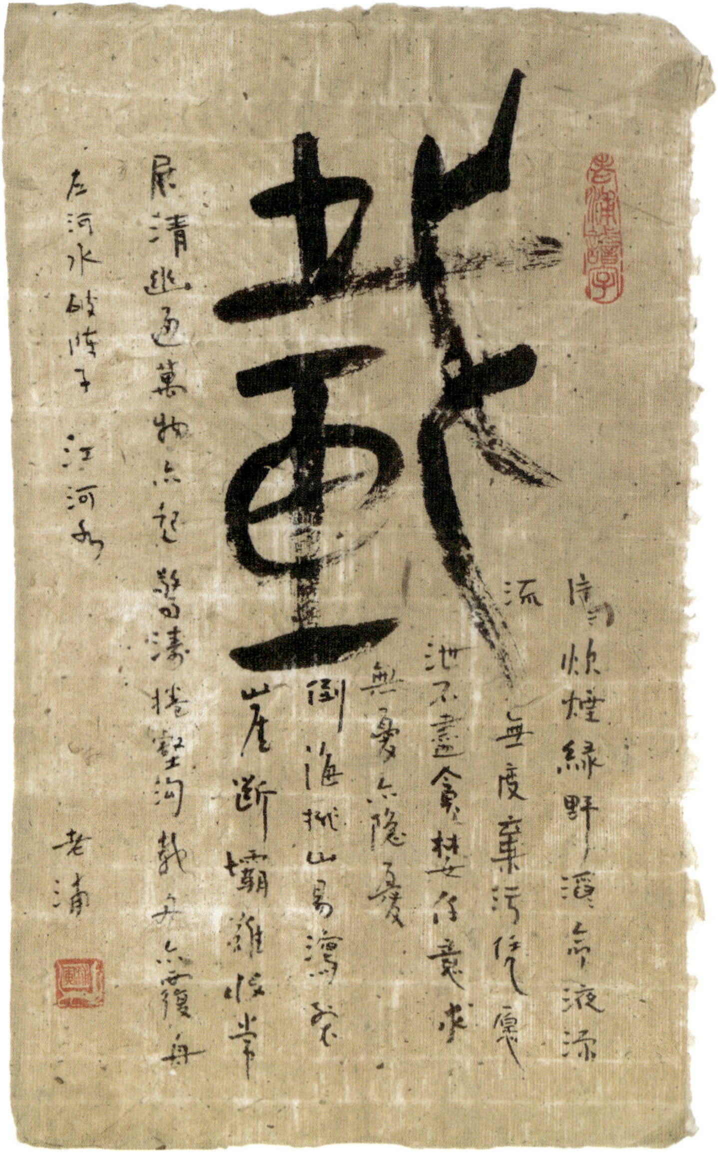

出自《庄子·天下》篇："惠施有方，其书五车，其道舛驳，其言也不中。"说的是战国人惠施方术甚多，却杂乱不纯，而且言而不当。所谓"其书五车"是指他的藏书丰富可装五车。古时的书是用竹简制成的，五车藏书也可谓"饱学之士"了。但庄子认为，一个人的知识其实不在多，而在精纯，所以即使学富五车，也算不上什么。一个人的学识是很难量化的，这个典故给一个人的知识储备一个标准数量，五车。

载的引申义最终是借用为纪年单位，这时候念zǎi。据《尔雅·释天》："夏曰岁，商曰祀，周曰年，唐虞曰载。"唐虞是唐尧与虞舜的并称。这里指尧与舜的时代，古人以为太平盛世。那时候一年叫一载。现在有时候还这么用，三年五载。

岁月应该是最有分量的。载这个字，真是越载越重。

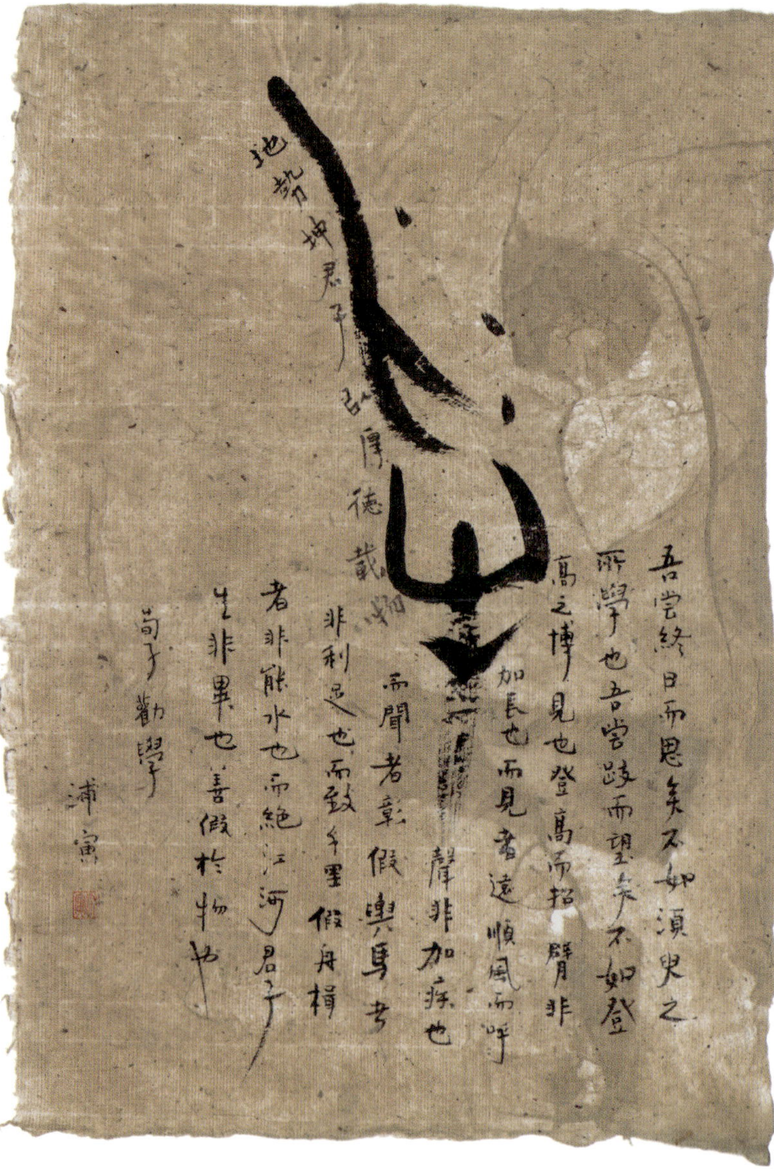
吾嘗終日而思矣不如須臾之
所學也吾嘗跂而望矣不如登
高之博見也登高而招臂非
加長也而見者遠順風而呼
聲非加疾也
而聞者彰假輿馬者
非利足也而致千里假舟楫
者非能水也而絕江河君子
生非異也善假於物也
荀子勸學
地勢坤君子以厚德載物
浦寅

[wù]

物

厚德载物，这个物，很明显是指世界上所有的物质和事物，是一个很大的概念，那为什么是牛字旁？一个牛，能承载这么沉重的概念吗？

甲骨文的物是一个牛加上一个勿字。关于这个字形，专家们有不同的看法。

第一种说法来自《说文解字》，这是一面旗帜，右边是柄，左边是飘带。是州里所建的旗帜，即古代大夫、士所建旗帜，半赤半白，用来聚集人众。按照这个理解，“物，万物也。”意思是因为“杂色”的东西太多，所以就由此引申出“万事万物”之义。

第二种说法，勿是血溅刀刃，那么“物”就表示用刀杀牛，进行祭祀。

第三种说法，勿是犁铧将土翻开拨起，翻开的土颜色驳杂，所以与牛合在一起，表示杂色牛。《诗·小雅·无羊》：“三十维物，尔牲则具。”意思是三十多种颜色的杂色牛已经准备好了，用来祭祀。

虽然各自的理解不同，但结论还是差不多的，一是杂色，二是祭祀。我个人更认同第三种，即“勿”是犁铧翻起的土块，杂色牛，用于祭祀。

杂色牛怎么就能代表万物了呢？其实“牺牲”一词也涉及这个问题。牺牲是指专用于祭祀的牛羊，这样的牛羊要养在专用的圈里。甲骨文牢就表现牛关在专用的围栏里，精心养护。色纯为“牺”，就是说这牛羊是纯色的，纯黄、纯黑等，不应该有其他颜色的杂毛。体全为“牲”。就是说这些动物身上没有残缺的器官，比如耳朵缺一块，或者肢体有伤残，甚至不能有疤痕。这样的牛羊，专用于祭祀，国君见到都要行礼。

这样的牺牲，是最隆重的大礼。而杂色的牛羊祭品，就只能称为物，也就是低一等的了。牺牲是精神上的最高者，而物，则引申为精神之外低一等的事物。厚德载物就是用深厚的德行承载万物，对应大地。地势坤，君子以厚德载物。

金文、篆书的物都基本承续了甲骨文字形。隶书简省笔画，将篆书中的“牛”去掉了一边牛角，成为我们今天认识的这个代表一切物质的字。

在人类历史的大部分时期，社会都处于物质匮乏状态，人们对物的追求似乎永无止境。普通人的一生总是为物所役，为物所累。近来流行一种生活方式，叫断舍离。断是断绝不需要的东西，舍是舍弃多余的废物，离是脱离对物品的执着。这是人类在物质极大丰富的前提下一种健康的生活态度。庄子就说过：“物物而不物于物，则胡可得而累邪！”追求物质却不被物质左右，怎么会为物所累呢？

[rén]

仁

甲骨文　金文　篆书　隶书　楷书

仁是爱人。

读《水浒传》，很多人都迷惑不解，宋江，一个县城司法局的公务员，貌不惊人，武艺平庸，也就是平时人缘比较好，怎么能统领一百多江湖好汉，啸聚水泊梁山，干出惊天动地的造反勾当呢？仔细研究，你会发现，宋江为人就一个字，仁。

仁，甲骨文和我们熟知的简化字差不多，人字旁，加两横。只不过甲骨文的人字旁是象形的，像一个侧面站立的人形。甲骨文人字旁含义很清楚，就是和人有关，那两横是什么意思呢？为什么人字加两横，就成为中国传统文化最高的道德标准呢？

这两横表示等同，比如整齐的齐，就是三个小禾苗下面两横，表示大量种子同时发芽。人字旁两横，是说人与人平等的关系。中国文化尤其是儒家文化，大量的思考都是关于人与人的关系。在汉字中，表示人与人关系的字有很多，比是两个人并肩站立，从是一个人跟着另一个人，斗是两个人打架。

仁是儒家文化的核心，按照孔子对仁的定义：“夫仁者，己欲立而立人，己欲达而达人。”意思是说：仁，就是自己想要有所建树，

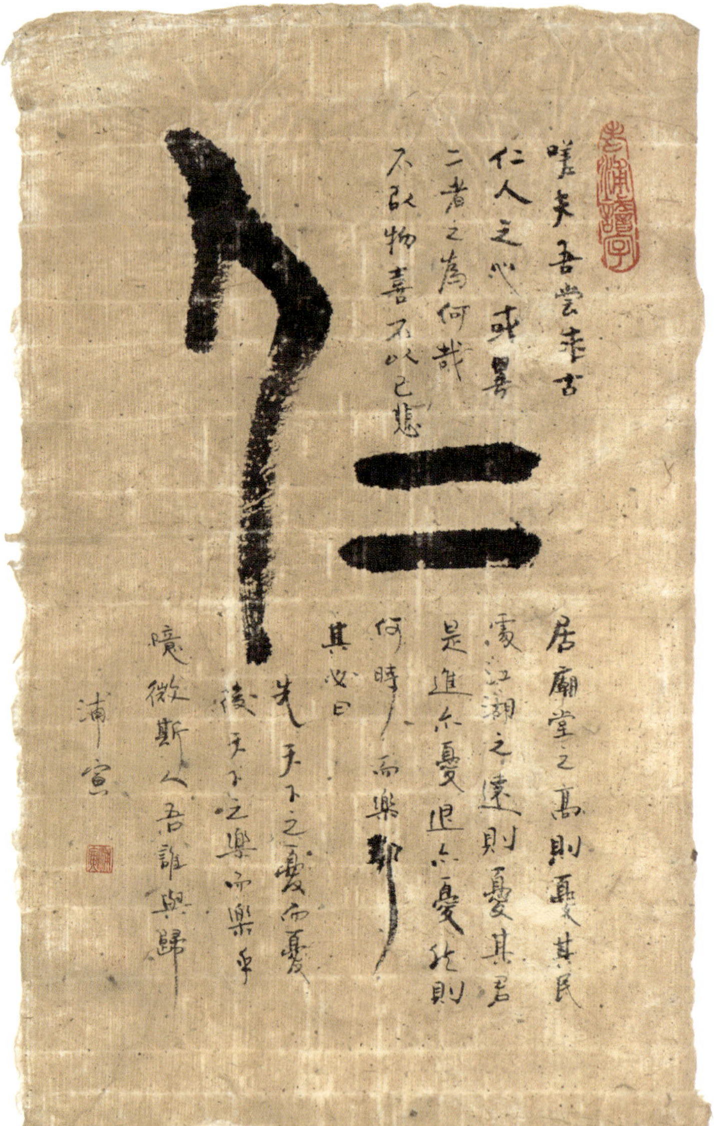
嗟夫吾嘗求古
仁人之心或異
二者之為何哉
不以物喜不以己悲
仁
居廟堂之高則憂其民
處江湖之遠則憂其君
是進亦憂退亦憂然則
何時而樂耶
其必曰
先天下之憂而憂
後天下之樂而樂乎
噫微斯人吾誰與歸
浦宣

先要帮助别人建树；自己希望发达，先要帮助别人发达。用这个标准看宋江还真对得上。

宋江不算是有钱人，他父亲就是乡下一个小地主，而他当公务员的收入也很有限。有人分析他灰色收入很多，大概也不尽然。你看晁盖让刘唐给他送一百金，但他只留下一块，余下的都让刘唐带了回去，可见这人不贪。真正有钱的一个是柴进，是贵族。还有就是河北玉麒麟卢俊义，那是大地主。但要说江湖影响，首推及时雨宋江。

为什么？大概和他己欲立而立人的平等心有关，无论是武松、李逵这样的兄弟，还是邻居老人家，他都帮。碰上晁盖犯事，他可以冒着丢饭碗的风险去报信，确实称得上及时雨。这样的平等心我们在《三国演义》的刘备身上也能看出来，他和关羽、张飞出身不同，却能结为生死兄弟。对诸葛亮这个年轻人可以三顾茅庐。想自己成事，先帮别人成事。

而仁的基础则是孝道。

金文仁的写法，将甲骨文的单立人写成尸体的尸，下面还是整齐的两横，表示平等。

尸体的尸是什么意思呢？在远古，人们祭祀死去的亲人，不是像后来立个牌位，更不是今天挂张照片，而是找一个人坐在上面，扮演死者。甲骨文尸体的尸就是一个斜坐着的人形。他还是人的意思，只不过是死人。对于逝去的亲人，更是事死如事生。这反映了仁字的另一层含义，就是孝道。孝道是仁的重要组成部分，在儒家的道德体系中，仁者爱人，首先是孝敬长辈。

宋江还有一个外号就是孝义黑三郎，他的孝是很出名的。后来宋太公怕他落草为寇，一纸家书，让宋清说老爷子死了，把他骗了回来，因此被捕。他倒也坦然，发配路上遇见梁山好汉，也是坚持听从老爷子的教导不肯上山。到最后终于还是逼上梁山，那就好歹把宋太公接到山寨。

这种孝道对于塑造领袖的人格魅力是极其重要的，这也是宋江能够领导一群好汉的诀窍。李逵见到宋江父子团聚，也回家乡接自己的老母亲，可惜半路上被老虎吃掉了。

在封建专制社会，孝道不仅是道德规范，还是重要的政治制度。比如官员的丁忧制度，就是根据儒家传统的孝道观念，朝廷官员在位期间，如若父母去世，无论你当多大的官，从得知丧事的那天起，必须立即辞官回到祖籍，为父母守制三年，这叫丁忧。守制就是吃、住、睡在父母坟前，不喝酒、不洗澡、不剃头、不更衣，停止一切娱乐活动。

仁还是一种政治理想。

古汉字的仁还有一种写法，写成“千”下面一个“心”，千表示众多，代表众生；心代表慈爱，这个字形同样反映了儒家道德体系的重要观点，仁政。

孟子在孔子仁说的基础上，提出著名的仁政说：

老吾老，以及人之老；幼吾幼，以及人之幼。

主张：

提倡以德服人的“王道”政治，反对以力服人的“霸道”政治，批评暴力，反对战争。听起来很美，但为什么历朝历代没有谁真正实行这套仁政呢？因为行不通啊。

仁，其实是居高临下的。这就是封建专制社会越往上层越虚伪的原因。当你当庭扒下大臣的衣服打屁股的时候，仁政在哪里？当你大兴文字狱，仅仅因为文人写了点不敬嫌疑的话，就把人亲戚朋友上万人杀光，仁政又在哪里？所以标榜仁义的人都是虚伪的。

宋江标榜孝道，但当李逵哭诉母亲被老虎吃掉，他却哈哈大笑。自己被朝廷迫害，快死的时候，怕李逵造反坏了自己名誉，竟然事先毒死了李逵，这不是虚伪是什么？刘备那句民谚就很说明问题：刘备摔孩子——假仁假义。《笑傲江湖》里最坏的是谁？是“君子剑”岳不群。倒是在等级社会金字塔底层的劳动人民，在身份地位实际平等的时候，不用标榜仁义，有更多的人间亲情。

儒家的仁，由于字面上的平等与制度上不平等的矛盾，成了虚伪的“仁”。

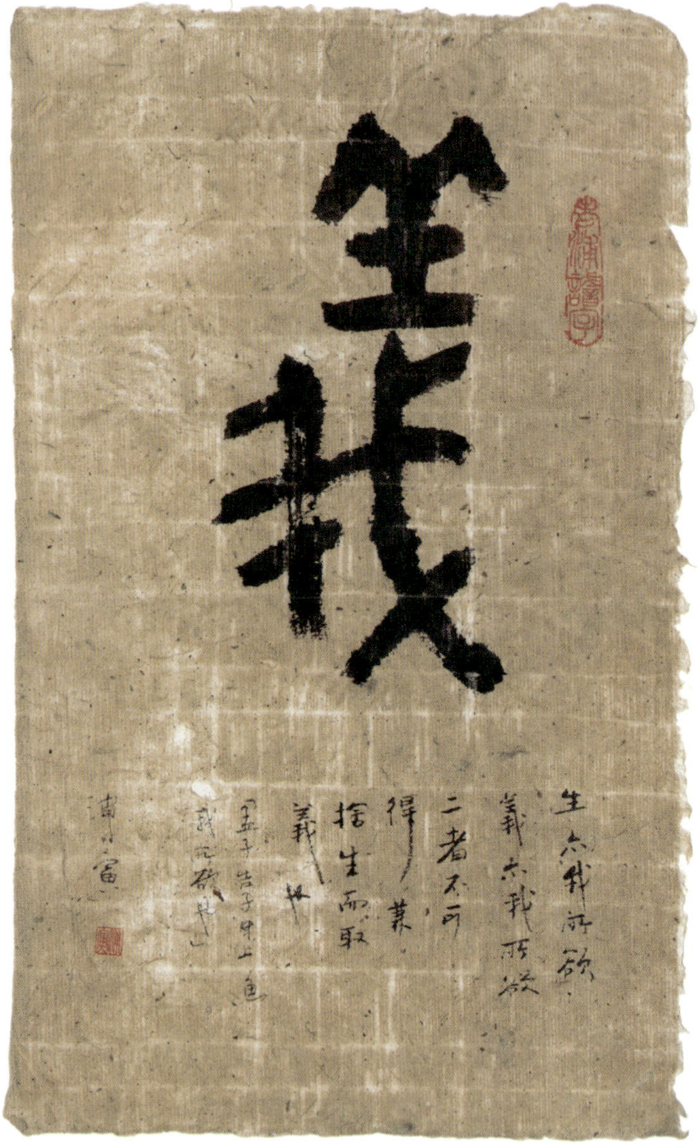
生亦我所欲
義亦我所欲
二者不可
得兼
捨生而取
義者也

[yì]

义

甲骨文　金文　篆书　隶书　楷书

关云长是中国文化中一个极其特殊的文化现象。根据有关部门统计，老北京城有关帝庙一百十六座，连中轴线上的正阳门下面都有一座关帝庙。可见无论官府还是民间，对待关老爷都无限崇敬。

不仅仅在中国，在日本、新加坡、马来西亚以及菲律宾等国家，甚至美国、英国的华人区域，信仰关公也都相当盛行。在旧时上演关公戏曲时，有许多规矩，如扮演关羽的演员在演出前十天要斋戒独宿，熏沐净身；出场前要给关帝像烧香叩头，在后台杀鸡拜祭；清廷皇宫演戏时，每临关公出场，帝、后、妃都得离座走几步，然后才能坐下看戏。

可是平心静气想一想，且不说历史上的关羽只是一员武将，论战功，比他牛的战神在他前面起码能排几十个。“起翦颇牧，用兵最精。”这是《千字文》认可的战国四大名将。起是秦国名将白起，翦是王翦，也是秦国名将，颇是廉颇，赵国名将，牧是李牧，也是赵国名将。每个人都有几十万的歼敌之功。智者有写《孙子兵法》的孙武，勇者有西楚霸王项羽。就是三国时期，很多能打的武将也排在关羽的前边：吕布、典韦、马超、赵云等，为什么关羽不仅被奉为战神，还是财神、白黑共同的保护神，伏魔大帝，官方的正式称谓更是忠义神武灵佑仁勇威显护国保民精诚绥靖翊赞宣德关圣大帝。

这大概是世界文化中极其独特的现象，一部小说塑造的半真实半虚构的人物被信以为真，成为超级偶像，深刻地影响了社会道德。

在《三国演义》中，他拥有三绝中的“义”绝（另外两绝是智绝诸葛亮、奸绝曹操）。

义，甲骨文上面是羊的象形，羊是古代祭祀的主要祭品，代表吉祥；下面是一个我字，“我”的原义是有利齿的大斧子，是古代仪仗用的兵器，代表征战。祭祀的羊与仪仗的大斧子合在一起，表示出征得到神灵庇佑，是正义之战。

我们就用小说中的关公来解释一下“义”这个汉字。

义的本义是得到神庇佑的正义，也就是道义。关羽虽出身草莽，却是满满的正义感。他一出场，就赶着去投军杀贼。什么贼，黄巾军。碰上刘备、张飞，意气相投，立意兴复汉室，于是桃园结义，成为千古美谈。

终其一生，兴复汉室一直是关羽的事业目标。早年还是一个无名小卒的时候，随从皇帝打猎，见曹操欺君，当场就要上前杀了曹操，被刘备拦下。徐州战败，刘、关、张三人失散。关羽不得已投降，在土山约三事：事汉不降曹；皇嫂食汉禄；一有刘备的下落，立即辞去。坚决不依附他心目中的汉贼曹操。

金文义字的写法，羊下面的“我”已经基本看不出兵器的形状了。我们用这个字形，来代表义字的另一个重要含义：忠义。忠义是关云长的标签，关帝庙的标配就是匾额上的四个大字：忠义千秋。

关羽投降以后，曹操三日一小宴，五日一大宴，又是送美女，又是送名马。斩颜良以后，关羽还被封为汉寿亭侯，荣华富贵唾手可得。但只要听说兄长刘备的消息，马上挂印封金，把曹操所有的封赏都原封不动地退回，官印挂在大堂上。千里走单骑，过五关，斩六将。投奔孤身漂泊、前途未卜的大哥。不能不说这份忠义是千古一人。

孟子说：“生，亦我所欲也，义，亦我所欲也，二者不可得兼，舍生而取义者也。”意思是说：生命与道义相比，可以放弃生命。关羽在忠义这一条上，真做到了。

篆书义承续甲骨文字形，基本和后来的隶书、楷书相同。但篆书有一种异体字很有意思，是羊下面一个弗，表示休战和平，揭示了道义的另一层含义。

在民间，老百姓最推崇的是关公对朋友的仗义。在战长沙中，第一天，关公和黄忠打成平手，第二天关公用拖刀计正欲斩黄忠，黄忠却马失前蹄。关公不愿乘人之危，放过了黄忠。所以第三天黄忠也投桃报李，只射中关羽盔缨。

当然，关羽最受争议的仗义是华容道，放走了曹操。关羽本来是立下军令状的，放走曹操，自己就要军法从事。对曹操的情义，关羽是有思想准备的，丞相之恩，已经斩颜良、诛文丑、解白马之围相报。但曹操提出你还过五关斩六将，那怎么说。关羽竟然无言以对。可见他的恩义，拎得很清楚。最终放走了曹操。（我们在这里谈的都是《三国演义》中的小说人物，华容道历史上并无此事。）

但你再仗义，也是你自己和曹操的私谊，几十万大军的会战，你有什么资格放掉敌方的统帅，因私废公。关羽不懂这道理吗？就算不懂道理，难道不怕死吗？

这就要谈到本书对“义”字的解读。义字里面有一个大大的我字，在简化字之前，义字下面都有一个大大的我字。《说文解字》：“義，己之威儀也。从我羊。”许慎的意思是说：义字是自己的威仪。就是我的威仪。说明义字是自我的，即使是奉献，也是完成自我。

所有讲义气的人都是超级自我的人。关公放曹操就是因为自我，自我到了不顾大局，甚至不顾性命。义士黄忠也是珍惜羽毛不愿乘人之危，本质也是自我。例子还有很多。关羽听说马超骁勇，要回蜀地去比武，看不起黄忠拒绝接受五虎上将军衔。更要命的是，一句“虎女怎配犬子”侮辱了孙权，破坏了联吴抗曹的大政方针，导致腹背受敌，最终败走麦城。

毛泽东说：“关云长大体上是不懂统一战线的，这个人并不高明，对待同盟军搞关门主义，不讲政策。”《三国志》的作者陈寿说：“羽刚而自矜。”意思是关羽刚直而自傲。这是他失败的根本原因。义固然令人敬佩，但核心还是有我之境。无畏无我就已经没有义了。

那么无我的简化字义怎么样？无羊的敬畏，无我的自爱，就既没有道义、忠义，也没有仗义，只剩下表示否定的乂加上一点，只能说是意气用事了。

义字有我、自我并没什么不好，爱自己才会爱朋友，爱国家。真正做到舍生取义的谭嗣同临终前的诗句：“我自横刀向天笑，去留肝胆两昆仑。”完成了义字下面大写的“我”。

[lǐ]

礼

甲骨文　金文　篆书　隶书　楷书

滚滚长江东逝水，浪花淘尽英雄，是非成败转头空，青山依旧在，几度夕阳红。

这首《临江仙》是《三国演义》的片首曲，作者是明朝的状元，大才子杨慎。许多人不知道的是，杨慎这首词填写于流放云南途中。他当时受过两次廷杖，几乎被打死。披枷戴锁还能够写出“一壶浊酒喜相逢，古今多少事，都付笑谈中”的旷达，也是令人敬佩。

之后三十多年，杨慎一直没有得到赦免，终老在戍所。他落到如此境地，是因为他领头参与了明朝当时惊天动地的“大礼议事件”。大礼议事件是围绕“礼”这一封建社会的核心价值展开的，老浦想通过讲述这件事的来龙去脉，来解读汉字“礼”。

甲骨文的礼是一个祭祀的器皿里盛着，是成串的玉石，下面一个有脚架的大鼓，在这里表示击鼓献玉，敬奉神灵。《说文解字》：“礼，履也。所以事神致福也。”意思是说：礼是用来敬神致福的仪式。打鼓代表仪式，玉是敬献的贡品。在上古，只有酋长

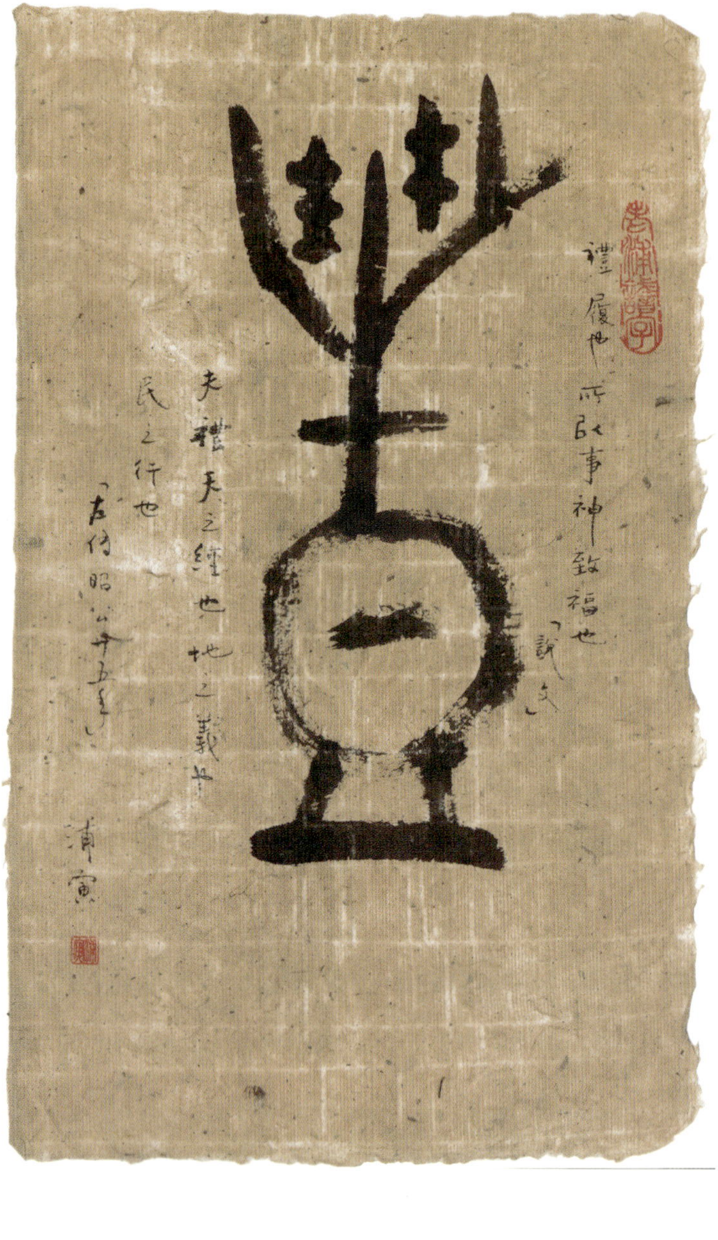
禮履也所以事神致福也
「說文」
夫禮天之經也地之義也
民之行也
「左傳昭公廿五年」
清寅

才有祭祀祖先的权力，所以礼就是特权，是建立在敬奉祖先基础上的秩序。

大礼议就是争议宗族、祖先的位次问题。不过因为涉及皇家，问题就格外严重。封建皇权的继承是按照父死子继，父亲死了儿子继承；没儿子，兄终弟及，就是哥哥死了弟弟继承。明武宗死了，没有儿子，也没有亲兄弟。那怎么办？就找了他最年长的叔叔兴献王的儿子，也就是明武宗的堂弟朱厚熜（cōng）来继承这个皇位。这就是后来的嘉靖皇帝。

但朱厚熜不是皇帝的亲兄弟，按照礼法，就得把他变成亲兄弟。怎么变呢？就让朱厚熜认皇帝为父亲，也就是明孝宗为亲父，换句话说，就是把叔叔的儿子过继给伯父，这不就成亲兄弟了吗？

有人要说了吗那么麻烦，堂兄弟不也是一家人吗？那不行，这是礼法。在封建社会，违背礼法，就没有统治的合法性了。这样朱厚熜的生父就成了“皇叔考兴献大王”，也就成了自己的叔叔，祭祀时对其生父自称“侄皇帝”。朱厚熜不愿意这样做，在他继承皇位以后，就想追认生父兴献王为皇帝。

这就是大礼议的核心矛盾。这涉及汉字“礼”的核心问题，周礼是严格的等级制度。贵贱、尊卑、长幼、亲疏都有细致的区别。

朱厚熜的行为遭到了以杨慎的父亲——内阁首辅杨廷和为首的大臣坚决反对。礼仪之邦，礼字为重。事关国本，就更要据“礼”力争。矛盾从进大门的时候就爆发了。

礼部安排朱厚熜从东华门进宫，住在文华殿，以太子的身份进宫。朱厚熜别看只有十五岁，主意相当大：我是来当皇帝的，不是来当太子的。停留在郊外，不进。经过反复协调，最后从大明门进，在奉天殿即位，大明门是紫禁城的正南门，正阳门和天安门之间，是明清两代的国门（大明门在清代更名为大清门，民国改称中华门，1954 年在苏联专家建议下拆除，1976 年在原址建设毛主席纪念堂）。

这就是汉字“礼”的另一个核心：仪式。从哪个门进宫是仪式，其中暗含礼制的微妙区别。进大明门，国门，那就是堂堂正正即位来了。

当然朱厚熜也耍了心机，他口头上称武宗皇帝为皇兄，好像接受了过继给孝宗的安排，否则按照礼制，他是没资格叫皇兄的。坐上皇位后，就追封生父的问题和群臣展开了较量。朱厚熜要认生父为宗法意义上的父亲，追认生父为“皇考兴献帝”。而大臣们主张应该尊奉正统，要以明孝宗为皇考，亲爹兴献王改称“皇叔考兴献大王”，说白了就是只能管生父叫叔叔。

矛盾在大顺门爆发了。嘉靖三（1524）年七月十二日，明世宗诏谕礼部，十四日为父母上册文，祭告天地、宗庙、社稷。群臣哗然。正逢早朝刚结束，两百余位朝廷大臣在左顺门跪请世宗改变旨意。根据史料记载，参加此次集体示威的官员共计二百二十余人，中央共六部，来示威的就有五个尚书。

明世宗在文华殿听闻门外哭声震天，命太监传谕大臣们退朝，但群臣直到中午仍伏地不起。杨慎等人撼门大哭，“声震阙庭”。朱厚熜震怒，令锦衣卫逮捕为首者八人，下诏狱。此举令其他人更为激动，冲至左顺门前擂门大哭，朱厚熜再下令将五品以下官小的统统抓起来，四品以上官大的停职待罪。

第二天，朱厚熜开始了全面反击，明代历史上最大规模的廷杖之一就此拉开序幕。当天在左顺门闹事的大臣全部被脱光了裤子，猛打了一顿屁股。人数总计达到一百四十余人，十六人被打死。大才子杨慎作为反面典型，和其他六个带头者被打了两顿，险些打死。左顺门廷杖后，反对议礼的官员纷纷缄口，为时三年的“大礼议”以朱厚熜获胜告终。

礼制的本质是权力。讲究礼法到了极致就是不讲理了。皇帝用暴力压服，打屁股，成为最无礼的结果。

礼的金文还有一种写法，是在击鼓献玉的基础上，加上了表示酒的“酉”，表示以美玉、美酒敬神。

由于统治阶级的提倡，礼的规矩渗透到生活的方方面面。在家族中，父子、夫妻、兄弟之礼各不相同。夜晚为父母安放枕席，早晨向父母问安，出门必面告，回来必面告，不住在室的西南角（尊者所居），不坐在席的中央，不走正中的道路，不立在门的中央，不蓄私财，是人子之礼。

日常生活中，讲究礼尚往来：往而不来，非礼也；来而不往，亦非礼也。以至于中国一度被称为礼仪之邦。那个时候的礼仪本质上是一种等级制度。

简化字的礼，一个弯钩就对付了，也是我们当今社会普遍不讲礼仪、不懂礼仪的表现。

20 世纪 80 年代初，我在上大学。有一次和一帮同学在校园里聊天漫步，横着一排占据了整个马路。聊着聊着感觉身后不对，回头一看，是一辆小轿车，里面坐着几个留学生，见我们回头就冲我们傻乐。我们赶紧闪身让开。在那个年代，小汽车是很牛的。

后来我问一个认识的留学生他们当时为什么不摁喇叭。他说，他们都是开车礼让行人啊。我问为什么。他想了半天说，他们开车总是比走路的人方便一些。现在出国回来，也会礼让行人，但通常会被后面的车摁喇叭催促，甚至怒骂。

仓廪实而知礼节。物质丰富了，文明程度需要跟上。我们抛弃了封建等级制度的礼法，但人与人之间基于平等的礼貌，还是应该讲究的。

[zhì]

智

甲骨文　金文　篆书　隶书　楷书

进入 2017 年，人们越来越多地谈论人工智能。身为文科生，不知道为什么人们把机器人改用“智能”这样的称呼，因为在我看来，智慧可不仅仅是冷冰冰的知识，而是活生生有温度的感悟。

从解字的角度而言，智慧的智的甲骨文就是知识的知。那要这么说，人工智能最大的特点就是海量的知识储存，还真当得起这个智慧的智字。不过，文科生谈论这个话题可能只是自取其辱。老浦还是谈谈中国智慧的化身诸葛亮，用传说中的诸葛亮，来诠释仁义礼智信的智。先注明，这里说的诸葛亮是《三国演义》中民间传说的诸葛亮，不是历史上真实的诸葛亮。

首先，智慧的基础是知识。

智的原义就是知识的知。甲骨文知里的干，是远古最原始的武器：木头棍子。加上一个代表弓箭的矢。木棍和弓箭中间，有一个代表说话的口字，合起来表示谈论打仗的事。

《说文解字注》中段玉裁说：“知，识敏。”意思是说：知是认识、意识很敏捷。“故出于口者疾如矢也。”说由于这人见多识广，碰见事情马上可以做出判断，说出口的见解快得跟射出去的箭一样。所

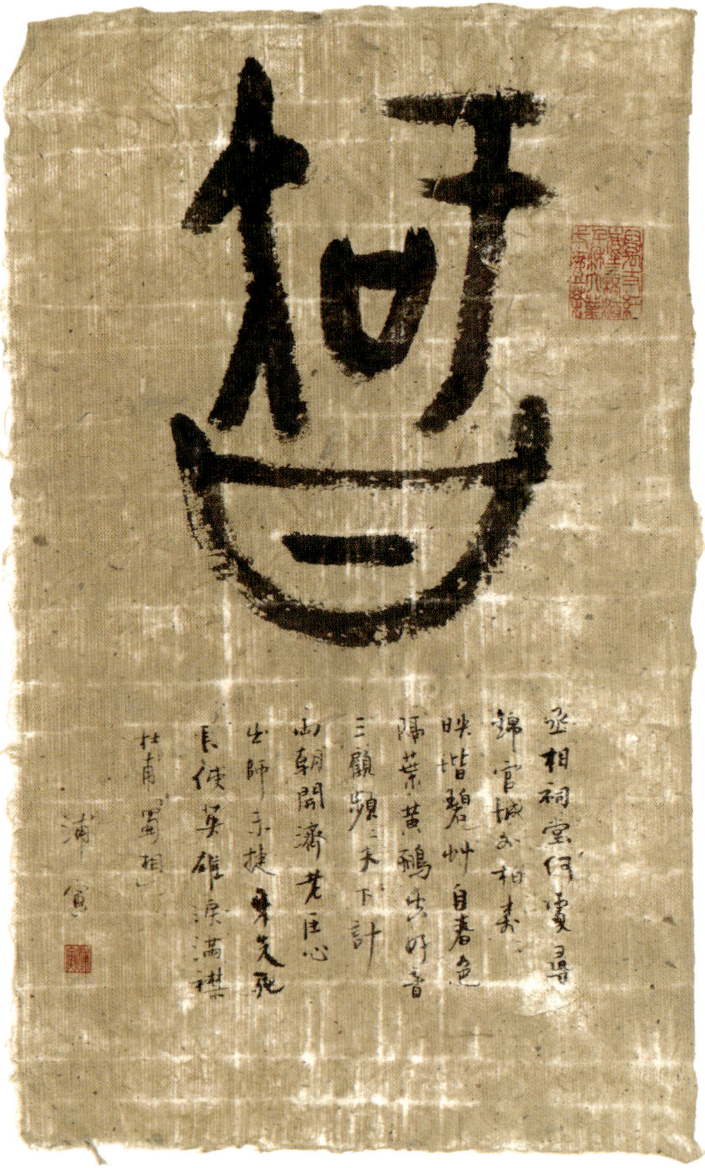
丞相祠堂何處尋
錦官城外柏森森
映階碧草自春色
隔葉黃鸝空好音
三顧頻煩天下計
兩朝開濟老臣心
出師未捷身先死
長使英雄淚滿襟
杜甫《蜀相》

以智的第一解释是知识。

知识从哪里来，从学校里学来。所有出名的智者都有神一样的师父。战国时期的苏秦、张仪、孙膑、庞涓，都出于鬼谷子门下。张良遇到“圯上老人”黄石公，一部《太公兵法》让他成为帝师。

诸葛亮有师父吗？当然有。有人分析，诸葛亮是世家子弟，先祖诸葛丰当过司隶校尉，从小一定受过良好的家教。成年以后，水镜先生司马微、岳父黄承彦都给过他良好的教益。民间传说就玄了，说他是张道陵张天师的徒弟，吕洞宾的师兄。

智慧的根底是知识。传说中的这些智者，无不是上通天文，下知地理，阴阳术数无所不通。运筹帷幄之中，决胜千里之外。比如，诸葛亮借东风，就是深通气象学，料到在刮西北风的冬天，会有小阳春的现象，这几天刮东南风。然后装模作样借东风，成就了火烧连营的壮举。至于八阵图，一堆一堆的石头就能退兵。发明木牛流马，解决蜀道运输困难等，都是基础知识扎实的结果。但是真正的智慧，可不仅仅有知识就够了。

其次，智慧代表洞悉人性。

金文智  承续甲骨文字形。由弓箭、木棍和口组成。弓箭锋利，木棍朴实，正是人性的两面。洞悉人性是极大的智慧。

首要是洞悉合作者的人性。诸葛亮躬耕陇亩的荆襄地区是南北方势力的中心地带，实力最强的是北方的曹操、南方的孙权和近在咫尺的刘表，选择哪家大公司任职呢？刘表碌碌无为，尽管熟人很多，但肯定不能去；曹操挟天子以令诸侯，不符合自己兴复汉室的政治理想；孙权个性残暴，也不是成大事的。

刘备当时只是一股潜在势力，根本还没自己的地盘。但他抱负远大，知人善任，是具有超级潜力的创业公司。三顾茅庐，证明了老板的诚意。诸葛亮决定和刘备一起创业。一见面，就在隆中草庐提出了三分天下的核心战略，这就是历史上最著名的路演，《隆中对》。

其实，这样的战略，鲁肃向孙权提出过，荀彧也和曹操谈论过，他们的智谋都不次于诸葛亮，更不要说最后家族得了天下的司马懿了。但事实证明，最得老板信任，最能施展平生抱负的，还是诸葛亮。你不能不佩服诸葛亮选老板的眼光。

当然克敌制胜，更要洞悉对手的人性。诸葛亮敢草船借箭，是因为了解曹军不善水战，大雾天气只敢远远放箭的弱点。用空城计，是了解司马懿多疑的个性。碰上一个头脑简单的，早冲进城里了，绝对不敢这么做。

关羽心高气傲，听说新来了马超，就写信问马超这人怎么样。意思是要回去和马超比试比试。诸葛亮回信：“孟起兼资文武，雄烈过人，一世之杰，犹未及髯之绝伦逸群也。”羽省书大悦，以示宾客。意思是说：马超文武双全，绝对是当世豪杰，但是，和您美髯公，还是没法比。注意，这是夸人的最高境界。不说对手怂，而是把对手夸上天。然后再说你比他还强，那不是天上天了。而且虚着夸，你胡子美，颜值高啊。关羽美得把这封信到处给人看。洞悉人性，就站在了人生高处。

再者，智还是超群绝伦的口才。

智还有一个金文的写法，是在原来的基础上，下面加了一个表示说话的“曰”，强调智慧一定是清晰的表达。

诸葛亮的口才是我在读《三国演义》时最佩服的。舌战群儒、骂死王朗，比三英战吕布还精彩。舌战群儒，有点像当今的网络水军，上来一顿人身攻击。诸葛亮基本是一招制敌：有本事骂我，也不自己照照镜子。骂死王朗，是戳到老家伙的痛处，就是一生苟且谄媚，引发老头心脑血管崩裂，阵前猝死。

最精彩的还是诸葛亮吊孝，亲自前去吊唁被自己气死的周瑜。一篇长长的祭文，有理有据，有情有义，声泪俱下，感动了所有人，不仅把恨得咬牙切齿的东吴战将打动，还重新修复了联吴抗曹的大局。大智慧，好口才。

最后，智还是超强的自我管理。

篆书智误将金文的“干”写成“亏”。但这个“亏”虽属误写，但还是有着很好的寓意。那就是亏自己，利天下。诸葛亮的注册商标就是鞠躬尽瘁，死而后已，他真是累死的。司马懿抓了个蜀军的俘虏，问：你们丞相是怎么办公的？小兵说了两点，第一点是吃得很少；第二点是事必躬亲，二十军棍以上的处罚都要亲自审核。司马懿于是判断，吃得少，说明胃口不好。事无巨细都管，说明授权不够，早晚累死。最后果然累死了。

诸葛亮生前曾经公布了自己的财产清单，桑树八百株，薄田十五顷，除了官俸外没有任何灰色收入。事后清查丞相府的资产，果然如此。严于律己，是诸葛亮推行法制的基础，也是他最为后人敬仰的品德。

管理自己的欲望，亏欠自己，最终功成身退，是大智慧。老子曰：“功成、名遂、身退、天之道。”范蠡助越王勾践灭吴，功成身退，携西施泛舟五湖[①]，终成财神陶朱公。张良功成身退，辞官修仙养生，终得善终。诸葛亮是贤相，也是权相，

①传说，史实待考。

而权相在历史上通常没有好下场，个中区别，就在于是不是自律。

民间演绎的诸葛亮虽然不是历史史实，但也反映了中国文化对一个智者美好的想象。那就是学富五车，洞悉人性，口吐莲花，严于律己。不仅要有超强的智商，还要有很好的情商、财商。这可能是人工智能永远达不到的境界。

[xìn]

信

缺

甲骨文　金文　篆书　隶书　楷书

雾霾问题已经成为困扰中国许多地区的问题。雾霾成因的各种说法很多，治理雾霾的力度也不可谓不大：工厂停工、汽车限行，甚至上街洒水，雾霾却依然笼罩，驱霾依然靠风。

本篇试图从汉字的角度，探讨一下雾霾的文化根源。这个汉字就是诚信的信。

信的甲骨文目前还没被发现，信的金文是一个人，加上一个口。大多数的解读是表示开口许诺。但是这很不合理。

我们都知道空口无凭，尽管古人有“一言九鼎”“一言既出驷马难追”这样的成语，但这都是伟大人物的高风亮节，没法让整个社会开口说话就是诚信啊，这样的社会从来就没有存在过。那怎么解释这个开口就成信的字呢？

日本著名汉字学家白川静认为，不能把当成人的嘴巴来解释，而应该是表示用于向神祷告的祝咒之器，也就是巫师使用的碗、盆之类的器皿。白川静认为所有口字形都适用于这个解释。

老浦认为白川静的观点很有道理，但不能一概而论，器皿只是其中一解，还有表示嘴巴的，还有些表示城郭。信是在巫师的神圣

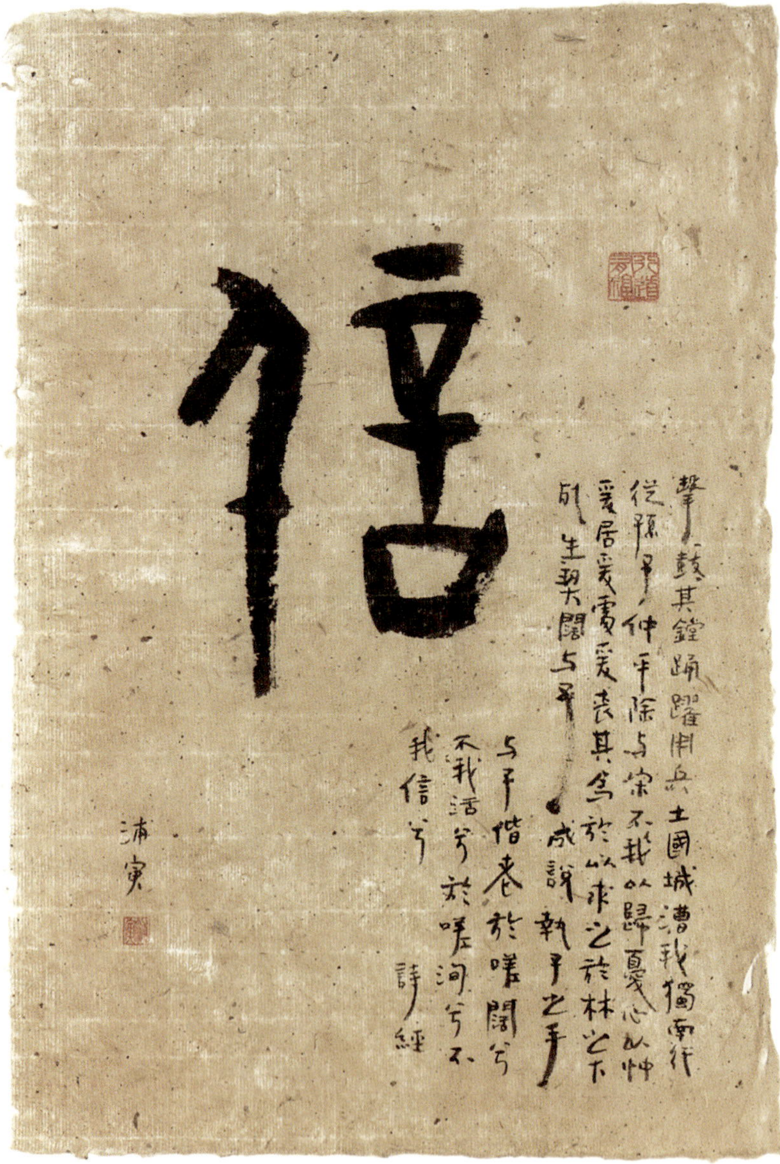
信
擊鼓其鏜踊躍用兵土國城漕我獨南行
從孫子仲平陳與宋不我以歸憂心有忡
爰居爰處爰喪其馬於以求之於林之下
死生契闊與子成說執子之手
與子偕老於嗟闊兮
不我活兮於嗟洵兮不
我信兮
詩經
沛寅

器皿面前发誓，达成与他人的承诺、合作。也就是说，空口无凭，神鬼为证。如若违约，神鬼惩罚、天打五雷轰。

信的金文还有一种写法，“单立人”变成了“千”，“口”变成了“言”。言的下面是表示巫师器皿的，上面是一个“辛”。辛的原义是带木柄的小刀，在这里表示在神面前诅咒发誓的仪式，和千合起来，不是说用千言万语作保证，而是说这样的盟誓是集体的、大规模的，也许是氏族与氏族、国与国之间的盟约。

商朝是一个笃信鬼神的朝代，什么事都要占卜，问问鬼神。所以在那个时期，盟誓的时候有鬼神作证，人还是有畏惧之心的。春秋战国时期，国与国的盟约，仍然要求助鬼神作证。这就是盟约仪式。这种仪式叫血盟。人血盟，是刺破自己的身体，把双方的血共同喝下去。歃（shà）血之盟是用动物的血结盟，双方将牛、猪、鸡、羊等动物的血涂在嘴唇上，以示永不反悔。古话说：“与大国盟，口血未干而背之，可乎！”意思是说：嘴上的血还没干呢就违背誓言，能这么干吗？

春秋时期盟誓所用的血多为牛血，主盟者执牛耳，盟主先歃血，即谁先歃血就意味着谁是盟主，这就是“执牛耳者”的由来。结盟以后还要书写盟书，刻在玉板上，埋起来。其实盟誓的前提是双方缺乏诚信，所以盟书末尾多有诅辞，如果违背盟约，将会受到祖先或神灵的惩罚。

但是在礼崩乐坏的春秋战国时期，大家已经不信神灵了，盟书上的诅咒没人害怕，因此盟誓也就没什么约束力了。那怎么保证谈判的结果能够被遵守呢？

篆书的信，“单立人”旁加一个“言”。《说文解字》的解释是：“信，诚也。”

意思是说：信是诚实不欺。《说文解字》用诚解释信，我们今天也把二者连起来用——诚信。但“诚”和“信”是不一样的。

金文的诚，是言字旁加上一个“成”，而成的原义是一把大斧子下面有一个点，意思是在武力威胁下完成了目标，“成”加上“言论”表示停战讲和。诚的原义告诉我们，条约是靠武力达成的。

这时候结盟双方因为实力有差距，地位并不平等。为了表达诚意，实力弱的一方通常会把自己的王子送到对方国家当人质。秦始皇的父亲就是秦国送到赵国的人质，后来被吕不韦发掘，回国后成了秦王。燕国太子丹是燕国送到秦国的人质，在秦国备受凌辱，所以他侥幸回国之后，到处招揽门客，发誓报仇，历史上才有了“荆轲刺秦”这一慷慨悲壮的故事。

送人质的行为说明，“信”这种契约，失去了神鬼的惩罚，无论是血盟还是交换人质，都无法建立信任。组织不靠谱，那个人的道德，个人的诚信总可以建立诚信社会吧。孔子不是说过：“民无信不立。”还说：“人而无信，不知其可也。”意思都是：诚信，是人最基本的道德。

作为秦国最有名的官吏，商鞅为了赢得民众的信任，办了一件惊人之举。商鞅在咸阳东门立了一根大木头，声称谁要能把木头搬到北门，奖励十镒（yì）黄金。没人相信，赏金增加到五十镒黄金。有人大着胆子搬过去了，果然得到五十镒黄金。从此商鞅变法赢得民众信任，这就是历史上有名的“徙木立信”。

问题是，这样的信任，是对个人人品的信任，没有任何保障。不但信誉没有保障，人自己的安危都没有保障。商鞅最后被车裂。他推行的政策是不是能够继续，完全看后面的人愿不愿意。可见个人信誉是很脆弱的。

在中国古代，守信，是对天发誓，让天地鬼神监督，保证誓言一旦违背，就会受到惩罚。都相信天，就构成了诚信。要不相信，不怕天呢？那就歃血盟誓，交换人质，甚至和亲联姻，让你一旦违约就要付出代价，总之有畏惧才有诚信。

那么，现代社会，人们已不再畏惧天地鬼神之说，怎样才能有畏惧，进而有诚信呢？法律。在现代社会，法律就是信字中的那个象征敬畏鬼神的口，并且比鬼神要靠谱。所有不诚信的人都是没有敬畏的人。

要么敬畏天地良心，要么敬畏法律。没有敬畏，就没有诚信。

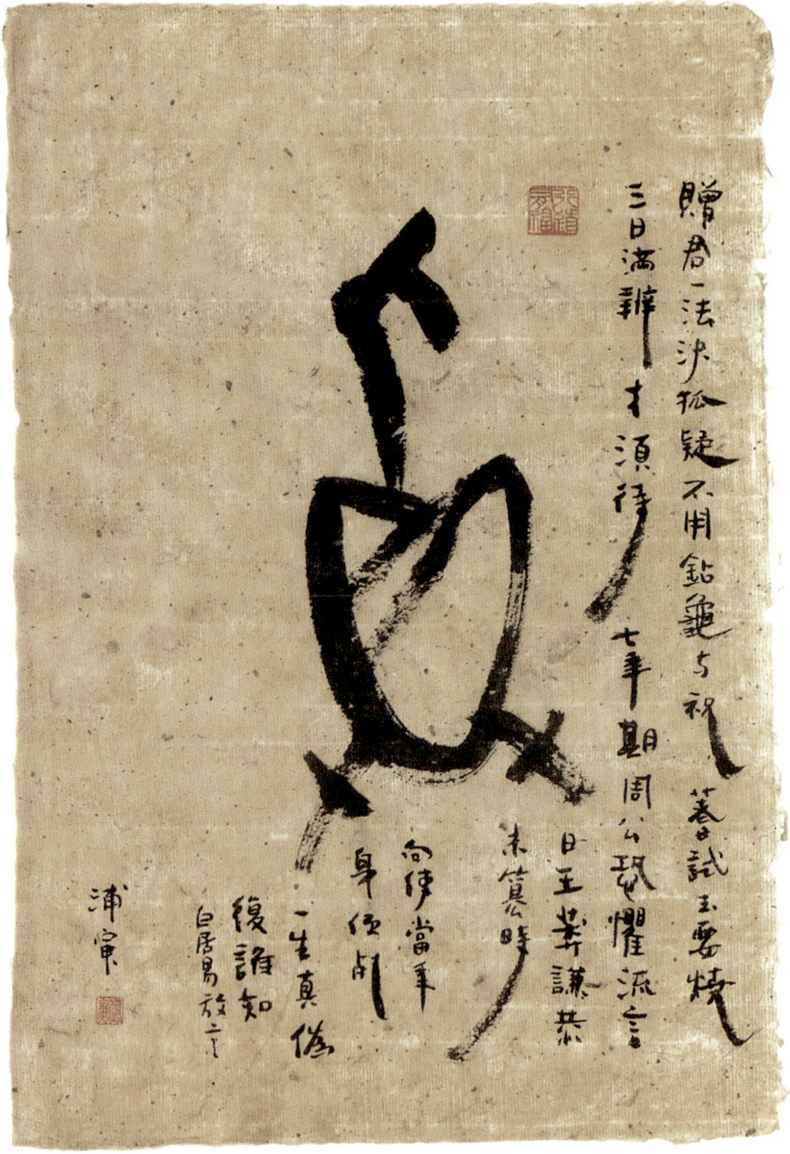
贈君一法決狐疑不用鑽龜與祝蓍
試玉要燒三日滿
辨材須待七年期
周公恐懼流言日
王莽謙恭未篡時
向使當年
身便死
一生真偽
復誰知
白居易放言

[zhēn]

真

甲骨文　金文　篆书　隶书　楷书

资讯越来越发达，真相反而越来越不明朗。比如雾霾的成因，说什么的都有。煤炭、石油焦、汽车尾气、建筑扬尘、炒菜油烟、纬向环流、高湿等，让民众困惑不解。

再比如社会事件，有时一篇文章，引发同情获得大批捐款，之后又说文章所说之事与事实不符，于是翻转引发怒骂。当事人又把捐款原路退回，再次峰回路转，又有人继续捐。吃瓜群众往往也是云里雾里十分困惑。

众声喧哗，怎样辨别真相？答案在汉字真相的“真”字里，或许可以找到。

真相的真，甲骨文和金文的真都是一个匕首的匕下面一个三国鼎立的鼎，匕的原始含义是勺子，鼎是祭祀用的神器。

对这个字形有多种解读，《说文解字》：“真，仙人变形而登天也。”意思是说：这是仙人升天的情形。还有说这个字形通贞洁的贞，贞洁的贞原义是占卜。意思是用神鼎占卜。还有说这个字形通珍贵的珍，表示祭祀大鼎内的物品极其珍贵。还有一些其他说法，就不一一介绍了。

老浦认为，这是祭祀的仪式，大鼎通常是盛放祭祀用的肉和汤汁。祭祀的时候，巫师用勺子盛出祭品向神和众人展示，以示祭品是真材实料。那么这个真字怎么帮助我们辨别真伪呢？

首先，要公开。

黑泽明的名作《罗生门》,讲述了一个极具哲理的故事。一个武士带着妻子，在穿过一片茂密森林的时候，遭到强盗的绑架，强盗当着武士的面强暴了他的妻子，最后杀害了武士。

事后，强盗、武士妻子和武士的亡魂，分别讲述了案件的经过，但是叙述各不相同。强盗说自己和武士大战二十三回合，用剑杀死武士。武士妻子说丈夫眼见自己受辱，眼光冷酷，自己绝望之中用匕首杀死了丈夫。武士亡魂通过女巫说自己用匕首自杀。

但是樵夫其实亲眼见证了事件的全过程，他说实际上强盗和武士的打斗双方惊慌失措乱七八糟，强盗误打误撞用剑杀死了武士，根本没有匕首什么事。但听故事的人听出了破绽，樵夫私藏了名贵的匕首，他的话也不可信。

这就是说，在自私的人口中，根本没有真相。而自私又是人的本性。旁听的和尚因此对人类失去了信心。由于黑泽明对人类社会透彻的解读，于是人们把这种现象叫作“罗生门”。

真的没有真相吗？你看金文的真，用勺子把祭品盛出来，是公开。公开是揭示真相的关键。《罗生门》尽管没有真相，但由于有多方的讲述，我们已经大概猜出了真相。如果信息的来源再多一些，比如尸体解剖，比如寻找更多的物证，真相就会越来越接近。更重要的是，通过听到多方的声音，我们已经分析出这些人是出于什么心理而撒谎。掌握了人物心理，谎言完全可以被揭穿。

只要公开，只要有多方的信息汇入，真相总会被发现。起码发现的机会要多得多。所以我们面对一件扑朔迷离的事件，要尽可能多角度观察。在互联网信息环境下，冷静地多看多听，就有可能触及真相。

再者，需要放下自我。

很多事情，一会儿一个说法，信息来源不可谓不多，但信谁的呢？很简单，放下自我，不要让成见左右你的情绪。

篆书的真，把金文的鼎写成了具体的具。具，是客观摆在那里的物品、事物。但如果你的眼光不客观，事物就会变形。就像我们乘船游览桂林山水，导游会说：你看那座山像不像 头大象，你再看看那儿有几匹马？你也许刚开始看着不像，但在别人的引导下，你会“啊哦看出来啦”。就像导游说的：你不想，它不像，你越想，它越像。

还有很多时候我们视而不见。比如你新买了一辆大众甲壳虫，然后你就会突然发现，原来以为这种车大街上很少，但现在看来，满大街都是。为什么？因为你注意搜寻了，其实这车原本就很多，你平时不注意罢了。

有人自认为自己是左派，所以一见到不喜欢的作者，不管说什么，一律斥为“汉奸”“带路党”。有人自认为自己是右派，所以“五毛”“脑残”常挂在嘴边。

在判断真相的时候，最忌预设立场，选边站队。因为这样一来，你对不喜欢的人的话根本听不见，就像你没有注意到的满大街的大众甲壳虫一样。

佛家修行，最基本的功夫是去我相，我相就是自己的成见。其实真相也是佛家用语。真相就具象地摆在那里，有了成见，就愣是看不见。

最后一点，不感情用事。

在隶书的真真字中，甲骨文的大鼎变成了一个代表眼睛的目。都说爱情是盲目的，其实所有感情用事都是盲目的。

比如说某人抄袭，如果你是他的粉丝，那你是坚决不会相信的。即使法院都判决了，你也不相信。一直到他自己都承认了，你会说，看那么多书，抄也很费劲呢，你怎么抄袭不出来。在感情用事的人那里永远不会有真相，因为他们把真字里面的眼睛蒙上了。

[shàn]

善

甲骨文　金文　篆书　隶书　楷书

在我们这个时代，善良既稀缺又泛滥。

说稀缺，老人跌倒没人扶，小孩被车碾轧没人管。说泛滥，明星一篇离婚微博就引发千百万人同时声讨，一篇感人的网络文章就能吸引百万捐款。某些名人高调慈善，宣传无所不用其极。清华老教授捐资助学一千五百万，去世四年才为人所知。到底什么才是真正的善？

善是无条件的牺牲。

甲骨文的善字有好几种写法。这几种写法都是羊和眼睛的组合，弯弯的羊角，大大的眼睛，其实就是一个羊头的形象。表示作为祭品。羊代表善良，之所以突出那双眼睛，大概是因为羊眼睛透露出的纯净、安详，让人感到善良的缘故。在汉字中，和羊有关的字通常与祭祀、和善、吉祥有关，如吉祥的祥、美好的美、羞涩的羞，等等。

《旧约》中有一个故事：有个叫亚伯拉罕的闪族人，他九十九岁得了一个儿子。一天，耶和华突然降临，要他杀掉自己的儿子以撒献给上帝。亚伯拉罕忍住悲痛，将儿子放上祭坛。欲动刀时，小天

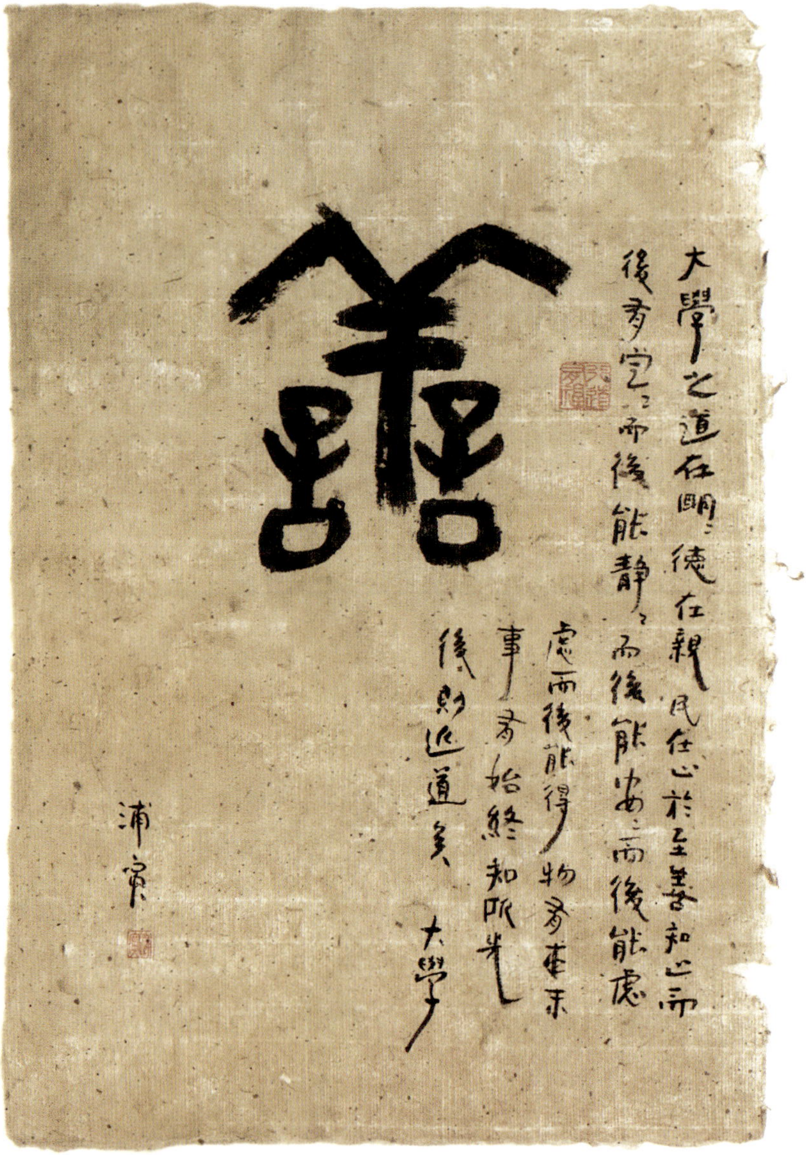
善
大學之道在明明德在親民在止於至善知止而
後有定定而後能靜靜而後能安安而後能慮
慮而後能得物有本末
事有始終知所先後
後則近道矣 大學

使飞来拉住了他的手，告诉他这只是耶和华的考验，他可以改用羊来作为祭品。

羊是古代祭祀中必不可少的最主要的祭品。羊除了用作献祭上帝的牺牲，还承担了一项任务，就是给人类“替罪”。这就是替罪羊的来历。所以汉字善的原义就是无条件的牺牲。无条件到连儿子都能舍弃的地步。

善又是平等的交流。

我们再来看看金文善字的写法，上面是一个羊，代表吉祥，下面两个言语的言并行排列，这两个“言”，表示言语祥和亲切，平等交流。平等，而不是居高临下的施舍，是善重要的组成。

生活中我们经常会遇到这样的困惑，你诚心诚意地去帮助别人，但受到帮助的人似乎并不懂得感恩。比如资助贫困地区的学生，你带物资去，他们就很欢迎，你说我来教书，有人就会说你没带东西来这儿干吗？还有的人定向资助贫困学生，受助者毕业以后却再也不和捐款人来往，并且刻意隐瞒自己受过捐助的经历。为什么会这样？

有一个现实版本的故事，说是日本一个寿司店的老板发现，自己销售的最贵的金枪鱼，大部分来自海盗横行的索马里。2012 年，这个老板就向索马里政府提交了渔业援助的民间支援申请，向索马里民众传授捕鱼技术、冷冻仓库使用技术，建立起“当地捕鱼，木村买鱼”的模式。

有人说这是寿司店老板打败了索马里海盗。尽管这样的说法并不客观，索马里海盗的消失主要还是各国联合打击的结果，但正如中国的古训，授人以鱼不如授人以渔。民众的生计有了保障，海盗问题就不会死灰复燃。而那些受到恩惠却不懂得感恩的人，是因为没有建立起自己健康的人格，心理上总觉得自卑。所以真正的善是祥和的羊，是两个“言”字并排的平等交流。

善还是完善自我。

到了篆书的善，仍然是一个羊字，两个言语的言字，承续了金文字形。《说文解字》对这个字形是这样解释的：“善，吉也。此与义、美同意。”意思是说：善是吉祥。与忠义的“義”（义）、美好的“美”同义。

真正内心强大的人是平和的，既不需要媒体吹捧，社会荣誉，也不需要受帮助的人感恩戴德。索马里海盗变渔民告诉我们，好的慈善是帮助人建立自尊，建立自食其力的能力。心灵站立不起来，是不可能摆脱贫困的。就算物质上脱贫，心理上的自卑让人连感恩都不敢承认。所以大善，是施惠者、受惠者都建立起健康的自我，并且通过善行，一步一步强大自我，进而惠及社会。

[měi]

美

甲骨文　金文　篆书　隶书　楷书

著名画家吴冠中说："今天中国的文盲不多了，但美盲很多。"什么叫美盲，对待美盲，我们能像扫文盲一样扫美盲吗？答案是肯定的。那么，就让我们从认识汉字"美"开始。

甲骨文美是一个羊，下面一个大小的大。我们在解释善的时候，知道羊是祭祀必备的祭品，代表吉祥。而大的含义是一个正面站立的人形，代表祭祀的羊与正面人形的组合，表示身披羊的装饰，祭祀仪式上舞蹈的人。而在古人眼中，这样的人就是美。

甲骨文记载，在祭祀仪式中，商王会戴上羽毛装饰亲自舞蹈。在商代，"国之大事，在祀与戎"，祭祀是国家头等大事。美是祭祀仪式，是精神需求。

《说文解字》："美，甘也。从羊，从大。羊在六畜主给膳也。"意思是说：美是甘甜，爽口。字形采用"羊、大"会意。羊在六畜之中是提供肉食的主力。《说文解字》把神圣的祭祀解释成羊大就好，羊大肉多，实用为先了。

美盲一，实用碾压美。

实用为先，是对美最大的误解。北京城曾经是世界上保留最完

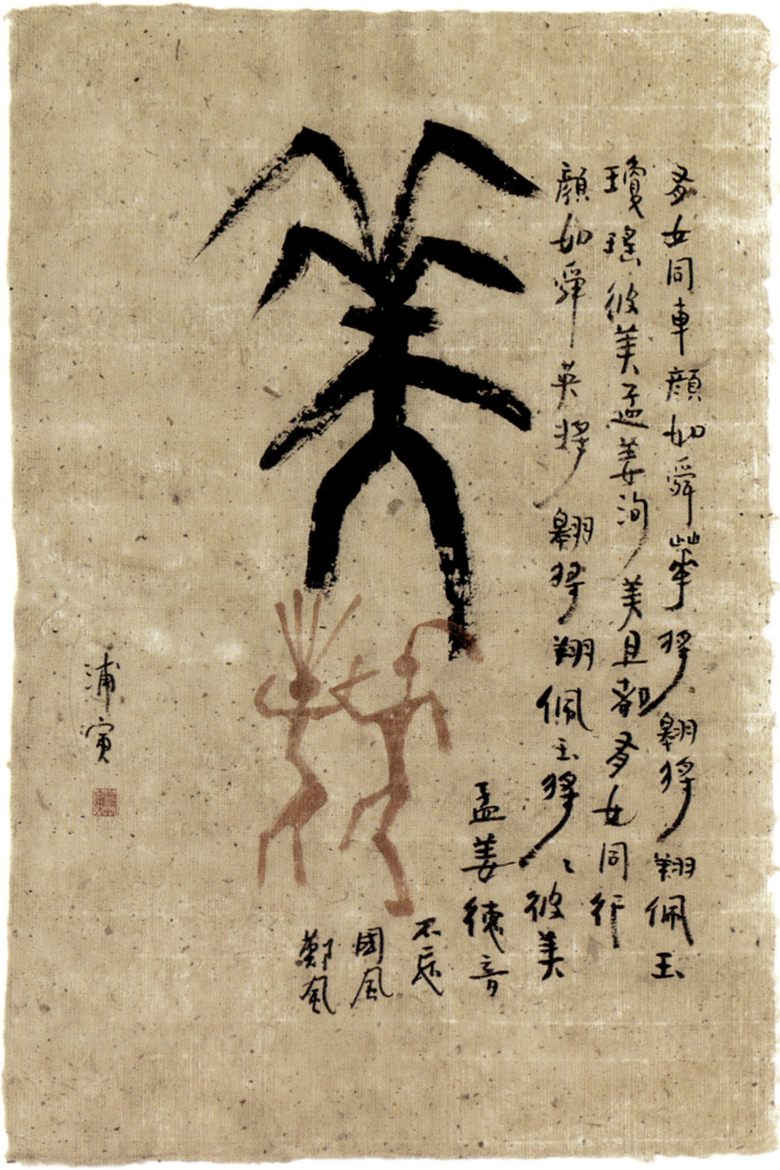
美
有女同車顏如舜華將翱將翔佩玉
瓊琚彼美孟姜洵美且都有女同行
顏如舜英將翱將翔佩玉將將彼美
孟姜德音
不忘
國風
鄭風
浦寅

整、规划最完美的古城，著名建筑学家梁思成曾经建议，完整保留北京城，在北京西部重新规划一座新北京。可以想象，整个北京城就是世界文化遗产，一砖一瓦都是历史文化。但遗憾的是，苏联专家以实用为原则否定了这个方案。

为了方便交通，城楼、牌楼一座座被拆除，最后城墙也被彻底拆掉了。四合院、王府也纷纷被拆掉，盖起了粗陋的楼房。梁思成痛心疾首，为了保住历代帝王庙前的牌楼，他和周总理恳谈了两个小时，极富诗意地描述了帝王庙牌楼在夕阳斜照、渐落西山时的美丽景象。周恩来说“夕阳无限好，只是近黄昏”。实用就是如此无情地碾轧了美。

美是人类精神需求，在实用面前，美确实没什么用。

美盲二，追名。

美字的草书，你觉得它美吗？

如果我告诉你，这是王羲之写的，你一定觉得很美吧。但要说不是书法家写的，你还会觉得美吗？不一定吧。这就是我们当代很多人的困惑，自己没有美的标准。买买买，名牌一定美。古董，贵的肯定美。书法，名人的、得过奖的、国家级的肯定美。

一个朋友讲过这样的故事，陪客户去欧洲旅行，到希腊帕特农神庙，客户很生气：飞了十几个小时，万里迢迢，你就给我们看这样几个破柱子？你别以为这是土豪才有的戾气。据说中国台湾美学大家蒋勋先生陪同台湾宏碁电脑创始人施振荣去希腊看阿波罗神殿，当时，施振荣心脏刚动过手术，走山路很辛苦。终于到了目的地，他有一点儿错愕：难道我们走几小时的山路来看的神殿就是六根柱子，而且三根是断的？

面对美，美盲相逢不相识。由于没有标准，美盲只好跟从社会公认的标准，比如名牌，比如值钱。所以吴冠中很绝望，他说，美盲比文盲更可怕，知识都没用。

吴冠中先生太悲观了，知识可以扫文盲，也可以扫美盲。就说刚才那个草书的美字，当代书法大家启功先生就发现，汉字书法的解体也是符合黄金分割律的，字体中心在黄金分割点上，就美。

黄金分割律是古希腊哲学家毕达哥拉斯发现的。经过反复比较，他最后确定 1:0.618 的比例最完美。刚才谈到的帕特农神庙，那些柱子可不是等分间隔，而是严格符合黄金分割的不等分，才会在视觉上如此均衡。

记得大学时看过一本《罗丹艺术论》，法国雕塑家罗丹讲解古希腊雕塑的特点给我印象极深。他用泥随手捏了一个造型，重心在一条腿上，髋部微微偏出，全身形成一个英文字母 S 形，这种姿态就是古希腊雕塑特有的优雅。几乎所有希腊雕塑都是这样的造型。

而金文的美，与甲骨文比较，甲骨文直率、朴拙，金文沉稳、厚重，是不同时代美学追求的反映。美是有规律可循的，是可以学习的。

美盲之三，忙。

明末清初的大才子李渔在家乡牵头造了一座过路的凉亭，其中财主李富贵出的银两最多。造好的那一天，李富贵提出要给亭子起个名字，便对李渔说："谁先想好了名字，就先用谁的。"李渔说："且停亭。"李富贵说"还停停，我已经想好了，就叫富贵亭！"李渔说："我不是说了吗，叫'且停亭'。"接着吟出一联：

名乎利乎道路奔波休碌碌，来者往者溪山清静且停停。

李渔的这副对联至今仍然挂在他家乡——浙江兰溪夏李村的且停亭里。对联意思是说：我们为名为利，整天在道路上奔波忙碌，蝇营狗苟。而眼前的青山、小溪是如此清净，你却视而不见，何不停一停，欣赏一下眼前的美景，静一静自己的心情。忙是美的敌人。

美学家张世英说："人生有四种境界：欲求境界、求知境界、道德境界、审美境界。审美为最高境界。"扫美盲，过有趣的人生。

孔子曰君
子有三畏
畏天命
畏大人
畏聖人之言
小人不知
天命而不
畏也
狎大人
侮聖人之
言
浦寅

[tiān]

天

甲骨文　金文　篆书　隶书　楷书

明末崇祯年间，李自成逼近京城。朝廷上下一片慌乱，崇祯皇帝一筹莫展，有一天想出去散散心，碰上了一个测字先生，说那就测个字吧。

先生说客官您想测个什么字啊？崇祯皇帝随手在测字先生桌上写了一个“友”字。

测字先生问崇祯皇帝：“先生要问何事？”

“我问社稷。”

“哎呀，不好！您看，这‘友’字是反字出头，不好。”

“不对不对，我说的是有无的有。”

“先生，您这次问何事？”

“还是社稷。”

“也不好。您看，这个‘有’字，上面是大字去掉一半，少一捺，下面是明字去掉一半，没有日光剩月了，大明江山去了一大半啊。”

“不对不对，不是有无的有，是申猴酉鸡的酉。”崇祯皇帝急了。

“那这回问什么？”

“还是问社稷！”

“完了，完了。”测字先生在纸上写了一个斗大的酉字，在上面添了两点，下面添了一个“寸”字，是一个九五至尊的“尊”。

“您看，至尊的皇上上无头下无脚，大凶。”

崇祯皇帝在自杀前，一定幽怨地看了一眼被李自成大顺军火光映红的天空：“这不是朕的过错，全是天意。”

在中国文化里，如果找一个全民都认同的信仰，那大概就是天了。天是一种不可抗拒的规律，天道。天是人间善恶的监督者，天知地知你知我知，老天爷看着呢。天还是最终的惩罚者，干了缺德事天打五雷轰。所以，揣摩天的意志，找到天时，就是一件非常神圣的事。

天意自古高难问，难问就更要问。

甲骨文的天字，是一个人戴着高高的帽子，站在空旷的山巅，高举双手大声祈祷。这应该是一个巫师的形象 。天，就是他头顶上那一片虚空。

甲骨文天，下面的“大”表示正面的人形，上面的“口”代表人头顶上的虚空。由于甲骨文是用刀刻在龟甲或兽骨上，所以线条通常都是直线。第二个“天”正面人形“大”上面“二”，即“上”字，合起来表示人头顶之上。人之上是神的所在，奇大无比。

怎样才能晓得老天爷的想法呢？占卜。

三千多年前的商朝是最敬畏鬼神的朝代，所以占卜使用最贵重的材料：牛的肩胛骨和乌龟的腹甲。别逗了，这有什么贵重的？

牛不是一般人可以随便宰杀的，那是最高等级的祭品，只有重大活动才会用牛祭祀，而一头牛才有两块肩胛骨。龟在当时水草丰茂的安阳虽然不少，但你要是参观过安阳甲骨文博物馆就会明白，占卜用的龟甲非常巨大，应该是遥远的海边贩运过来的，在当时的交通条件下，珍贵程度可想而知。同样从海边运回来的贝壳是中国最早的货币。

材料珍贵，可使用量却很大。天气、打仗、打猎、生孩子等，古人生活的方方面面都要占卜。

商人占卜，先大声向天声明要问什么事，然后说烤裂的纹路什么方向算吉什么方向算凶，一次只能问一件事。比如：“能不能打猎啊？”烧一次。“哪一天好？”烧一次。“去哪里好啊？”烧一次，有时候同一个问题要问二十几遍。然后把占卜的结果，包括是如何应验的，刻在龟甲兽骨上，甲骨文就这么诞生了，汉字诞生了。

金文天字的写法，将甲骨文头顶上那一片虚空变成了一个实心的黑疙瘩。在甲骨文诞生的同时，一种比甲骨文还要正规的文字也诞生了，它们被铸造在青铜器上，用以记述器主人的功德，由于古代把青铜称为金，所以我们今天把这种文字称之为金文。

有意思的是，金文在青铜器中的位置不是在容易阅读的边壁上，而是在器皿的里面，中间，向上。很显然，这些文字不是方便人阅读的，而是写给天看的。汉字从诞生的那一刻起，就是与天交流的工具。

金文天，正面站立的人形。金文是铸造在青铜器上的文字，是官方正体，而甲骨文是俗体字。金文的天，庄重威严。

周朝以礼乐立国，天的地位更加不可动摇，君权天授，最高统治者称天子，礼仪祭祀绝对规范。周朝建立了一个以天为最高规格的等级体系。天至高无上，周王则是天子，他的权力来自上天，这就是君权天授。

周朝也会用占卜来问天意。传说周文王在被纣王拘禁期间，推演了《易》，这就是《周易》，后世儒家把这本书奉为经典中的经典，尊称为《易经》。《易经》也是占卜用的，只不过已经不用龟甲兽骨了，而是用草棍，推演八卦。

隶书的天天字，两横下面一个人字。显示了天威严的权威。自周以来，官方每年都在特定时间举行祭天仪式。北京天坛就是皇家祭天的场所。这个传统维持了三千多年，直到清朝覆亡，民国成立。

隶书的天字，头顶的圆圈已经简化为一横。也就是在这个时期，开始有了天人合一的概念，天被拟人化了。这个概念影响了中国文化中的哲学、儒学、医学、道家以及民间信仰。

天时在古人看来是天下大势。

秦并六国，天下大势是统一，秦国从一个边陲弱国最终一统天下。统一以后，发展生产与民休息是天下大势，但秦始皇却大肆征发徭役修筑阿房宫、秦皇陵，建驰道，修长城，弄得民怨沸腾，终于大泽乡揭竿而起。这就是逆天行事。

草书的天天字，上面一横，仿佛天空，而下面的人形似乎模糊了，像一阵风，与天合为一体。这大概就是古人天人合一的境界吧。

[dì]

地

甲骨文　金文　篆书　隶书　楷书

大地，是古人所有食品和生活用品的来源，怎样表现这广袤深厚的土地呢？

地的字形有好几种，比如金文（坠），阜（fù）是山崖，下面有土，合起来表示把动物扔下山崖，抛下的动物可能是犬（狗），也可能是豕（猪），这是古人祭祀土地仪式的写照。

篆书的地字也有多种写法，篆书是山加水再加土，形象地表示出大地是由山、水和土地构成的。还有一种简单一点的写法，由水和土构成。另外还有一种意会的写法，由土加上也构成，土表示土地，“也”是什么意思呢？

“也”在甲骨文、金文里，与虫、它同源，原义是蛇，引申为女性生殖的象征。土加上也，组成，引申出大地孕育万物，无私生养的特性。篆书采用了土加也的字形，“地”从此定型。

《说文解字》：“地，元气初分，轻清阳为天，重浊阴为地。万物所陈列也。从土，也声。”意思是说：地，宇宙间浑沌的元气初分之时，轻清的阳气上升为天，重浊的阴气下沉为地。地是万物陈列的所在。字形采用“土”作偏旁，“也”作声符。许慎的解读体现了中国古

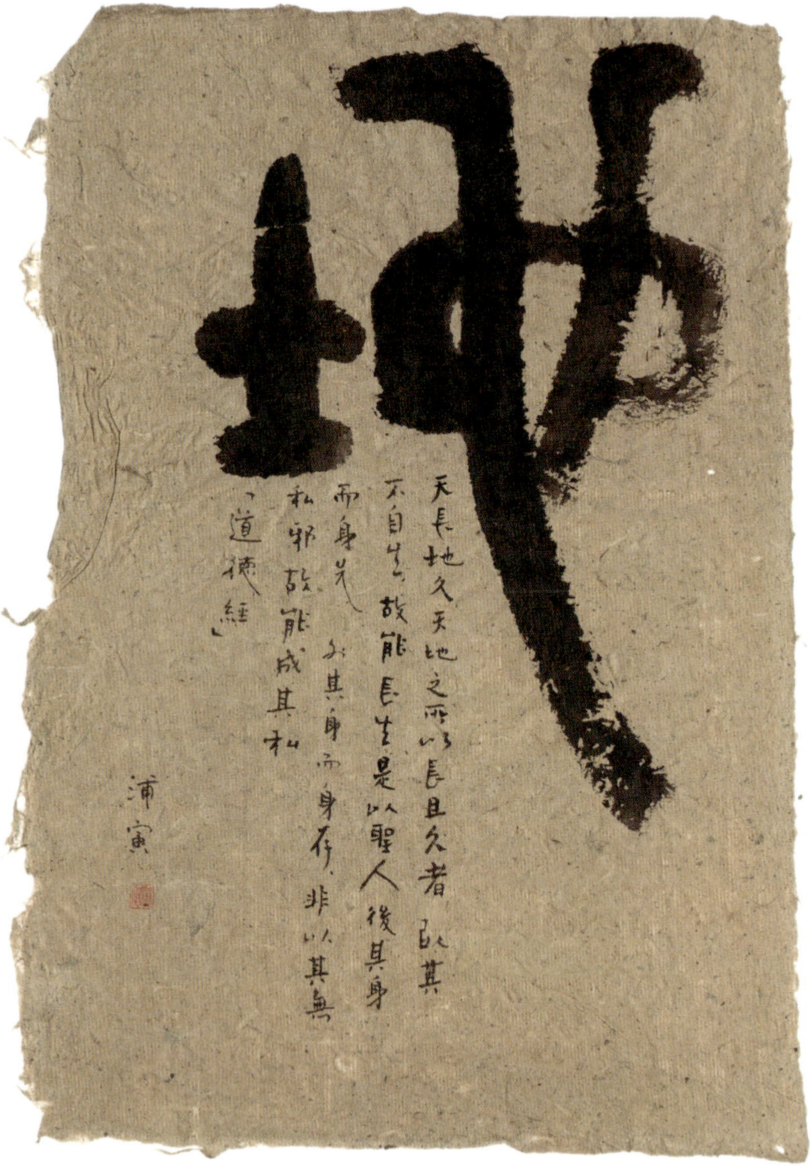
地
天長地久天地之所以長且久者以其
不自生故能長生是以聖人後其身
而身先外其身而身存非以其無
私邪故能成其私
「道德經」
浦寅

代的宇宙观，把世界分为阴阳，天为阳，地为阴，大地母亲滋养万物。

大地最终定型为“土也”，是和中国自古以来的生殖崇拜和农业社会安土重迁的特点分不开的。有意思的是，武则天认为“地”这个字造得不对，自己另造了一个埊，思路其实和篆书墬一样，不知是受到篆书的启发，还是一种巧合。当然这种武则天字，随着武则天政权的终结，也就自然废止了。

在北京天安门的两侧有两个公园，左侧是劳动人民文化宫，原来是明清时期的太庙，大殿里原来供奉着皇家的祖宗牌位和画像。而右侧是中山公园，原来则是明清时期的社稷坛，俗称五色土，是祭祀土地的地方。这种格局，叫作左宗右社。自西周以来，任何朝代的皇城或者村庄，都遵从这种格局，村左是祭祖的祠堂，村右是土地庙。由此可见中国古代最重视的两件事：祖宗和土地。

祖与社是封建政权的象征。社稷是“太社”和“太稷”的合称，社是土地神，稷是五谷神，两者是农业社会最重要的根基。汉字的社社，是示字旁一个土字，示字旁是祭台，敬奉土地，这是中国人对生养自己的大地母亲的敬畏和回报。

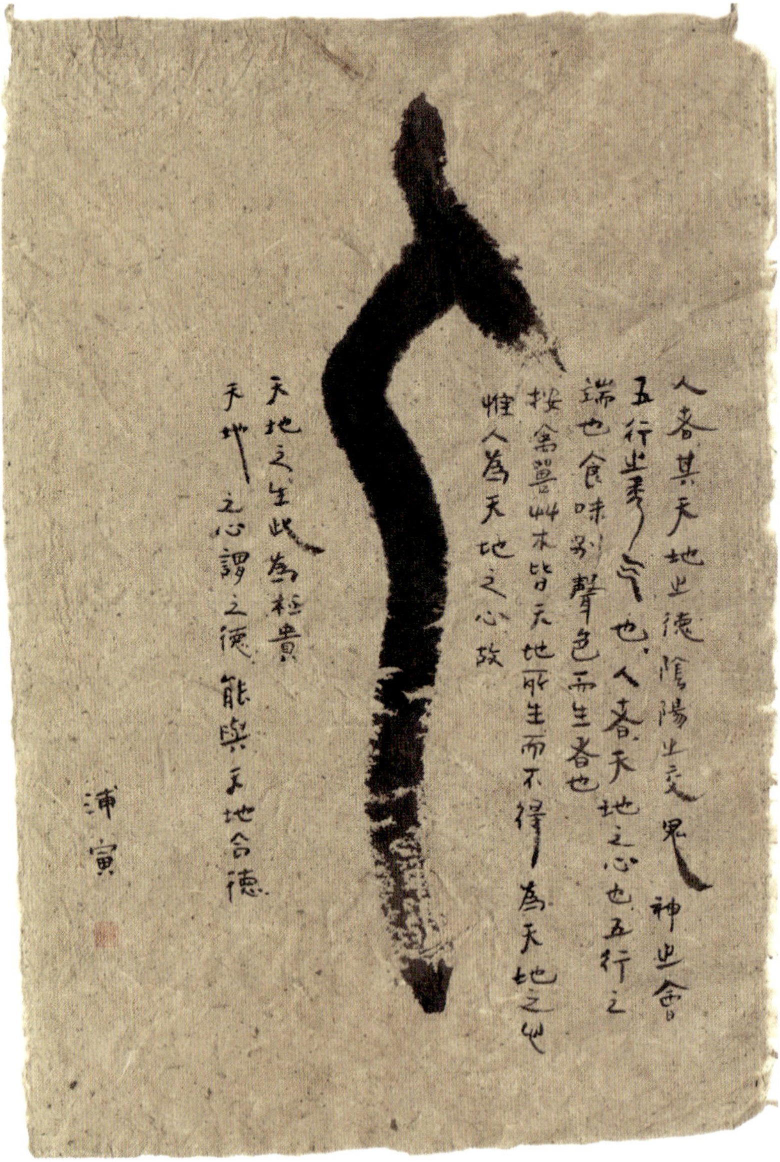
人者其天地之德陰陽之交鬼神之會
五行之秀氣也人者天地之心也五行之
端也食味別聲色而生者也
按禽獸艸木皆天地所生而不得為天地之心
惟人為天地之心故
天地之生此為極貴
天地之心謂之德能與天地合德
浦寅

[rén]

人

甲骨文 金文 篆书 隶书 楷书

在希腊神话中有一个人面蛇发的女妖，名叫斯芬克斯。她坐在悬崖上，拦住过往的行人，问他们一个谜语：什么动物早晨四条腿，中午两条腿，晚上三条腿，腿越多，越无力。猜不中者就会被女妖吃掉。

希腊英雄俄狄浦斯路过此地，同样遭到了斯芬克斯的盘问，但俄狄浦斯猜中了谜底：人。

人在婴儿时期，就是人生的早晨，柔弱无力，只能用四条腿来爬行；而中午是人的壮年时期，用两条腿行走；而晚上就是人的暮年，在人的暮年，他要拄着拐棍，这不就是三条腿吗？腿最多的婴儿时期最无力。斯芬克斯被猜中了谜底，羞愧地跳下山崖而死。

这个神话传说表现了希腊文化里面一个特别重要的课题，人，我们从哪里来，要往哪里去。在古希腊太阳神庙上，有一行大字：人啊，认识你自己。

甲骨文的人只有一条腿，是一个人侧面的形状。实际上它表现的是两条腿，是人体的一个动态，他在弯腰劳动。

甲骨文子的写法，一个大大的脑袋、柔软的身体，和挥舞着

的双臂。这与斯芬克斯谜语道理是一样的，表现的就是小孩子的柔弱，这是早晨。甲骨文的考，是一个长发、弯腰驼背的老人形象，拄着一个拐棍。在古汉字里面，考就是老的意思。

这些甲骨文也都表达了同斯芬克斯谜语相同的含义，可见东西方文化在某些方面有着奇妙的暗合。

更重要的暗合实际是精神上的，在古人的概念里，只有活动的人形才能称之为人，也就是说生命力、活力是第一位的。古希腊人说：生命在于运动。中国古人说：天行健，君子以自强不息。

东西方文化在人的认识上有相同，也有不同。古希腊时期的雕像《掷铁饼者》，表现了一个健壮的男人的形体，是世界文化史上一个经典雕像，优雅，充满力量。而中国秦朝的兵马俑雕像，其震撼则不在于个体，而在于军阵集体。这两组雕像表现的是东西方在人的着眼点上的不同，西方的着眼点在个体，而东方的着眼点更多的是在集体，在集团。

隶书的人，一撇一捺，成了“人”字的互相支撑。其实在古代，与其说是人互相依靠，不如说是人管理人。自从商鞅变法以后，人就被编成户籍，被严格地管理了起来，秦国变成了一个大兵营。在这样一种环境下，人的个性在逐渐地，一步一步地被压抑，被削弱，强调的是王权。这种等级制度从宰相地位的变迁就可以很直观地感受出来。

在先秦，宰相地位很高，管仲被齐桓公尊称为仲父，范增也被项羽尊称为亚父，“亚”就是第二的意思。在秦朝的朝堂上，朝臣们都是坐着议事的。到了汉朝，三公坐而论道。唐朝，宰相的权力也很大。但是到了宋朝，赵匡胤有一次使了个阴谋，当时的宰相是范质。有一次赵匡胤说：“范宰相，奏折上这个字我怎么看不清啊？您来帮我看一眼。”范质就抬起身来，过去指给他看，说完了回身，座位已经被太监们撤走了，从此宰相的座位就从朝堂上消失了，所有的大臣在朝堂上议事都只能站着。而到了明朝，更是一言不合扒下衣服就打屁股。到了清朝，那就是奴才了，只能跪着，这个时候人就已经被贬得很低了。这一方面反映了封建专制制度在一步一步贬低人的独立性。

西方还有一座非常著名的雕像，米开朗基罗的《大卫》，气质跟古希腊的雕像很像，是文艺复兴时期的作品。文艺复兴，复兴的是古希腊罗马的精神，实际上是重新肯定人的价值。到了后来，启蒙运动，进一步肯定了天赋人权和人的自由。西方国家能够后来居上，超越世界其他的国家，一个很重要的原因就是它确立了人的价值。

现在，我们已经进入了网络时代，我们的个性、个人的自由得到了空前的发挥、空前的解放，这是一个非常好的现象。

我还是更喜欢甲骨文上人的字形，这是一个独立的人形，他独立、勤劳、彬彬有礼，人的概念在于生命力，他不应该是四条腿的婴儿期，也不应该是三条腿的衰老期，作为具有生命力，有独立人格的人，是用两条腿坚实地站立在天地之间的。

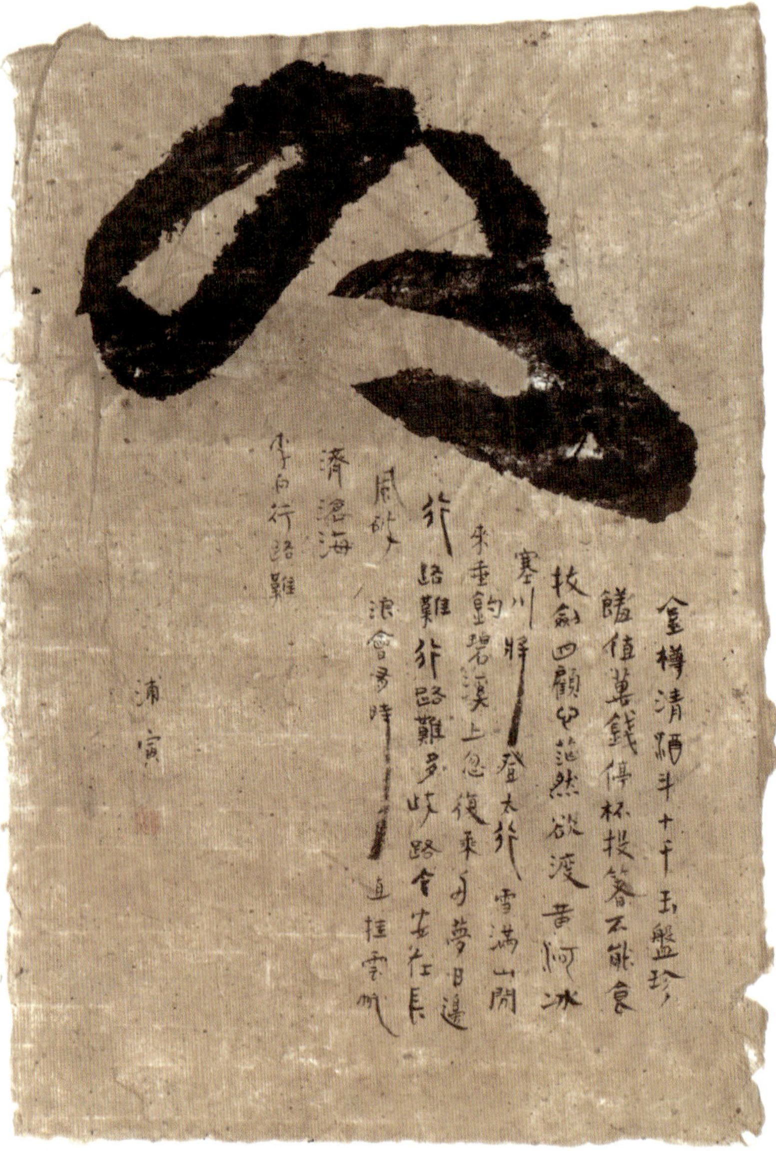
金樽清酒斗十千玉盤珍羞直萬錢停杯投箸不能食
拔劍四顧心茫然欲渡黃河冰塞川將登太行雪滿山閑來垂釣碧溪上忽復乘舟夢日邊
行路難行路難多歧路今安在長風破浪會有時直挂雲帆濟滄海
李白行路難
浦寅

[zhēng、zhèng]

正

“正”看起来很简单，基本均匀布局的笔画，方方正正，连我们计票唱票的时候都会写“正”字，但这个字，其实并不简单。

甲骨文的正，是一个方框形，下面有一个代表行进的止，对于这个字形，文字学家有不同的解释。

一种说法是，这是射侯的靶子。周天子会组织贵族青年射箭，成绩好的可以封侯，叫射侯。有学者认为正是射侯的靶子。《诗·齐风·猗嗟》:“终日射侯，不出正兮。”意思是（这个英俊的男人）射侯一整天，次次命中靶心。

还有人认为是猎取野兽。也认为本义为征，行进的意思，但这种征并不限于战争，可以是巡省邦国，也可以是狩猎。在商代晚期，每年的第一个月要举行巡狩之礼，正（zhēng)，这是一年中盛大的节日，所以这个月就被称为正月。

还有一种解读是，方框表示城邑，止表示前往，如果说卫是城邑周围都是止（脚)，意为保卫，那么城邑下面一个止，那就是攻伐了。正的本义就是出征攻打城邑。

总结以上的解读，“正”除了射侯这一点，其他意思大体一致，那就是出发前往某地，而活动的主体是天子或王，是具有居高临下的身份感的。读音为 zhēng。如《书·汤誓》：“予畏上帝不敢不正。”

金文承续了甲骨文字形。篆书把表示城邑的一点变成一横。楷书正把这个字变得四平八稳。

由于是居高临下的正，于是引申出中间、正确的含义，这时候读音为 zhèng。

比如孔子说：“席不正不坐，割不正不食。”正，也成为道德标准，正人君子、平心持正。没毛病的事，我们会说：正常。

由于“正”是正确、正常，在古代的词语中，对掌握标准的人都可以叫正。比如车正是掌握车辆标准的官员，木正是掌握木器制作标准的官员，还有陶正、农正、田正、土正、水正、庖正，等等。

《水浒传》里的晁盖被称为“晁保正”，古代农村每十户为一保，设保长；每五十户设一大保，设大保长；每十大保（也就是五百户）设都保；都保的领导叫都保正，还有一个副保正。“保正”大体上相当于现在乡长的职位。

汉字逐步细化，原来征伐的本义就用“征”字了，这个字也是甲骨文，是“正”的另一种写法，意思一样。而正（zhèng）这个字，就专门用来表示“正确”的意思。

[dà、dài]

大

甲骨文　金文　篆书　隶书　楷书

中国人喜欢大的东西，住大房子，建大广场，用大屏幕手机，尤其是要开大车。国外的畅销车型到中国来一定要加大，否则卖不动。SUV 又费油又不好泊车，洗车都比小车贵，那些死贵的越野功能在平坦的城市道路上一辈子也用不上，但就是卖得好，大，气派。

大字来自二期甲骨文，一个正面站立的人形，挺胸昂首，舒展双臂，稳稳地站立在大地之上。

在商代，国之大事，在祀与戎。能够如此伟岸站立于天地之间的，要么是一个高大的祭司，要么是一个得胜的将军，他威风凛凛地岔开双腿，在族人眼中，他和天地一样伟岸。

《说文解字》：“大，天大地大人亦大，故大象人形。”意思是说：天地人都是大的，所以人的形状就是大。许慎尽管没见过甲骨文，很多解读有误，但对“大”字的解读应是准确的。

这个“大”字，让我想到《易经·大有卦》，有的古汉字是手持一大块肉，应是祭祀的形象。大有就是大大的存在。此卦上卦为离，为火；下卦为乾，为天。火在天上，普照万物，万民归顺，顺天依时，大有所成。某种意义上讲，《大有卦》也是甲骨文“大”字的情景再现。

这个“大”字是春秋时期铸造在青铜器上的，是庄子生活的年代。春秋是中国历史上思想最活跃的时期之一，诸子百家纷纷著书立说，百家争鸣。那是一个仰望星空的时代，中国的哲人在思考宇宙、人类的终极问题。庄子就在思索什么是大，什么是小，空间有没有边际，时间有没有终极。

庄子在他的《逍遥游》中展现了他天马行空的想象。他说有一种大鱼，有多大？后背就有几千里，它还能变成鸟，后背也不知有几千里，飞起来那大翅膀若垂天之云。这就是鲲鹏。这么大的动物够大吧，但却遭到两种小动物的嘲笑，说自己在树丛中蹦蹦跳跳也很自在。

一方面，我们看到小动物眼界狭小的局限。而另一方面，鲲鹏之大也不是没有限制，它受到的限制恰恰是自身之大。庄子认为，这样的大鸟飞行，要有厚实的风力，大鸟背负青天，实则是风在下面托着，才能一飞九万里。这就是中国文化中一个著名的命题，小大之辩。

其实庄子并不推崇大，他曾经讥讽有人说大话是大而无当，也形容过一种大树，树冠之大也是若垂天之云，但“其大本拥肿而不中绳墨，其小枝卷曲而不中规矩，立之涂，匠者不顾”。说这种树木质疏松，没什么用处，木匠都不想砍他。不过庄子说正因为它无用，才得以安安静静地活到天年。

大（dà）夫是古代官名。西周以后先秦诸侯国中，在国君之下有卿、大夫、士三级。大夫世袭，有封地。后世遂以士大夫指称官僚阶层，乃至整个与官方有联系的知识阶层，是古代的中产阶级。

颜真卿是士大夫阶层的杰出代表，儒学功底深厚，为人刚直。由于性格耿直，多次被贬官。安史之乱，颜真卿是平原郡守，在河北二十四郡纷纷失守的情况下，犹如中流砥柱，一直坚守。晚年受到奸相妒恨，故意派他到叛军李希烈军中传达圣旨，最终为叛军杀害。

罗贯中评价：“ 颜鲁公三朝旧臣，忠直刚决，名重海内，人所信服。然以耄（mào）耋（dié）之年，犹不能豫为退身之策，卒至陷于逆贼之手，良足悲矣。”他赋诗：“万古真卿义不磨，冲天豪气世间无。忠贞凛凛名犹在，烈烈轰轰大丈夫。”

所谓字如其人，颜真卿为人光明正大，而他的书法，也是刚直沉郁，代表了中国文化审美的特征：大气。

大，是屹立于天地之间的大大的人，是大丈夫磊磊落落大气磅礴的气魄。同时，大不是虚荣，不是浮夸，不能为大所累。真正的大，是人的胸怀，就像古人说的：吞吐八荒，有容乃大。

[míng]

明

甲骨文　金文　篆书　隶书　楷书

“明月几时有，把酒问青天。”明，是一个很美好的字。很多人的名字里有“明”字，他们会说，我这个明，是日月明。但是甲骨文的明，却不一定是日月明。

在甲骨文里，“明”字有好几种写法，这种写法非常传神，左边的囧，是地穴式建筑用于通风采光的天窗，右边是月，合起来表示月光透过天窗照进黑暗的屋里，那月光就是光明。

顾城有一首诗：“黑夜给了我黑色的眼睛，我却用它寻找光明。”揭示了黑暗与光明的关系。而我们的祖先在造字的时候同样是这样思考的，黑暗与光明是互为因果的，屋子里越黑，照进来的月光就越明亮。

《说文解字》：“朙，照也。从月从囧。”意思是说：明是照亮的意思，由月和囧组成。许慎解释得很准确。许慎之所以能够解释准确，是因为明这个字形从甲骨文以来变化不大。

金文、篆书承续甲骨文字形，都是窗户和月亮的组合。其实甲骨文也有日月明的组合，如，就是日加上月，表示日出之前，天色微微发亮，月亮还停留在天上的时刻。这种时刻就

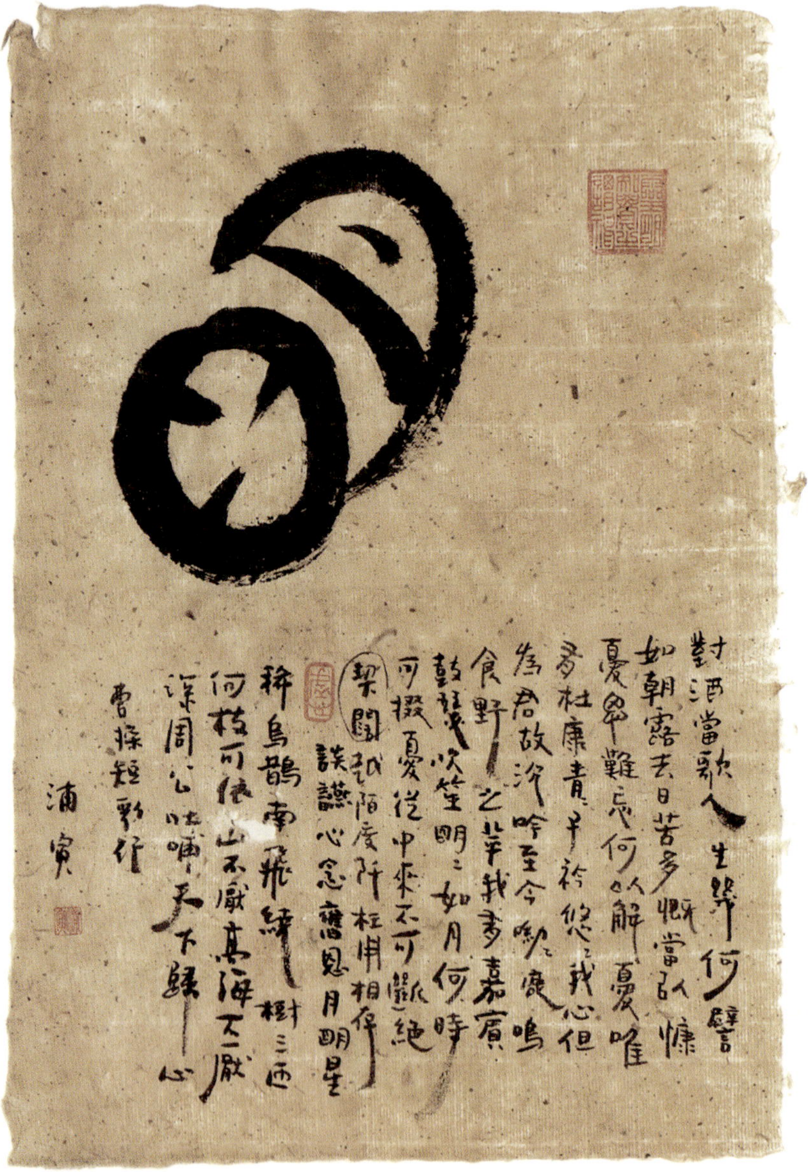
對酒當歌人生幾何譬
如朝露去日苦多慨當以慷
憂思難忘何以解憂唯
有杜康青青子衿悠悠我心但
為君故沉吟至今呦呦鹿鳴
食野之苹我有嘉賓
鼓瑟吹笙明明如月何時
可掇憂從中來不可斷絕
越陌度阡枉用相存
契闊談讌心念舊恩月明星
稀烏鵲南飛繞樹三匝
何枝可依山不厭高海不厭
深周公吐哺天下歸心
曹操短歌行
渝寅

是明，黎明。所以在后来的汉字书写中，囧月朙和日月明同时存在，表达的意思都是光亮（明亮）、清楚（明晰）。

由于“明”代表黎明，所以人们在夜晚谈论第二天的事项时，会说“天明以后如何如何”，于是引申出代表第二天的明日，后来泛指未来。

明代诗人钱福有一首《明日歌》：

明日复明日，明日何其多？
我生待明日，万事成蹉跎。
世人若被明日累，春去秋来老将至。
朝看水东流，暮看日西坠。
百年明日能几何？ 请君听我明日歌！

诗歌很明白，看来拖延症古已有之，我们今天典型的拖延症大概就是这句话：“从明天开始，我要减肥。”

你要是看过金庸小说《倚天屠龙记》，肯定知道张无忌担任教主的明教，按照小说描写，明教的一位小头领朱元璋后来赶走了蒙古人，建立了明朝。历史上确实有一个宗教叫明教，也就是摩尼教，他们相信光明和黑暗是对立的，明王出现，就能驱除黑暗。摩尼教在唐代武则天时期传入中国，开始是合法的，后来受到朝廷打压，转入地下。由于打着佛教的名义，所以经常和白莲教混在一起。元末农民起义，红巾军韩山童就是白莲教的头领，自称弥勒转世，明王出世。朱元璋就是参加红巾军慢慢发家的，虽然他不一定是明教教徒，但他的队伍里的确有很多明教中人，当然，是教徒，不是武侠。

朱元璋定国号为大明固然有继承韩山童大明王道统的含义，其实更重要的是按照儒家的讲究，明是光明，分开是日月，是朝廷的正祀。按照阴阳五行学说，南方是火，为阳。北方是水，为阴。新朝建都金陵，也就是现在的南京，地处南方之火。元朝的都城是大都，也就是现在的北京，地处北方，属水。那么，以火制水，以阳消阴，以明克暗，所以定国号为“明”。

[shèng]

圣

甲骨文　金文　篆书　隶书　楷书

万圣节和圣诞节是西方的两个重要节日，翻译都用了汉字“圣”，但用得都不好，这两个节日和汉字“圣”其实不沾边，万圣节也有译成万灵节，圣诞节也有译成耶诞节的，这样比较贴切。

我们简化字用的“圣”这个字形其实是一个古字，甲骨文就有，是双手恭敬地捧着土，表示供奉土地，敬拜土地神。还有一种甲骨文字形，将双手改成一只手“又”，三点指事符号表示土屑。土的形象不变。篆书进行了简化，上面一个又，下面一个土，成为我们今天使用的“圣”字。不过意思不同，古人称主天者为神，称主地者为圣，是土地爷爷。

我们今天说的“圣”更多的是指繁体字“聖”。

聖，甲骨文是一个人形上长着一个大耳朵。我们以前见过很多人形上一个大眼睛，比如见、限、望等，同样的造字原理，人形上一个大耳朵表现这个人善于听。

生活中我们知道，善于听比善于说难得多。不知道你碰没碰到过这样的人，聊一晚上他几乎什么都没说，但你们已经是知音了。这就是会听的魅力。

聖

古之聖人其出人也遠矣猶且從師而問焉
今之眾人其下聖人也亦遠矣而恥學於師是故
聖益聖愚益愚聖人之所以為聖愚人之所以
為愚其皆出於此乎愛其子擇師而教之於
其身也則恥師焉惑矣彼童子之師授之書而
習其句讀者非吾所謂傳其道解其惑者也
句讀之不知惑之不解或師焉或不焉小學而大遺
吾未見其明也巫醫樂師百工之人不恥相師士大夫
之族曰師曰弟子云者則群聚而笑之問之則
曰彼與彼年相若也道相似也位卑則足
羞官盛則近諛嗚呼師道之不復而
知矣巫醫樂師百工之人君子不齒今其智乃
反不能及其可怪也歟
聖人無常師孔子師郯子萇弘師襄老聃郯子
之徒其賢不及孔子孔子曰三人行則必有我師是
故弟子不必不如師師不必賢於弟子聞道
有先後術業有專攻如是而已
韓愈師說

浦寅

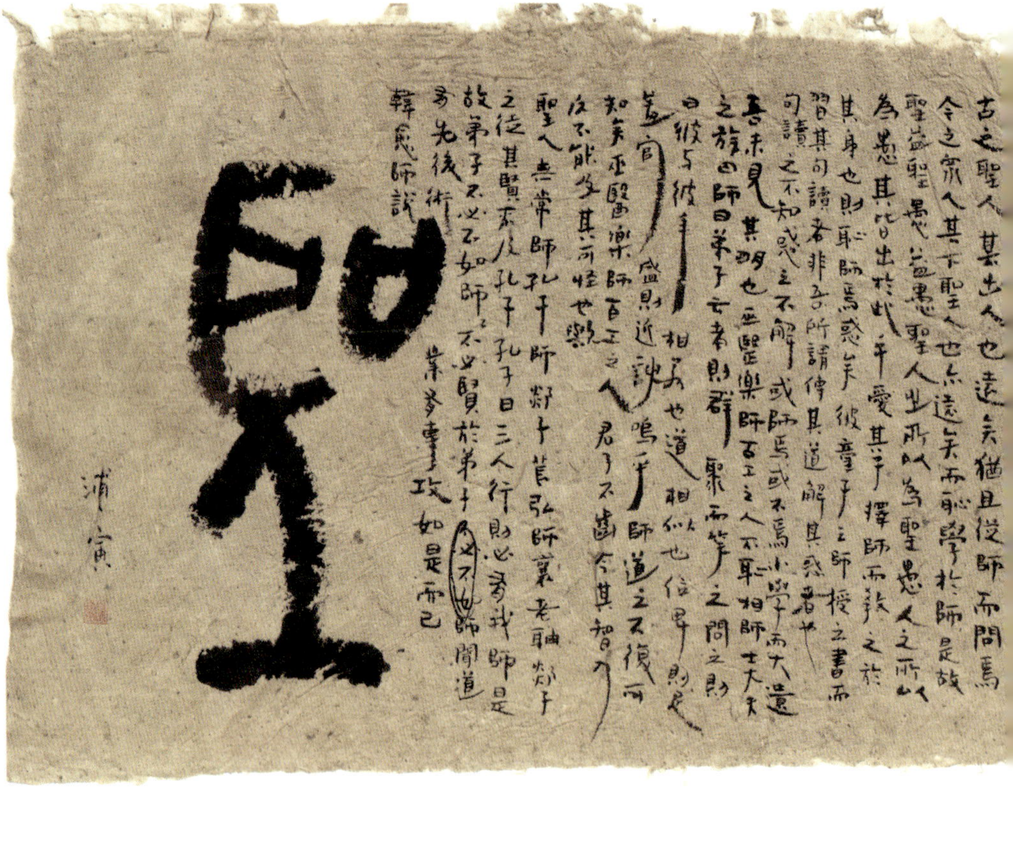

古人认为：善于谋划是智者，善于表达是辩才，善于辅佐是贤者，善于听话就是圣人了。《说文解字》：“圣，通也。耳顺之谓圣。”意思是因为善于听，所以通达。《管子·四时》：“听信之谓圣。可见会听有多重要。”

甲骨文还有一种字形，加上了口，我们说“口”形有多种解释，可以解为巫师祝咒的法器，也可以解为语言、说话。我个人还是比较倾向于解读为巫师的法器，因为上古时期巫师具有最高权力，这个法器表明他至高无上的地位。

金文将甲骨文字形中的人改成了壬，是人站到了高高的土堆上。站在高处，眼光、见识当然不同，圣人这时候就完美了：胸怀宽广，善于听取各方面的知识和意见，他还能通神，听取天地神灵和祖先的神谕，他站在高处，视野宽广，目光远大，能够洞见未来。“才德全尽谓之圣人”，至善至美。道家的黄帝、老子、列子、庄子，儒家的尧、舜、禹、孔子、孟子，是受到后世公认的圣人。

篆书和金文差别不大，只是把壬的字形明确规范了。隶书、楷书虽然在笔画上有微小的差别，这是书法家常有的现象，但总体字形已经定型。《汉字简化方案》以“圣”合并“聖”。

圣，在中国文化中是一个完人的形象，追踪到最早的意义，竟然是善于听话，这是值得我们深思的。韩愈《师说》中的一段话：

古之圣人，其出人也远矣，犹且从师而问焉；今之众人，其下圣人也亦远矣，而耻学于师。是故圣益圣，愚益愚。圣人之所以为圣，愚人之所以为愚，其皆出于此乎？

古代的圣人，他们远超出一般人，尚且跟从老师而请教；现在的一般人，他们远低于圣人，却以向老师学习为耻。因此圣人就更加圣明，愚人就更加愚昧。圣人之所以能成为圣人，愚人之所以能成为愚人，大概都出于此吧？

[zhōng]

中

甲骨文　金文　篆书　隶书　楷书

中庸之道是深入中国人骨髓的文化特点。

甲骨文的中是一个口加中间的，表示带幡的旗帜，旗杆上端、下端扎有风幡，风幡为指挥军队行动的标识。商殷王朝军队编为三军，即左军、中军、右军。此旗为中军之旗。中军为统帅，由此，“中”有了中央、正中之义。

有一种甲骨文字形，像两旗相对，表示两军对峙。有的甲骨文在两旗之间的对称位置加一点指事符号●，并在圆点外加两点（分），表示在相互对峙的两股军事、政治力量之间没有倾向。这个字形让我想起了中国历史上一个非常特殊的宰相，冯道。

中国历史上有一个非常特殊的时期，就是唐朝灭亡以后的大分裂时期，军阀藩镇割据，各自成立了一些短命的政权，这就是中国历史上的五代十国。就是在这样动荡的年代，有一个人，居然经历了四朝十一帝，担任宰相。前脚皇帝刚被赶跑了，后脚来一皇帝他还是宰相。这就是不倒翁冯道。这是不是太无忠义可言。谁当皇帝都为他服务，连契丹入侵也一样给人当宰相。欧阳修骂他“不知廉耻”，司马光更斥其为“奸臣之尤”。

中者不偏也天下之大
根基故君子固本本固邦寧
天健中節務本謂之中固本謂之
天下之大才速資速成為此千古之道學
於太極

本故君子務本立道生庸者不易也萬物之
成和各樂業也天下之達道故君子樂本
固本謂之庸樂本謂之和三者致者天地人三才立焉
成者無不合於事
一無不合

蒲寧

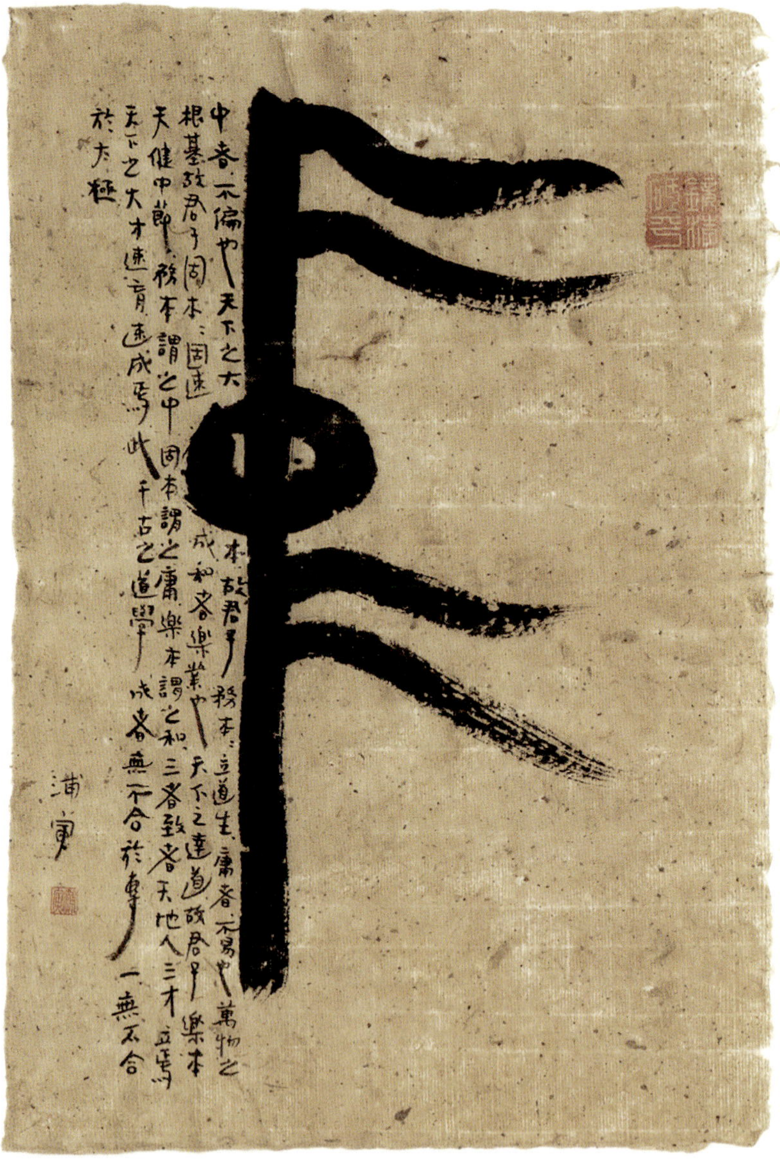

但是你考察他的一生，这个貌似软骨头的宰相并没有作恶，他不贪财，不好色，不结党营私，对年轻人宽容，频频改换门庭，只是在这乱世中尽量维持民生的稳定。

比如有一次，唐明宗问冯道："如今天下丰收，老百姓都很富足吧？"冯道说："不是，谷贵饿农，谷贱伤农，这是常理。我记得聂夷中的《伤田家》诗，'二月卖新丝，五月粜（tiào）秋谷。医得眼下疮，剜却心头肉。我愿君王心，化作光明烛。不照绮罗筵，遍照逃亡屋'。"唐明宗甚为感动，命令侍臣把这首诗记下来，经常诵读。

再比如契丹消灭后晋，志得意满的皇帝耶律德光在冯道面前傲慢地问道："你看这天下百姓，如何可救？"这是一句反话，意思是，天下的百姓我想杀就杀，你能奈我何。冯道说："就算是佛祖再世也救不了百姓，但是陛下您能耐比佛祖大，只有您才能救得了百姓。"马屁拍得耶律德光极为受用，于是打消了杀念。

那是一个杀人如麻的乱世，白骨露于野，千里无鸡犬。冯道用自己的方式保住了无数生灵的性命。在这乱世之中，冯道甚至做出了建设性的功绩，他主持国子监对《九经》进行刻板印刷，是中国历史上首度大规模以官方财力印刷的套书。这样看起来，冯道应该是最早的政府公务员，或者说是职业经理人，皇帝可以更迭，政府公务员却照样履行职责。

冯道自己的诗：

但教方寸无诸恶，虎狼丛中也立身。

冯道奉行的，就是“中”的智慧。犹如两军之间的中间地带，中立立场，守住自己的原则，而对所谓道统、正朔、君臣这些所谓正统置之不理。

我们今天来谈论冯道的故事，其实并没有多少惊世骇俗，现代人没什么正统观念，对冯道当然是理解的，甚至羡慕他的一生荣华。但冯道奉行的，并不是真正的中庸之道。

《说文解字》:“中，内也。从口。丨，上下通。，古文中。，籀文中。”意思是说：中是事物的内部。字形采用口作字根。中间的一竖丨（gǔn），表示上下贯通。

儒家经典四书五经中的《中庸》，对中庸的定义是这样的：

喜怒哀乐之未发谓之中，发而皆中节谓之和。

意思是说：喜怒哀乐还没发生的时候就是中。喜怒哀乐发生但是有节制就是和。这种自我控制情绪的功夫就是中庸。中庸是找到事物的平衡点，最高境界就是天人合一。近代著名作家林语堂介绍了他所理解的中庸的生活：“一个半有名半无名的人；在懒惰中用功，在用功中偷懒；穷不至穷到付不起屋租，而有钱也不至有钱到可以完全不工作，或可以随心所欲地帮助朋友；钢琴会弹，可是不十分高明，只可以弹给知己的朋友听听，而最大的用处却是做自己的消遣；古董倒也收藏一些，可是只够排满屋里的壁炉架；书也读读，可是不太用功；学识颇渊博，可是不成为专家；文章也写写，可是寄给《泰晤士报》的信件有一半退回，有一半发表了。总而言之，我相信这种中等阶级生活的理想，是中国人所发现的最健全的生活理想。”这其实是林语堂先生自己生活的写照。

这样看来，我们大多数人奉行的生活态度就是中庸之道，只是还没修炼到林语堂那样的境界。

老浦觉得，这样的中庸之道没什么不好，有自己对事物独立的判断就不会感情用事，有自己中等的收入就能安定从容，有包容超然的生活态度就能体会生活之美，何乐而不为。

怒髮衝冠憑欄處瀟瀟雨歇
抬望眼仰天長嘯壯懷激烈
三十功名塵與土八千里路雲和月
莫等閒白了少年頭空悲切

靖康恥猶未雪臣子恨何時滅
駕長車踏破賀蘭山缺
壯志飢餐胡虜肉笑談渴飲匈奴血
待從頭收拾舊山河朝天闕

志

滿江紅

溥寅

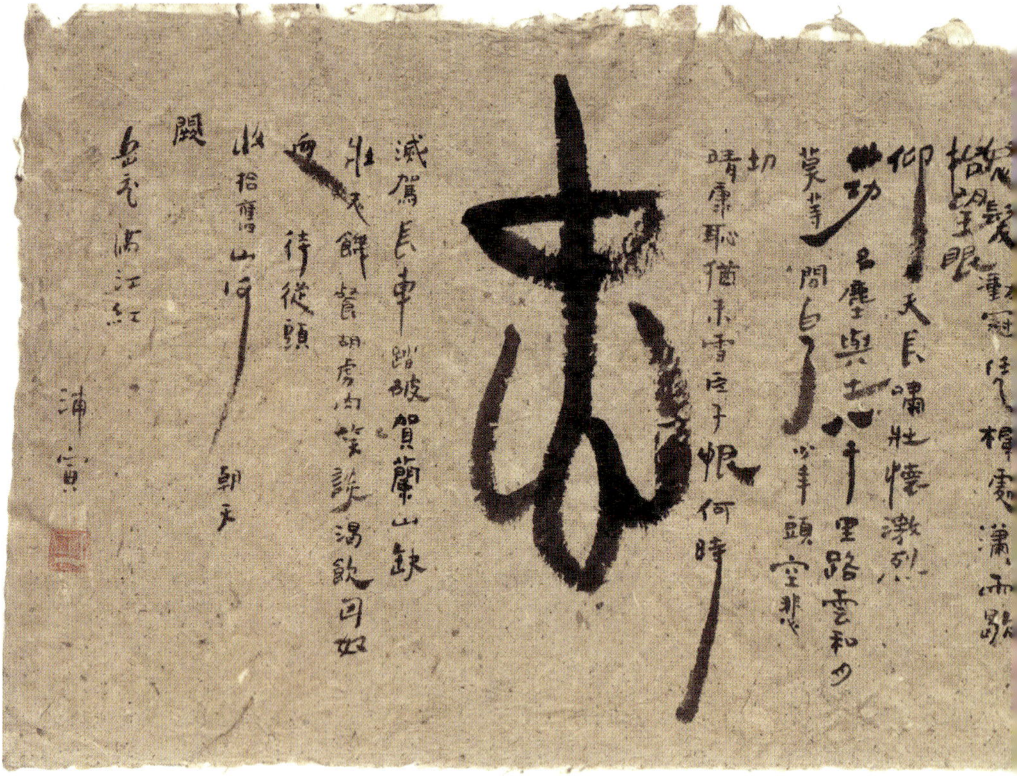

[zhōng]

忠

甲骨文 金文 篆书 隶书 楷书

忠孝节义，被誉为中华传统美德，其中“忠”排在第一位，可见其重要性。但是我们从识字的角度看这个字，发现这个字可能被误读了，而且是有意的。

金文的忠是一个中间的中，表示持正不偏，立在一个心上，中是中军的一面旗帜，表明中心位置，也表明不可动摇，不可撼动的尊严。心是我们的心脏形状，是人的生命，也是人的情感代表。两个重要的符号合起来，表示自己内心的原则。这个原则是不可撼动的，是人的生命，甚至高于生命本身。换句话说，这就是信仰。我们用一个人的例子来诠释一下这个概念，屈原。

屈原的最后一首诗《渔父》：

屈原既放，游于江潭，行吟泽畔，颜色憔悴，形容枯槁。渔父见而问之曰：“子非三闾大夫与？何故至于斯？”屈原曰：“举世皆浊我独清，众人皆醉我独醒，是以见放。”

渔父曰：“圣人不凝滞于物，而能与世推移。世人皆浊，何不淈其泥而扬其波？众人皆醉，何不哺其糟而歠其醨？何故深思高举，自令放为？”

屈原曰：“吾闻之，新沐者必弹冠，新浴者必振衣；安能以身之察察，受物之汶汶者乎？宁赴湘流，葬于江鱼之腹中。安能以皓皓之白，而蒙世俗之尘埃乎？”

渔父莞尔而笑，鼓枻而去，乃歌曰：“沧浪之水清兮，可以濯吾缨；沧浪之水浊兮，可以濯吾足。”遂去，不复与言。

意思是说：刚刚洗完澡的人一定要换干净的衣帽，干净洁白的身体怎么能忍受污垢。宁愿葬身鱼腹，也不能让世俗玷污了自己清白的精神世界。

可见，屈原是受不了尘世的污浊而自沉，是忠于自己的内心，并不是忠于当时的楚国或君主楚怀王。这种忠，是“忠”这个汉字的原义。春秋时期的荆轲、聂政这些侠客，都是这种忠实于自己内心原则的践行者。

篆书的忠，字形变化不大，但是在字义上，其实已经悄悄发生了一些变化。《说文解字》：“忠，敬也。从心，中声。”意思是说：忠是敬仰、尊敬。字形采用心作形旁，采用中作声旁。

忠是儒家学说的重要内涵与范畴。孔子提出君子行事以忠信为主，一次，他的学生子张问什么是可以到处都能行得通的办法，孔子说：说话要忠信，行事要笃敬，即使到了蛮貊之邦也会畅通无阻；反之，即使在本乡本土也行不通。

变化是，忠，已经不仅仅是自己的内心，自己的原则，而是人对天地、真理、信仰、职守、国家及他人等都至公无私，始终如一，尽心竭力。这就造就了《红楼梦》中贾宝玉讥讽的文死谏、武死战。很多后世被誉为忠臣的人，面对昏庸的皇帝，文官以死进谏，武将以死殉国。这是当时的价值观。

曹雪芹借贾宝玉之口发表了这样的高论："那些须眉浊物只听见'文死谏''武死战'这二死是大丈夫的名节，便只管胡闹起来。哪里知道有昏君，方有死谏之臣，只顾他邀名，猛拼一死，将来置君父于何地？必定有刀兵，方有死战，他只顾图汗马之功，猛拼一死，将来弃国于何地？"意思是说：你拼了一死完成了自己的名誉，但于事无补，把国家大事撂下了。

人的基因里并没有忠，这是后代统治者硬塞给我们的。最早的忠，是屈原"宁赴湘流，葬于江鱼之腹中。安能以皓皓之白，而蒙世俗之尘埃乎"的高洁，孔子的忠，是虽在蛮貊之邦也"言忠信，行笃敬"的操守，哪怕文死谏、武死战无济于事，也坚守天地之心的原则。

在"忠"的演化中，最初的遵从自己的内心，遵从心中那面不可动摇的旗帜的本义，是最自然的行为，也是最值得在当代提倡的概念。最不足取的，就是放弃自我，对某个人或人为概念的愚忠。

方今之時臣以神遇而不以目視官知止而神欲行依乎天理
批大郤導大窾因其固然技經肯綮之未嘗而況大軱乎
良庖歲更刀割也族庖月更刀折也今臣之刀十九年矣
所解數千牛矣而刀刃若新發於硎彼節者有間

而刀刃者無厚
以無厚入有間
恢恢乎其於遊
刃必有餘地

美廩鈞四十九手
而刀刃若新發於
硎

溥寅

叶氏早養生

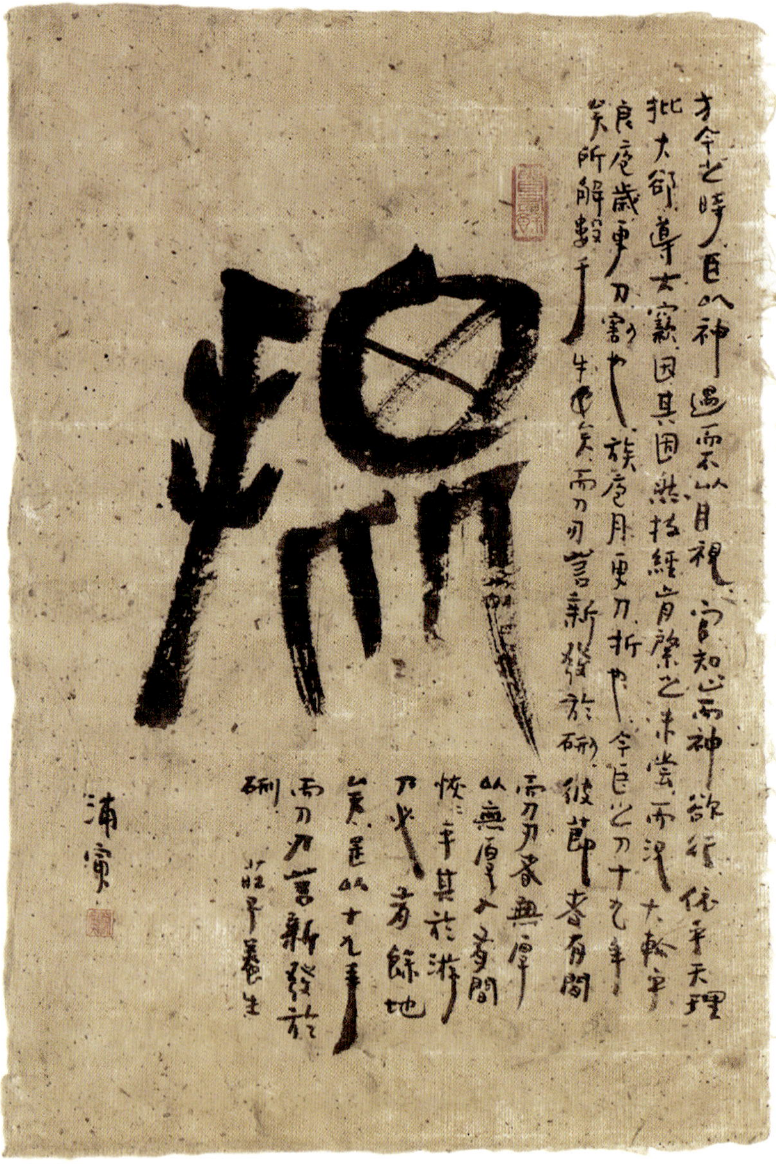

[pī]

批

缺

甲骨文　金文　篆书　隶书　楷书

批是个很霸道的字，批评、批判都有居高临下的语感，而批发则意味着量大价廉，大买卖。批的原义到底是什么呢？

批的金文左边是手，这就是提手旁；右边是比。比的原义是两个人并肩而立，《说文解字》："二人为从，反从为比。"意思是说：两个人一前一后就是"从"字，两个人不相跟从，并肩而立是"比"，引申为一个挨着一个，比比皆是。

手加上一个挨着一个的比，你想想生活中，遇上什么事儿的时候需要"手"，还是"一个挨一个"？就是打耳光嘛。掌掴是正手打脸，批就是反手打脸，连续击打对方的脸部。篆书增加了代表头部的卤，打耳光的含义更加清晰。《说文解字》："批，反手击也。"

《东周列国志》描写了一个打耳光的故事。在今天的河南省息县，有一个小国息国。息侯迎娶了陈国的美女，就是息妫。息妫在回国省亲路过蔡国的时候，遭到蔡侯的调戏。息侯为了泄愤，就请大国楚国惩罚蔡国。

没想到楚文王是出了名的暴虐。蔡国被打败，在招待胜利者的晚宴上，蔡侯对楚王说，天下的美女再没有美过息妫的。楚王好奇，于是他特意率兵去了息国，见到息妫，楚王大惊失色，直接灭了息国，悍然抢走了息妫。息妫成为楚夫人三年，生下两个孩子。但这三年她没说过一句话。楚王认为这都怪蔡侯，就发兵去灭蔡国。在收受了蔡侯大量的贿赂以后，得胜而归。

但冥冥中还是有因果报应的。楚王后来和巴国打仗，脸颊上中了一箭。打了败仗回不了国，就接着和黄国打仗，虽然得胜，但在当夜，宿于营中，梦见息侯怒气冲冲前来："孤有什么罪被你害？你还强占我的疆土，奸淫我的妻室，我已经向上帝告状了！""乃以手批楚王之颊。楚王大叫一声。醒来箭疮迸裂，血流不止。"楚王很快就一命呜呼。这耳光批得十分痛快。

批的原义是反手打耳光，引申为自上而下的指示：批示。上级对下级的公文进行审核，叫审批。对错误的观点事物指正，叫批判。而打耳光不留情面的特点，引申出对文章的评判：批评。金圣叹批点《水浒传》，由于切中要害，成为文学批评的典范。

由"批"耳光一下挨着一下的重复，引申出同样货物的集中，同样的货物叫一批，同样的大宗货物出货叫批发。

[pàn]

判

缺　缺

甲骨文　金文　篆书　隶书　楷书

判断的判来源于半，半的金文上面是一个表示分开的八，下面是牛，表示把牛分成两半。篆书加上刀，另造了“判”，强调用刀解牛。原字不加刀的“半”表示一半。

判的原义是剖开，《墨子·备穴》：“令陶者为月明，长二尺五寸六围，中判之，合而施之穴中，偃一，覆一。”意思是命令陶器匠烧制瓦管，每根长二尺五寸，大六围，从中剖开为两块，合起来安装在隧道里，两块上下合成圆柱。埋在地下，再命熟悉冶炼鼓风的工匠鼓风熏烟，以打退从地道里进攻的敌人。

由剖开，引申出区别、判别的含义。《庄子·天下》：“判天地之美，析万物之理。”评判天地的美感，解析万物的道理。由判别，引申出裁决诉讼，判案、判刑、判罪，审理的官员就叫判官了。

古代判案民间俗语也叫断案。但判和断还是有区别的。断是由甲骨文的绝字发展而来，绝是在两缕丝线的中间各加一短横，表示将丝线割成两段。表示将物体彻底分开，一刀两断。

这样比较就清楚了，判是将牛剖开一分为二，断是一刀两断，都有区分、评判的意思，但“判”就多了一分两半的公平公正的含义。

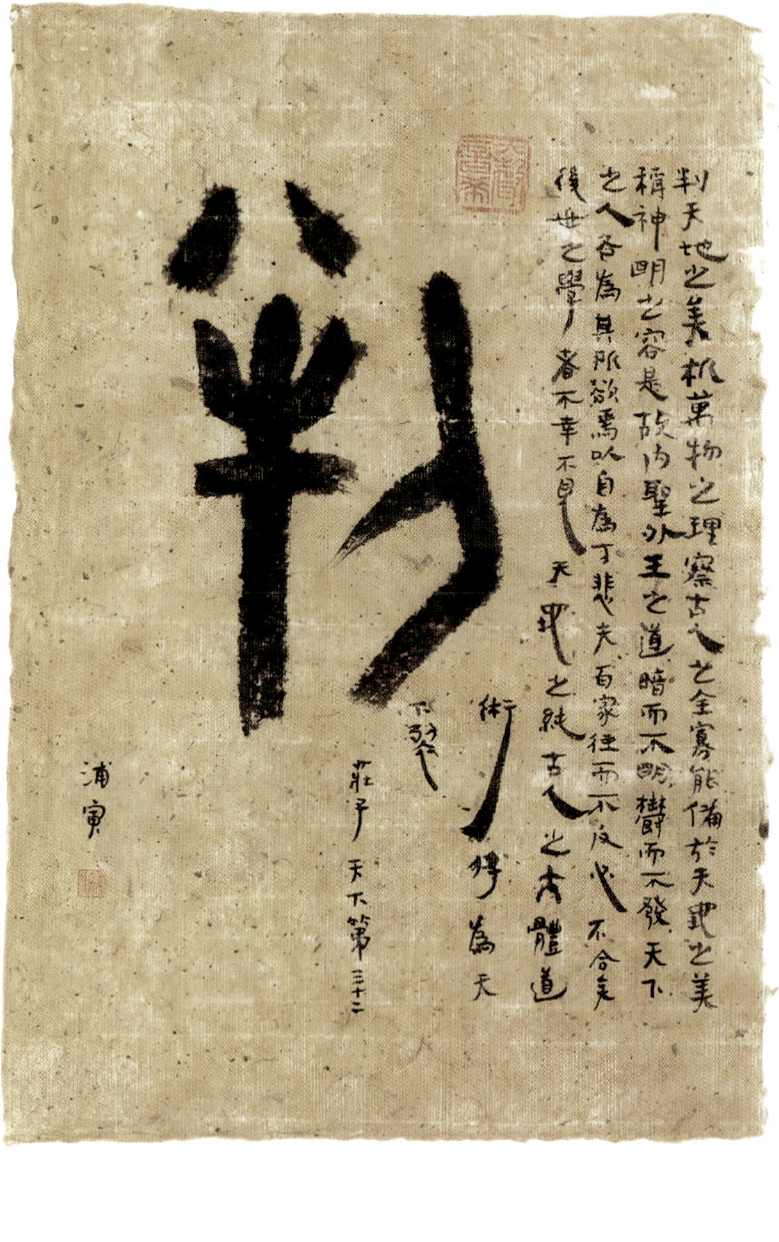
判天地之美析萬物之理察古人之全寡能備於天地之美
稱神明之容是故內聖外王之道闇而不明鬱而不發天下
之人各為其所欲焉以自為方悲夫百家往而不反必不合矣
後世之學者不幸不見天地之純古人之大體道
術將為天
下裂
莊子天下第三十三
浦寅

所以在需要公平正义的场合，我们用“判”比较准确：判分、判卷、批判、裁判、审判、公判。

唐宋时期，以高位兼任低职，以京官出任州郡官的叫“判”。宋朝时为了防止州郡长官权力膨胀，设立通判一职，一方面，他是州郡长官的副手，另一方面，他有权直接给皇帝上奏折，起到监察作用。

《水浒传》里有一个反面人物通判黄文炳，“这人虽读经书，却是阿谀谄（chǎn）佞（nìng）之徒，心地褊（biǎn）窄，嫉贤妒能，胜如己者害之，不如己者弄之，专在乡里害人”。说他是个闲官，没事跑知府那儿去钻营。正是他看出宋江的反诗。宋江怒杀阎婆惜后刺配江州，酒后在浔阳楼墙上写了一首诗：

心在山东身在吴，飘蓬江海谩嗟吁。
他时若遂凌云志，敢笑黄巢不丈夫。

黄巢是唐末的起义军领袖，笑黄巢不丈夫，那当然是要造反啊。

他还识破宋江装疯。黄文炳到知府那儿举报，把宋江抓了起来。宋江在戴宗的点拨下，装疯卖傻。知府蔡九面对装疯的宋江“没作理会处”，却被黄文炳识破，更识破假家书。为救宋江，梁山专门请人伪造了蔡京的家书，假造的家书瞒过了江州的所有人，包括蔡京的儿子蔡九，可黄文炳凭着一枚印章又识破了吴用的计谋。不是字迹不对，字是圣手书生萧让写的，印是玉臂匠金大坚刻的，都是做假字画的顶尖高手。问题是用的图章是蔡京当翰林院学士时使用的，当时蔡京已经是太师丞相，另外这是一封家书怎会用有名讳的图章。最后逼得梁山好汉只能劫法场，杀了很多人。黄文炳一家四五十口也都被杀了。黄文炳被李逵残忍杀死。平心而论，这倒是个称职的官员。

[fèn]

奋

金文的奋和夺一样，外面是衣服的衣，里面有一只小鸟，不同的是，夺是衣服外面有一只手，表示从衣服里把小鸟抢走，而奋斗的奋是衣服外面是广阔的田野，合起来，表示小鸟挣脱了衣服的束缚，在田野上奋飞。

想象一下，小鸟挣脱出来的一瞬间，一定是拼尽全力的。所以奋字就有了奋飞、振奋、激奋的含义。

《史记·高祖本纪》记载："秦末，怀王与诸将约，先入定关中者王之。当是时，秦兵强，常乘胜逐北。诸将莫利先入关。独项羽怨秦破项梁军，奋，愿与沛公西入关。"意思是秦朝末年时，怀王和诸将军约定：先进入关中的可以称王。关中是指在函谷关、大散关、武关和萧关之间的陕西地区。那时候，秦的兵马很强大，经常乘胜追赶溃败的敌人。诸将领没有认为先入关有利的，只有项羽怨恨秦军曾打败过项梁的军队，十分激奋，自愿和沛公向西攻入关内。这个"奋"，既有激愤的含义，也有斗志昂扬的激奋含义，很可以想见项羽的状态。

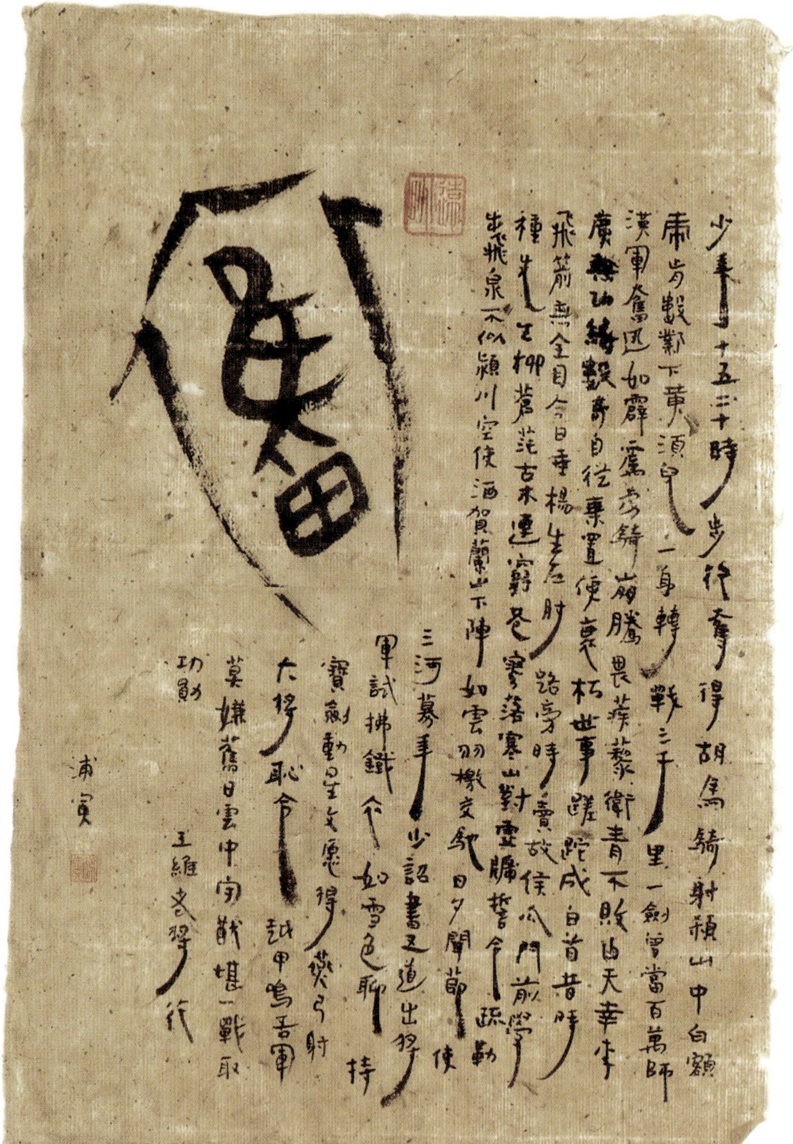
少年十五二十時步行奪得胡馬騎射殺山中白額
虎肯數鄴下黃須兒一身轉戰三千里一劍曾當百萬師
漢軍奮迅如霹靂虜騎崩騰畏蒺藜衛青不敗由天幸李
廣無功緣數奇自從棄置便衰朽世事蹉跎成白首昔時
飛箭無全目今日垂楊生左肘路旁時賣故侯瓜門前學
種先生柳蒼茫古木連窮巷寥落寒山對虛牖誓令疏勒
出飛泉不似潁川空使酒賀蘭山下陣如雲羽檄交馳日夕聞節使
三河募年少詔書五道出將
軍試拂鐵衣如雪色聊持
寶劍動星文願得燕弓射
大將恥令越甲鳴吾軍
莫嫌舊日雲中守猶堪一戰取
功勳
王維老將行

讲个自己的故事吧。我曾经长期从事电视节目的策划工作，央视《艺术人生》、凤凰卫视《一虎一席谈》都是当时的作品，但栏目录制过程中，常常感觉嘉宾不能把自己策划的重点表达出来，于是就有心自己上去做嘉宾。但是我知道自己说话的毛病很多，一个央视的老导演也是好朋友对我说："老浦你语速太慢，吐字也不清晰，甚至有点结巴，吃不了开口这碗饭。"

我自己明白，之所以有这些毛病，是自己害怕、紧张。最典型的案例就是在一家网站采访瓦尔德内尔，全程都在抖腿，被网友发现痛骂。我拜自己的学生编导为师，练习讲话。为了克服心理障碍，反复暗示自己：你是人来疯，你是最会表达的。经过反复锤炼，现在真成了人来疯，不怕当众表达了。

我的体会，自卑就是束缚自己的衣服，这样的束缚，也许来自外部，也许来自不理解你的家庭，更多的是来自对自己的成见。要想奋飞，就要挣脱观念的束缚，战胜内心的怯懦，超越自己。

总结一下，奋的原义是鸟儿挣脱猎人的束缚在田野奋飞，由于挣脱束缚的爆发力，就有了奋飞、振奋以及激奋的含义。奋的原义告诉我们，奋斗，就是不断挣脱束缚的过程。

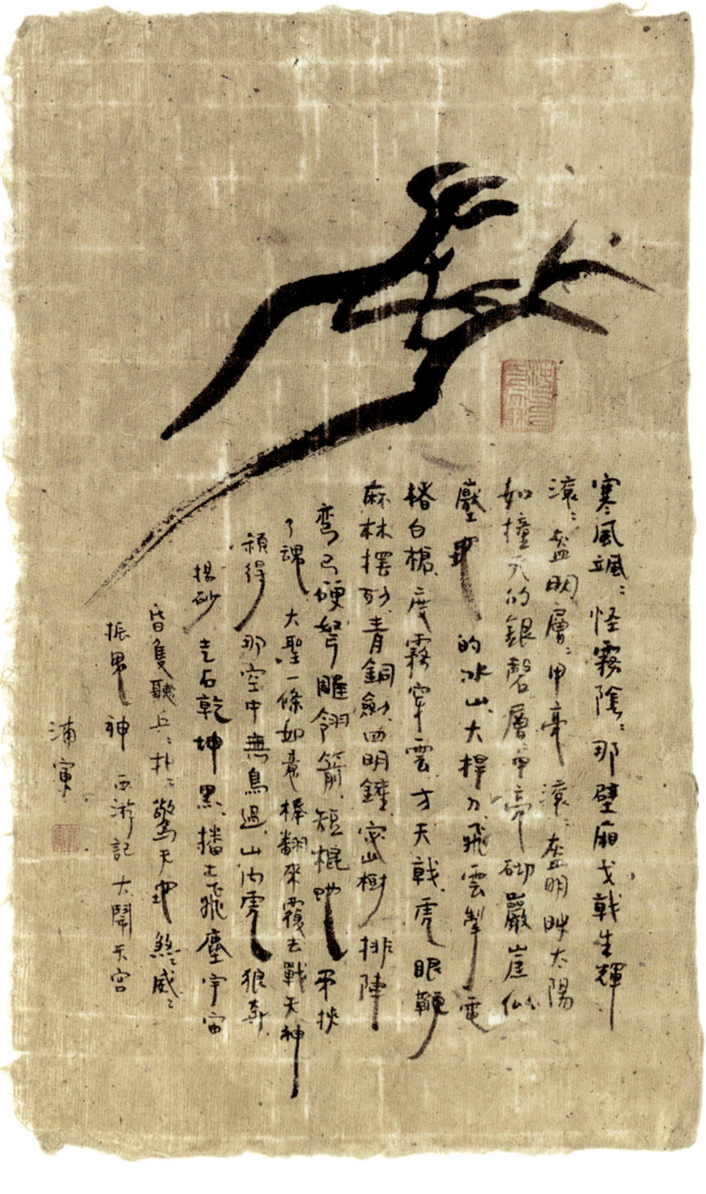
寒風颯颯怪霧陰陰那壁廂戈戟生輝
滾滾盔明層層甲亮滾滾盔明映太陽
如撞天的銀磬層層甲亮砌巖崖似
壓地的冰山大捍刀飛雲掣電
楮白槍度霧穿雲方天戟虎眼鞭
麻林擺列青銅劍四明鏟密樹排陣
彎弓硬弩雕翎箭短棍蛇矛挾
了魂大聖一條如意棒翻來覆去戰天神
殺得那空中無鳥過山內虎狼奔
揚砂走石乾坤黑播土飛塵宇宙
昏只聽兵兵撲撲驚天地煞煞威威
振鬼神 西游記 大鬧天宮
浦實

[dǒu、dòu]

斗

甲骨文 金文 篆书 隶书 楷书

鬥(dòu)，甲骨文是两个人面对面，向对方出手，相互搏击，扭打在一起。篆书美化了字形，也没有扭打，倒像是两个人顶在一起摔跤。

隶书更加弱化了两人相搏击的形象，字形与“門”非常接近。为了使“鬥 dòu”明确区别于“门”的繁体字形“門 mén”，有的异体字鬭加上斲，表示用武器相互攻击，有的异体字鬪加“豆”，表示与“斗”有相同的读音。

《说文解字》：“鬥，两士相对，兵杖在后，象鬥之形。”意思是说：鬥是两个士卒徒手对抗，兵械背在背后，像双方争斗的形象。

鬥的原义是打架。《荀子·荣辱》：“鬥者，忘其身者也，忘其亲者也，忘其君者也。”意思是打架的人打急了眼，自己的身体、亲人，甚至国君、法律，统统忘得一干二净。

用鬥作字符通常有争斗的意思，比如繁体字热闹的“鬧”，鬥字里面有个市场的“市”，表示这里喧闹得跟市场一样。注意这可不是门里面的超市，而是争吵、讨价还价的市井民生，滚滚红尘。

简化字的斗（dǒu）其实也是一个古体字，甲骨文像有手柄的大勺；金文还是一个长柄的勺子；篆书变形比较大；隶书的变形更大；楷书则将隶书字形中的勺形略写成两点。注意，这个字的读音是 dǒu，和鬥（dòu）不同。

斗的原义是盛酒的勺子，由此借用为度量单位，在汉代，十升为一斗，十斗为一斛（hú）。由斗这样的量器，引发出很多名句。李白在《行路难》中劈头一句："金樽清酒斗十千，玉盘珍羞直万钱。"而陶渊明的"不为五斗米折腰"更是将一种伟大的人格彰显无遗。

斗还经常用来形容容量小，清代诗人沈绍姬的诗《蚊》："斗室何来豹脚蚊，殷如雷鼓聚如云。"说我这小屋子哪儿来这么厉害的豹脚蚊子，嗡嗡响得像打雷，聚成一团像云一样。太恐怖了。

北斗七星是我们都知道的，七颗星在天空排列，像一只大勺子，古人把它想象成一只盛酒用的斗，因为它在北方，所以叫北斗星。

"李白斗酒诗百篇"，可不能说李白和人比拼喝酒写成很多诗篇。斗（dǒu）筲（shāo）之徒，斗和筲都是容量不大的容器，比喻气量狭小或才识短浅，可不能理解为好鬥的人。可能因为鬥太容易写错，汉字简化的时候就合并为"斗"了。

4

感悟篇

塵世上那些愛我的人
用盡方法拉住我
你的愛就不是那樣
你的愛比他們偉大得多
你讓我自由
泰戈尔诗

[ài]

爱

甲骨文 金文 篆书 隶书 楷书

体无骨（體），爱无心（愛），是简化后经常被诟病的字，“爱”字的原义也是外国人很好奇的地方，中国古人是如何理解爱的呢？

金文的爱上面是欠，是一个跪坐的人在张着嘴巴打哈欠，而“次”字，则是一个跪坐的人张嘴讲话唾沫星四溅。“爱”字里的“欠”，仍然表示呵气，或喃喃倾诉。下面是心，表示一种心理活动。合起来，表示疼惜、倾诉。

有的金文加手形，像一个喃喃倾诉的人伸出手捧着自己的心，表示将自己的心完全奉献出来。篆书将金文的手形改为倒写的止。表示走来，捧出自己的真心。隶书将篆书的欠简写成，简化字爱把“心”改成“友”。真心成为友情，也是一种解读。

爱的原义是赤裸裸地捧出自己的心来倾诉，具有痛惜、倾诉的含义。在这一点上，和我们现代对爱的理解是一样的。爱情是一种毫无保留的奉献，丧失理性和世俗算计的纯粹的冲动，因此格外纯洁、炽烈。也因为毫无保留，心赤裸裸地奉献，更容易受到伤害，也不可能持久。

正是因为爱毫无保留，古人在使用这个汉字时，反而引申出吝惜和吝啬的含义。《左传·僖公二十二年》：“伤未及死，如何勿重？若爱重伤，则如勿伤；爱其二毛，则如服焉。”关于这段话要首先讲下宋襄公的泓水之战，宋襄公依照古礼，拒绝攻击正在渡河的楚国军队，结果吃了败仗。战后，国人都攻击这位国君。宋襄公说，按照礼仪，君子不第二次攻击受伤的人，不擒拿头发斑白的老人。子鱼评论这件事时说了这段话，意思是说：敌人受了伤，还没有死，为什么不能再去杀伤他们呢？不忍心再去杀伤他们，就等于没有杀伤他们；怜悯年纪老的敌人，就等于屈服于敌人。这段话里的“爱”，就是怜惜、怜悯的意思，在此语境里，就是贬义。

《老子》：“甚爱必大费”，意思是过于吝啬必然招致巨大的浪费。《宋史·岳飞传》：“文臣不爱钱，武臣不爱死。”这里的“爱”，就是吝啬、吝惜的意思。这样的用法，是古人对“爱”字的另一种理解，是一种否定。

但“爱”吝惜的含义在现代汉语中已经消失了。

[hèn]

恨

缺	缺		恨	恨
甲骨文	金文	篆书	隶书	楷书

汴水流，泗水流，流到瓜州古渡头。吴山点点愁。
思悠悠，恨悠悠，恨到归时方始休。月明人倚楼。

这是唐代诗人白居易的诗作《长相思·汴水流》，描写一位女子斜靠在小楼上，面对滔滔江水思念亲人的情景。其中，思悠悠，恨悠悠的“恨”有点违和，由爱生恨是人之常情，但从全诗的意境看，女子还不是如此激烈的感情。

其实，在古文中，恨的用法原本就不是我们现代汉语这般激烈——仇恨、愤恨，而是埋怨、幽怨的意思。

恨的篆书是心字旁，表示一种心情。右边加一个艮。艮的甲骨文是“目”下一个和目相反方向的“人”，表示向后看。金文字形把眼睛斜竖起来，进一步强调向后看的含义。

艮的原义是回头瞪眼，和“心”合起来表示一种幽怨、遗憾的情绪。白居易的诗“思悠悠，恨悠悠”用的就是原义。

恨在古文中主要是遗憾的意思。《史记·淮阴侯列传》中，韩信

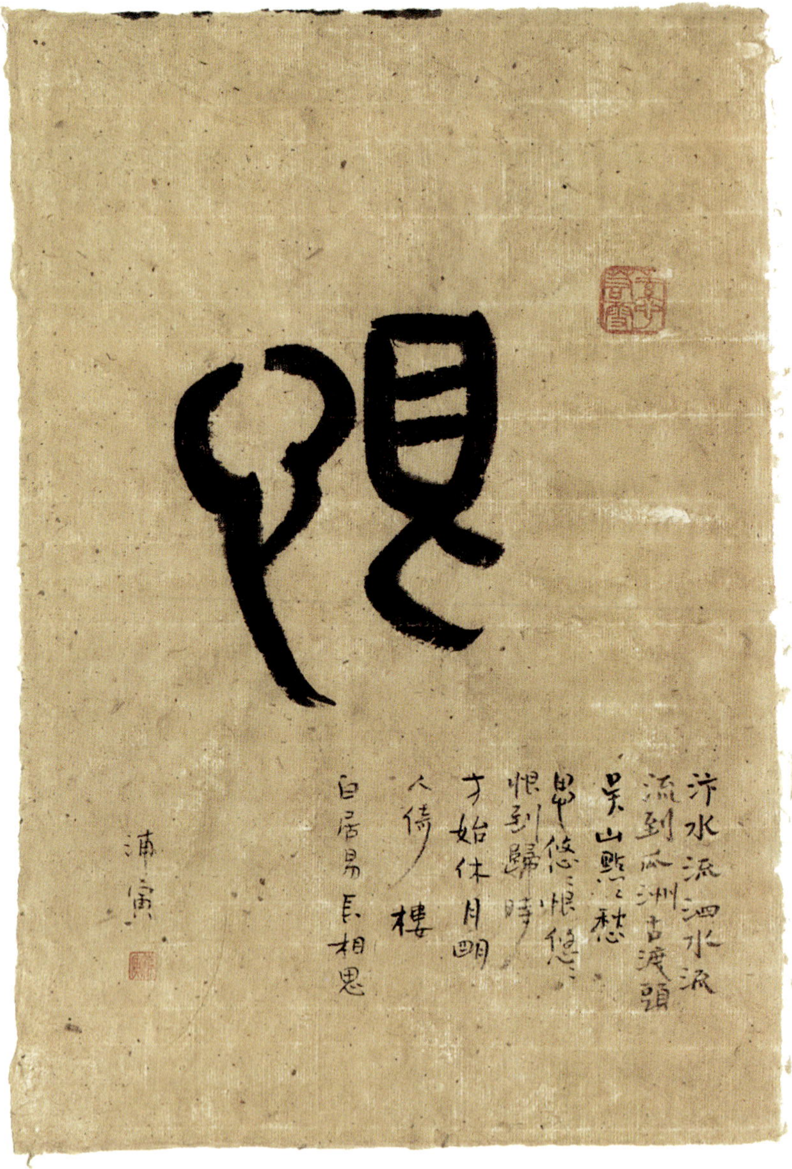
汴水流泗水流
流到瓜洲古渡頭
吴山點點愁
思悠悠恨悠悠
恨到歸時
方始休月明
人倚楼
白居易長相思
浦寅

被拜为大将军，给刘邦分析形势，在历数了项羽的缺点和刘邦的优势以后说："大王之入武关，秋毫无所害，除秦苛法，与秦民约法三章耳，秦民无不欲得大王王秦者……大王失职入汉中，秦民无不恨者。"这里的恨，就是遗憾的意思，刘邦约法三章，秋毫无犯，秦朝都城的老百姓都希望刘邦能够称王，却被项羽排挤到汉中，老百姓都很遗憾。

《说文解字》："恨，怨也。"恨就是怨。《荀子·尧问》："处官久者士妒之，禄厚者民怨之，位尊者君恨之。"意思是说：当官时间长了知识分子妒忌你，发财了老百姓恨你，官当大了君王怨你。这里的恨，是情绪最轻的字眼。

在古代，恨的程度比怨轻，实际上是不满的意思，仇恨的意思用怨，不用恨。《史记·信陵君列传》有个故事：秦国新任宰相范雎（jū）原来是魏国官员的门客，被相国魏齐怀疑私通齐国差点被打死，"以怨魏齐故，秦兵围大梁"，由于仇恨魏齐，率兵围困大梁。这里的怨，就是仇恨的意思。

信陵君魏公子无忌招贤纳士，门客三千，名声很好。他曾经礼遇了看门人侯嬴和屠夫朱亥，秦国攻打赵国，信陵君很想发兵相救，但魏王担心秦国报复，不敢发兵。信陵君决定带着门客和一百来辆战车去救，临走向侯嬴辞行，不料侯嬴只是淡淡地说好好您去吧，老夫没法随行。信陵君走出几里地越想越郁闷，自己曾经如此厚待这位隐士，自己就要慷慨赴死，怎么老爷子这个态度？越想越气，返身回来。问侯生："公子往而臣不送，以是知公子恨之复返也。"您出发送死而为臣不送，知道您心中不满会回来的。这里的恨和前面的怨正好相反，是不满的意思。侯嬴给信陵君出了个妙计，让信陵君请求魏王的宠妃如姬偷出兵符，调动十万大军营救赵国，并推荐屠夫朱亥随行，击杀不肯听命的将军，成功为赵国解围。这就是历史上有名的“窃符救赵”的故事。

现在，恨字的感情更强烈，恨之入骨、怀恨在心。而怨则感情激烈程度减轻，埋怨、幽怨。

[zì]

自

甲骨文　金文　篆书　隶书　楷书

自己，人称代词，自身、本身的意思。这种自称在潜意识里是一种自我中心意识，也表示自我的核心地位。

自己的自，甲骨文就是人鼻子的象形。不仅画出三角形鼻子的外形，还把气息的通道气管，形象地表现了出来。

鼻子是人脸中心部位，也是最高的部位，在人的潜意识里，鼻子代表人的尊严。中国人在谈到，尤其是炫耀自己时，会手指自己的鼻子。而羞辱、否定一个人，会指着他的鼻子痛骂。

也正因为鼻子代表一个人的尊严，所以割掉鼻子成为上古五刑之一。汉字专门有一个字，即鼻字加一立刀，劓（yì），专指割鼻子。

秦以前的五刑是：

墨（mò）——脸上刺字；

劓（yì）——割掉鼻子；

刖（yuè）——砍脚；

宫（gōng）——毁坏生殖器；

辟（pì）——杀头。

君不見写那筑潭后起艸中長折山東
陸淮菱云菲嫛郳雜辭酉如辮洗
未超凡起心齋
性姿指庵
捷净如榦
遠狂生
尚如此何況凈萬拓
士當群
醒此

浦叟

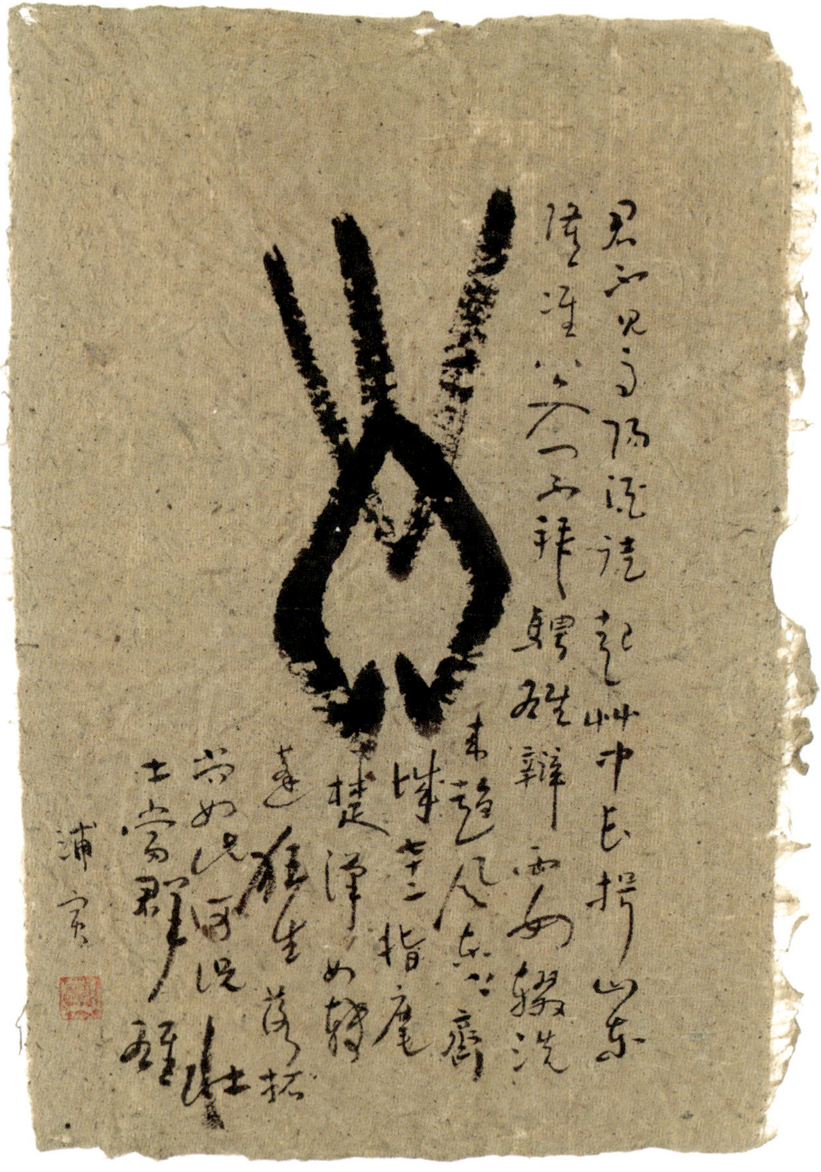

小时候听刘兰芳的评书《岳飞传》，里面有一个金国的军师哈迷蚩（chī），因为下假书被宋军割掉了鼻子。

刘兰芳齉（nàng）着鼻子模仿哈迷蚩（chī）的声音：“哎呀我说狼主，为臣有个主意，管教岳云有来无回。”大概因为他没有鼻子，所以出的主意都格外阴狠。但在我们听书的心目中，这个人就是一小丑，毫无尊严。

那为什么现在鼻子的鼻不是“自”呢？汉字有种用法叫假借，对有些抽象概念不好表现，就借用一个相关的字来表达。比如成千上万的万，本是借用蝎子的象形字,这一借就不还了。表示蝎子的意思只好另造一字。“自”也是这样，鼻子的象形被借用作人称代词，原义“鼻”只好再造一个字，由形符自加上声符畀（bì）构成鼻。畀既是声符也是形符，畀的原义是给（jǐ）予，暗喻鼻子的呼吸功能。

臭上面一个表示鼻子的自，下面一个犬字。《说文解字》：“臭，禽走，臭而知其迹者，犬也。从犬，从自。”狗循着野兽留下来的气味而能够追踪到，实际是用狗鼻子的灵敏表示嗅觉。大概野兽的气味比较臭，于是这个字就被香臭的臭借用过去，借了不还，只好加个“口”另造了嗅觉的嗅。

鼻子的象形“自”，中国人历来认为人的鼻子代表一个人的性格，并且主宰他中年以后的命运。

汉高祖刘邦就有一个高耸的鼻子，史书记载他“隆准龙颜”，当年富豪吕公就是看好刘邦的面相，把自己的宝贝女儿许配给了这个穷小子，这个女儿就是后来的吕后。

现代有人复原了曹操的面容，也有一个大鼻子。据说当年相面，高人见了这副尊容评价：治世之能臣，乱世之奸雄。曹操听后哈哈大笑，扬长而去。

自己的自原来是鼻子的象形，而鼻子作为脸部的最高峰，代表人的尊严。这就告诉我们，保持尊严，犹如爱护自己的鼻子。没有了鼻子，就是没有了自尊。

[wǒ]

我

甲骨文　金文　篆书　隶书　楷书

《三国演义》里有三绝：义绝关云长，智绝诸葛亮，奸绝曹操。

历史上真实的曹操雄才大略，消灭割据，统一北方，最终由自己的儿子结束了汉末的战乱。而且文采出众，开辟了建安文学的新风。1954 年夏，毛泽东在北戴河吟诵曹操《观沧海》一诗后，对身边工作人员说：“曹操是了不起的政治家、军事家，也是个了不起的诗人。”但这样一个文武全才，怎么就成了戏剧舞台的白脸奸相呢？

老浦认为，这是缘于《三国演义》中那句著名的话：“宁教我负天下人，莫教天下人负我。”他占了一个“我”字。

我，甲骨文像一种有许多利齿的武器，是一把带锯齿的大斧子，是戌的变形，这是一种用于仪仗的武器，以显示王者的威严。《说文解字》：“我，施身自谓也。”意思是对自己的称谓。用我们今天的话，就是第一人称代词。

由于“我”来自杀伐的兵器，所以凡自我意识极强的人，都有一定侵略性。

吕伯奢是曹操父亲的结义兄弟，曹操逃亡到他家，吕伯奢热心收留，说出去打点酒就回来，骑上驴出去了。曹操这会儿突然听到

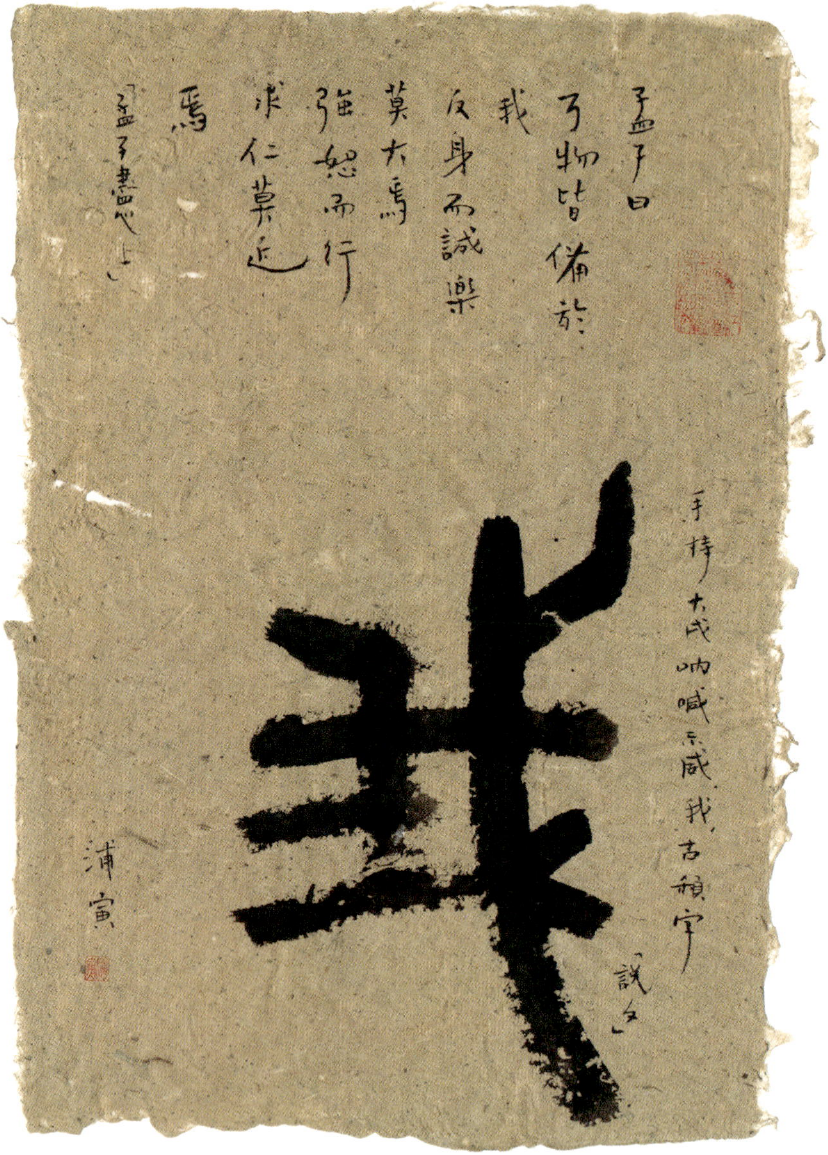
孟子曰
万物皆備於
我
反身而誠樂
莫大焉
強恕而行
求仁莫近
焉
「孟子盡心上」
我
手持大戉吶喊示威
「說文」
浦寅

后面有磨刀霍霍的声音，仔细一听，听见“绑起来杀了”这句话。二话不说，和同伴陈宫一起，见人就杀，一连杀了八口人，杀到后面一看，后厨绑着一口猪，正准备宰杀。说坏了，杀错人了，赶紧走。路上碰见吕伯奢，曹操索性把吕伯奢老人家——自己父亲的结义兄弟也杀了。陈宫说刚才我们杀人是误会，你现在知道了怎么还杀人？“知而故杀，大不义也！”曹操说了那句让他遗臭万年的话：“宁教我负天下人，休教天下人负我。”

表现曹操为了自我利益不择手段的还有一个典型示例，借粮官人头。

曹兵十七万人每日耗费粮食量巨大，诸郡又连年饥荒干旱，接济不上。粮官禀报曹操说：“如今兵多粮少，应当怎么办？”曹操回答说：“用小斛(hú)分发军粮，暂且救一时之急吧！”各营寨怨声载道，都说丞相欺骗了大家。曹操于是密召粮官入帐，对他说：“我想向你借一件东西，以息众怒，你可不要吝惜。”粮官说：“丞相想借什么东西？”曹操说：“我想借你头用以示众！”喊出刀斧手，推出门外一刀斩罢；然后把粮官人头悬挂在高杆上面，并贴出告示：“粮官故意用小斛散发粮米，盗窃官粮，谨按军法，斩头示众。”于是众怨开始缓解。

上面两件事，都有当时不得已的理由。曹操不杀吕伯奢，吕伯奢回家发现自己家被灭门，必然追过来报仇，或者报告官府，曹操就跑不掉了。曹操不杀粮官，军心会乱，仗打败了，十七万人的命重要还是一个粮官的命重要？干大事不拘小节，但这样明目张胆为自我利益草菅人命，确实为普通人的道德所不容。

曹操这种以自我为中心的行为还有很多，所以尽管英雄盖世，仍然成为民众心目中的白脸奸相。

我要说曹操自卑你会相信吗？我们先来看汉字。

金文的我，承续了甲骨文的字形，但那大锯齿更加夸张。凡是张牙舞爪拼命作秀的人，通常是虚张声势外强中干。内心自卑的人会非常在意别人的评价，并表现为攻击性，就像这个布满锯齿的大斧子“我”。

曹操的自卑首先表现在对自己相貌的不自信。

曹操接见匈奴使者，命令崔季珪（guī）代替自己，自己则拿着刀站在旁边。接见完毕，曹操的密探问使者：“你觉得魏王如何？”匈奴使者答道：“魏王儒雅的风采不同寻常，然而榻旁持刀的那个人，才是真正的英雄啊！”

曹操之所以这样做，还不是自认为身材相貌矮小丑陋，不足以慑服远方的国度。但他能够引起匈奴使者的注意，应该不是老老实实站在那儿吧。

曹操自卑还表现在受不了别人比自己强，比自己聪明。

按照民间传说，曹操和杨修斗智不止一次。有一次曹操在花园的门上写了一个“活”字，大家都很懵。杨修说门里面一个“活”是个“阔”字，丞相觉得门造得太宽了。还有一次，曹操在点心盒子上写了“一合酥”三个字，杨修就把盒子里的点心和大家分着吃了，回来对曹操说：“你不是写着吗，一人一口酥。”

曹操宣称自己会在梦中杀人，后来果然睡觉的时候跳起来杀了一个侍卫。这其实是曹操内心不安，故意布的疑阵。杨修在曹操装模作样的葬礼上感叹：丞相不在梦中，是你在梦中啊。一语点破了曹操的内心。

杨修被杀的故事你肯定听过。他在军营中听说丞相今天晚上的口令是“鸡肋”，就收拾行李，知道曹操要撤兵了。人家问为什么，他说：鸡肋，食之无味，弃之可惜，丞相在为难。曹操听说后，就以扰乱军心的罪名杀了这个聪明人。

这么聪明，还爱炫耀，曹操当然受不了。其实曹操自己何尝不是炫耀，抖机灵，希望别人猜不出来吹捧他，结果风头被杨修抢走了。最要命的是，杨修看透了曹操。曹操容不下这样聪明的人，不是自卑是什么。

这当然和他童年的经历有关。曹操的祖父曹腾是个宦官。宦官还能有子女？当然不能有子女。那时候大宦官会认个干儿子，曹操的父亲曹嵩原来姓夏侯，认了大宦官曹腾为干爹。所以曹操是宦官的后代。在那个讲门第的时代，曹操为了维护自己的自尊，早早形成了叛逆的性格。但骨子里的自卑让他一生的行为都夸张变形，就像金文那个夸张锯齿的“我”字。

生活中，那些说话三句话不离“我”字，自我张扬的人，往往隐藏着内心的自卑。

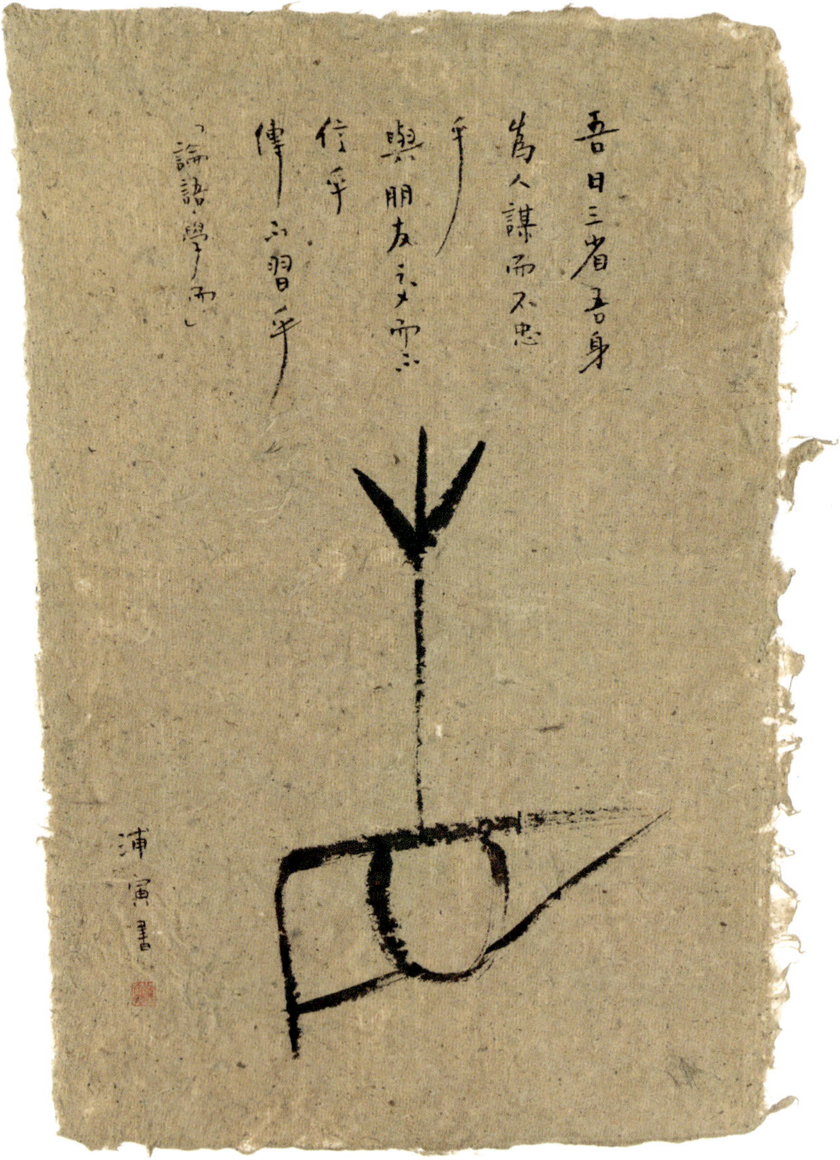
吾日三省吾身
為人謀而不忠
乎
與朋友交而不
信乎
傳不習乎
「論語·學而」
浦寅書

[shěng、xǐng]

省

甲骨文的省（xǐng）是眼睛上面有一个代表“生”的草叶，合起来表示用眼睛仔细观察小苗的生长情况，读音是 xǐng。

金文的省，将甲骨文字形中的写成，多了一个点，这个点是指示符号，作用是加强“生”的字形。篆书把金文字形中的生写成类似少的字形。隶书则直接将上部写成少。省字就此定形。

古人从事种植，需要日日查看，所以“省”最早的含义是查看、考察。比如《国语·鲁语下》：“诸侯朝修天子之业命，昼考其国职，夕省其典刑。”意思是，诸侯早上执行天子的命令，白天尽忠职守，晚上检查刑罚有什么过失。这个省，就是查看、考察的意思。

由仔细观察，进而引申为检查、反省。《荀子·修身》：“见不善，愀（qiāo）然必以自省。”意思是，君子见到不好的行为，一定自问，自己有没有这样的毛病，这叫反躬自省。

由自省，又引申出探望、问候。《红楼梦》元妃省亲就是这个用法。由探望，就又引申出了解、知道。《宋史·陆九渊传》：“忽大省曰：宇宙内事乃己分内事。”这个“忽大省”，就是了解、醒悟的意思。

至此，就引申出省的第二个读音 shěng。

由仔细观察、了解，就借用为宫禁之地、官署之地。意指这样的机构负责审查、了解，并清廉明白。进而，有了减少、精简的含义。《后汉书》：“并官省职，费减亿计。”这个省（shěng），就是减少的意思了。

到了元代，中央设中书省，地方行政单位也设中书省，叫“行省 shěng”。省的行政区划沿用至今。

还有一种特殊情况，省这个字由生加目变形为少加目。还有一个没变形的写法：眚（shěng），即生加目，原义是眼睛生翳（yì），就是白内障，进而引申出疾病、灾祸的意思。《后汉书·杨威传》：“上天降威，灾眚屡作。”在古汉语中，这两个字可以通用。《周礼》就有“七曰眚礼”，这个眚，和省相通。

省的演变虽然复杂，但内在的逻辑是相通的，都与认真仔细观察有关。无论是曾子的“日三省吾身”的省（xǐng），还是断舍离的省（shěng），都是让自己清醒的意思。

[xiàn]

限

甲骨文　金文　篆书　隶书　楷书

记得以前看过一个故事，一个女教师看到上幼儿园女儿的画《陪妈妈逛街》惊呆了，画面中没有车水马龙高楼大厦，也没有琳琅满目的商品，而是一堆大人的腿。女教师深思后恍然大悟，孩子身高只及自己的腰，她看到的可不都是大人的腿吗。

可以想象，当你流连在眼花缭乱的商品时，同一时间你身边的孩子其实是在另一个世界里，这就是“限”。

甲骨文的限，左边是一个山崖，右边是一个顶着大眼睛的人，寓意很清楚，是一个身处逼仄地方眼光受到局限的状态，崇山峻岭限制了你的身体，也挡住了你的眼光。告诉我们，影响你认知的是眼睛的位置。

你的位置决定了你考虑问题的角度。站得高一些，自然想得就多一些。所以，眼光决定了你的思维高度。这就是汉字“限”的山崖带给我们的启发。

限的小篆，左边仍然是表示山崖的阜，右边则变成目加匕，许慎在《说文解字》中将“匕目”解释为两人互相怒目而视，互不相让。

不能不佩服古人造字的智慧，山崖下边受阻，便怒目而视，这

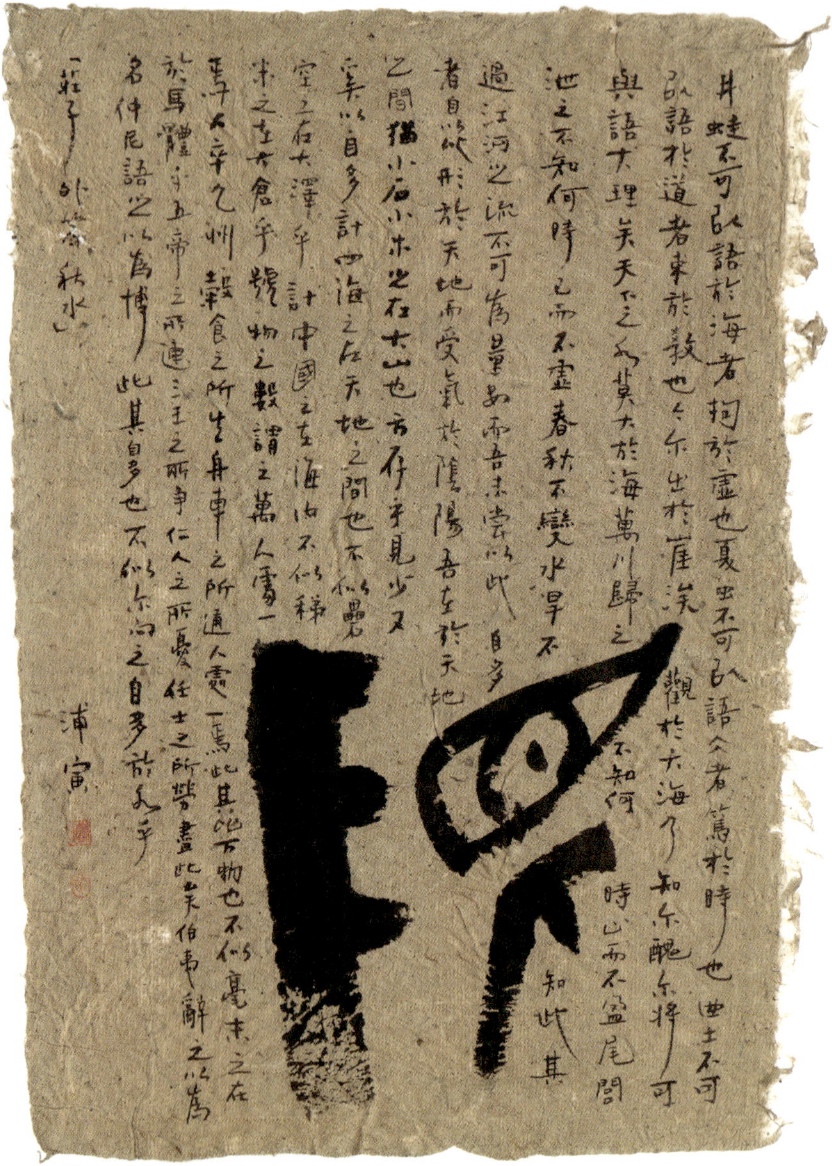
井蛙不可以語於海者拘於虛也夏虫不可以語冰者篤於時也曲士不可
以語於道者束於教也今尔出於崖涘觀於大海乃知尔醜尔將可
與語大理矣天下之水莫大於海萬川歸之不知何時止而不盈尾閭
泄之不知何時已而不虛春秋不變水旱不知此其
過江河之流不可為量數而吾未嘗以此自多
者自以比形於天地而受氣於陰陽吾在於天地
之間猶小石小木之在大山也方存乎見少又
奚以自多計四海之在天地之間也不似礨
空之在大澤乎計中國之在海內不似稊
米之在大倉乎號物之數謂之萬人處一
焉人卒九州穀食之所生舟車之所通人處一焉此其比萬物也不似豪末之在
於馬體乎五帝之所連三王之所爭仁人之所憂任士之所勞盡此矣伯夷辭之以為
名仲尼語之以為博此其自多也不似尔向之自多於水乎
「莊子」外篇 秋水
浦寅

个解释和现代心理学认为的人在封闭状态下的攻击性相合。说得直白一点，就是越封闭保守，越喜欢窝里斗。越受到局限，越固执暴虐。

小篆“限”，山崖逐渐向耳刀演变，但在我看来，这更像一堵人为的墙。“目”还在，但甲骨文的人形演变成“匕”，按照许慎在《说文解字》中的解释，这意味着两个人怒目而视，像匕首一样互相攻伐。被限制，已经是受害者，却还要互相攻伐，这是人在困境中演发出来的心理状态。

2011 年 9 月，河南洛阳警方侦破了一件离奇大案，一男子在地下室挖地窖，先后囚禁六名女子，其间两名女子被杀害。可更让人扼腕的是被害的女孩子，其中有人在被囚禁期间因为争风吃醋，竟然杀害了自己的难友，被解救出来后自然同样要受到法律的惩处。还有人在侦讯期间百般为绑架虐待自己的罪犯遮掩。同时被囚禁，而难友之间却还在互相伤害。这是典型的斯德哥尔摩综合征。这种心理疾病的发现同样缘于一起刑事案件。

1973 年 8 月 23 日，两名有前科的罪犯在意图抢劫瑞典首都斯德哥尔摩市内最大的一家银行失败后，挟持了四位银行职员，把他们扔在黑暗的地下室。在警方与歹徒僵持了六天之后，因歹徒放弃而结束。

然而这起事件发生后的几个月里，四名遭受挟持的银行职员，仍然对绑架他们的人显露出怜悯的情感。他们拒绝在法院指控这些绑匪，甚至还为他们筹措法律辩护的资金。他们都表示并不痛恨歹徒，甚至感激歹徒非但没有伤害他们还对他们照顾有加，而对警察采取敌对态度。更有甚者，人质中一名女职员竟然还爱上劫匪，并与他在服刑期间订婚。

这是怎么回事？

这件事激发了社会科学家和心理学家的兴趣，研究者发现这种症候群的例子见诸各种不同的经验中，从集中营的囚犯、战俘、受虐妇女与乱伦的受害者，都可能发生斯德哥尔摩综合征。

专家研究发现：人性能承受的恐惧有一条脆弱的底线。当人遇上一个凶狂的杀手，杀手不讲理，随时要取他的命，人质就会把生命权渐渐付托给这个凶徒。时间拖久了，人质吃一口饭，喝一口水，每一次呼吸，他自己都会觉得是恐怖分子对他的宽忍和慈悲。

对于绑架自己的暴徒，他的恐惧，会先转化为对他的感激，然后变为一种崇拜，最后人质会下意识地以为凶徒的安全，就是自己的安全。在心理上成为加害自己的人的帮凶。这种屈服于暴虐的弱点，就叫“斯德哥尔摩精神症候群”。

许慎对篆书的限的解读，山崖下受到暴力的限制怒目而视，互相伤害，能够让正常的人性扭曲变态，与现代社会心理学的研究不谋而合。

隶书的限，山崖变成耳刀旁，右边为艮。楷书的限也是耳刀旁加艮。《周易·艮卦》，艮是山，在人为腰，卦象是不宜冒进，待着不动为好。而“艮”的口语化读音 gěn 表示像皮子一样咬不动。这是不是隐喻，人在长期受到限制压抑以后，已经从被迫演化为一种自觉。《肖申克的救赎》正揭示了人类心理在长期遭到限制以后产生的畏惧和扭曲。

20 世纪 90 年代初，我曾陪同客户到美国考察，那时候出国还是非常难得的经历，等于睁眼看世界。我自己也是第一次出国，对现代化的美国充满好奇。但我的这些客户在美国处处表现出“不过如此”的情绪：在华盛顿方尖碑前，他们说还不如他们那儿的音乐喷泉。在夏威夷的巨浪前，他们说我们那儿刮台风的时候浪也很高。总之美国基本上处处不如自己的城市。

这种由于封闭而产生的盲目自大情绪在出国的人中很普遍，还曾经有人在希腊帕特农神庙前抗议，说我们千里迢迢来，你就让我们看几个破柱子？

如果自己是封闭的，你就是把门打开，他也拒绝走出心里的山崖。限制固然来自外界，但更多的时候是来自自己的内心。

我们认识了限制的限的三种字体，认识到“限”的本质是被压迫在山崖下，眼光、心理都受到局限。最可怕的是，自己对自己的局限性没有感觉，甚至长期压抑之下，心理产生扭曲、变态。要有所成就，就要攀上山崖，突破局限，才有可能欣赏山顶的风光。

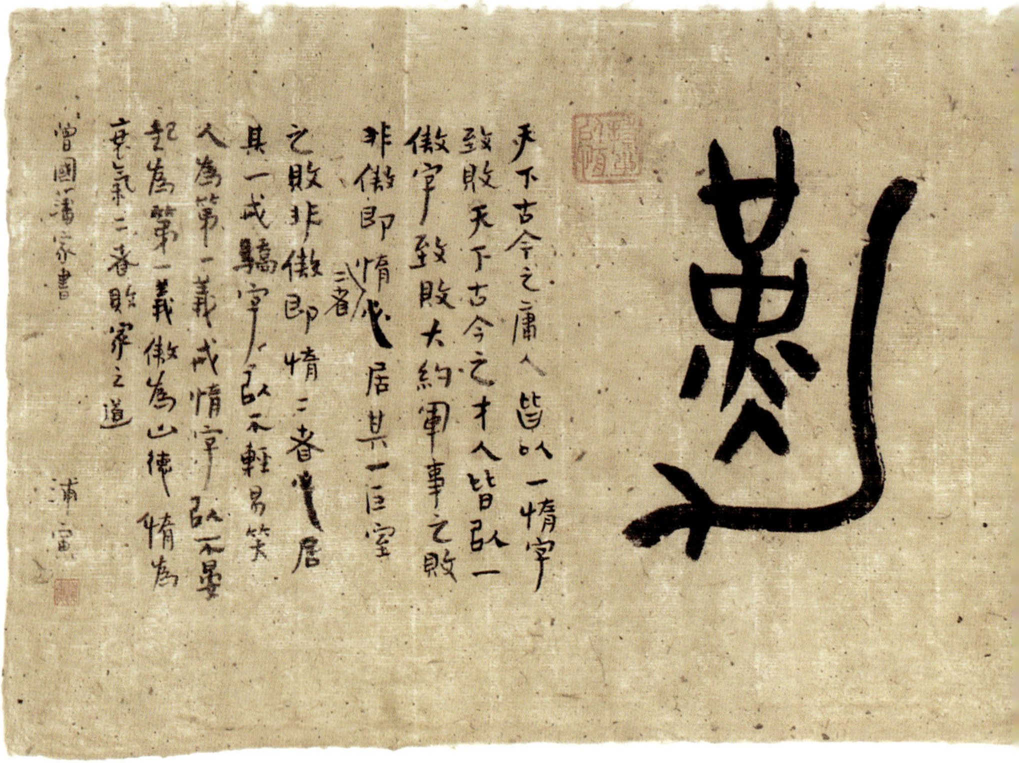
天下古今之庸人皆以一惰字
致敗天下古今之才人皆以一
傲字致敗大約軍事之敗
非傲即惰二者居其一巨室
之敗非傲即惰二者居
其一戒驕字以不輕易笑
人為第一義戒惰字以不晏
起為第一義傲為凶德惰為
衰氣二者敗家之道
曾國藩家書

[qín]

勤

甲骨文 金文 篆书 隶书 楷书

天道酬勤，勤能补拙，勤是中国人最自豪的优良品质。但是你知道吗？这个字的来源却是灾难，来自残酷的祭祀活动。

金文是一个堇，右边一个力，篆书也是同样的字形，《说文解字》：“勤，劳也。从力，堇声。”说勤的本义是辛劳，用力劳作，堇是声符。

我们知道，汉字有很多形声字，但用作声符的字符往往与本义有很强的逻辑联系，所以很多字既是声符，也是意符。还有很多字其实是会意字，但是许慎因为没见过更早的甲骨文，误认为是形声字。这个“勤”字算不算许先生误读呢？

甲骨文的堇是一个被捆绑起来的人，张着嘴大喊大叫，下面是火。柴、燎、烄，都是古人在大旱时焚火祭天的仪式，最隆重的祭天仪式会焚烧活人。这个捆起来被火焚烧并大喊大叫的人，就是用于祭天的巫师。这个字的原义，是赤色，引申为旱灾。

堇的金文和甲骨文一样，但有的金文对火进行了简化，逐渐变成了土，文字的原义也逐渐模糊。所以《说文解字》解读为“堇黏土也”，意思是那种红色的黏土。南方的朋友一定了解

这种土壤，非常黏，干了以后还很硬。可以想象在这种土壤上耕种要费多大的力。

堇的原义并不是黏土，这种红色的黏土应该是引申义，本义是大旱之年火烧巫师祭天的赤色，引申为饥馑。力的本义是犁铧，引申为力量。为了免于饥荒人的耕作就要格外用力，这就是勤的本义，是一个会意字。

大旱之年的耕作是非常辛劳的，所以勤的本义是辛劳。

《墨子·兼爱下》："今岁有疠疫，万民多有勤苦冻馁，转死沟壑中者，既已众矣。"意思是，今年有瘟疫，老百姓很多人辛劳困苦，挨饿受冻，很多人暴尸荒野。其中勤与苦、冻、馁并列，可见是困苦的辛劳。

困苦的劳作有时候会用来自我标榜，比如勤王。勤王是诸侯发兵解救天子，烽火是天子与附近诸侯约定的信号，一旦外敌入侵，天子燃起烽烟，诸侯就发兵勤王。可惜周幽王为褒姒一笑，烽火戏诸侯。后来周幽王看这招管用，又多次点燃烽火，弄得诸侯不再信任他。这么看，这勤王的确辛劳。后来犬戎攻破镐京，杀死周幽王，抢走了褒姒。

大臣们也会用这个字标榜自己辛劳，叫勤劳王事。逐渐，字义发生演变，各种后方的杂务叫勤务，军事保障工作叫后勤。勤的含义变为现在的勤快、勤俭、勤勤恳恳。

曾国藩是晚清名臣，有人推崇他说千古第一完人，这当然是过誉之词。曾国藩自认为资质一般，能有所成就就在一个"勤"字。在给子弟的家书中他写道："天下古今之庸人，皆以一'惰'字致败，天下古今之才人，皆以一'傲'字致败。大约军事之败，非傲即惰，二者必居其一；巨室之败，非傲即惰，二者必居其一。戒骄字以不轻易笑人为第一义，戒惰字，以不晏起为第一义。傲为凶德，惰为衰气。二者皆败家之道。”他认为：“勤字工夫，第一贵早起，第二贵有恒。”

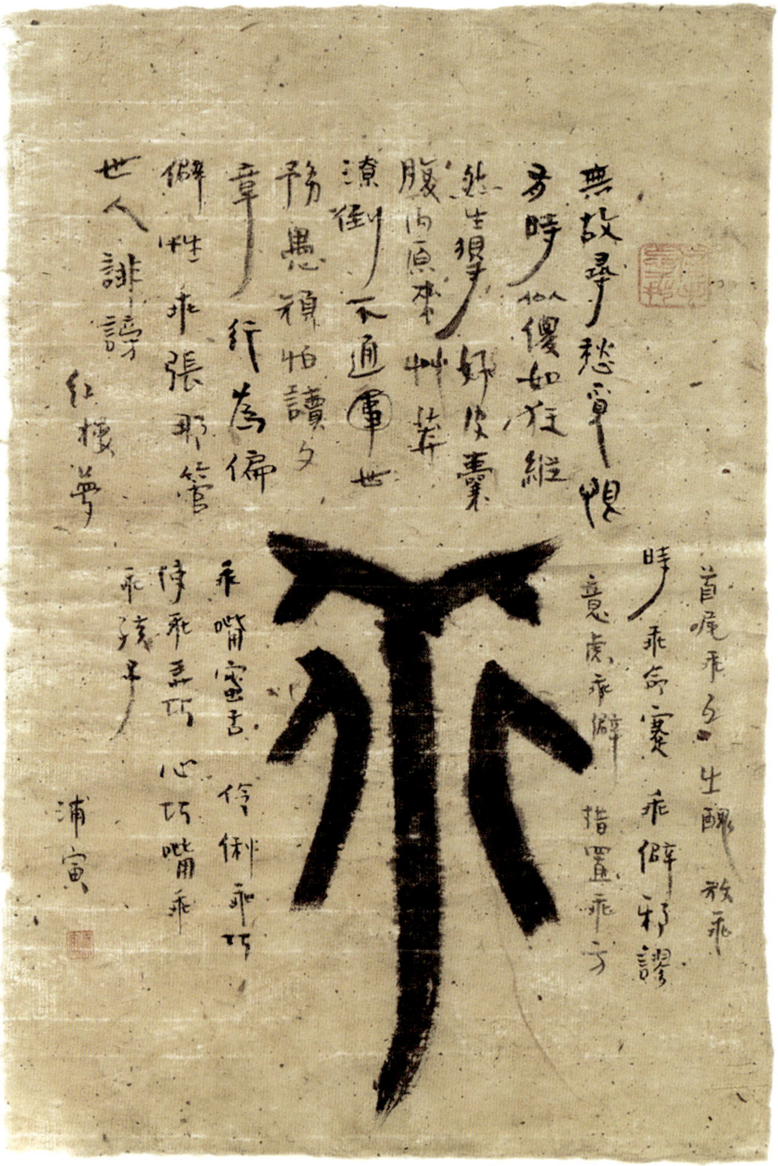
無故尋愁覓恨
有時似傻如狂
縱然生得好皮囊
腹內原來草莽
潦倒不通世務
愚頑怕讀文章
行為偏僻性乖張
那管世人誹謗
紅樓夢

[guāi]

乖

甲骨文 金文 篆书 隶书 楷书

乖，是我们日常用语非常亲切的昵称：小兔子乖乖、乖宝宝。但是只要你稍微读一点古文，就会发现“乖”这个汉字并不乖，常常用于贬义，比如出乖露丑、时乖运蹇、乖僻邪谬等，这是怎么回事呢？

金文的乖，中间是羊的简写，下面两边合起来一个北。北是两个人背向而立，原义是相反、违反；和羊形合起来，表示固执、不服从、怪诞，也就是乖谬。后来的篆书、隶书、楷书字形变化不大。

可羊不是善良的化身，所有和羊有关的汉字都与祭祀、善良、美好有关吗？现实中的羊非常温驯，怎么这里就成了不服从了呢？

这是因为，古人离大自然近，他们比我们更了解动物，所谓羊狠狼贪。《辞海》中“羊狠狼贪”的解释为：语出《史记·项羽本纪》，“猛如虎、狠如羊、贪如狼”。本来指为人凶狠，争权夺势；后多用来比喻贪官污吏剥削压迫人民。羊的狠居然和虎狼并列。这是怎么回事呢？

牧民都知道，和牛马不同，羊吃起草来是连根拔起、寸草不留，所以牧羊需要经常转场。羊啃起树皮来也是不管不顾，很多小树苗就是被啃光树皮死掉的。现在我国西北地区草原荒漠化的一个重要原因，就是过度放牧，羊把草原啃秃了。另外，公羊争斗起来极其凶狠，常常把角顶裂。羊的这种不留余地的特性，得了一个“狠”字。狠加上背道而驰，就成了乖谬。

《说文解字》：“乖，戾也。”戾是狗在自家门口，极其凶狠。《贾子道术》：“刚柔得适谓之和，反和为乖。”意思是刚柔合适就和谐，反之就是乖。晁错《论贵粟疏》：“上下相反，好恶乖迕。”意思是朝廷和民间想法相反，那么上下的好恶也相反，就会发生冲突。

那么，“乖”这个贬义词是怎样变成了乖乖的昵称呢？这是民间语文的特殊用法。

有一次我和一个朋友在酒吧吃饭，酒吧老板特意上了一道他自制的四川凉粉。我的朋友尝了一口大叫：“好多年没吃到这么地道的凉粉了。这是哪个王八蛋做的，这得拉出去毙了！”这种语言方式是用极端的语言表达相反的情绪，表面是骂，其实是夸，骂得越狠越亲热。比如“你这杀千刀的”“你这老不死的”，等等。

在民间语言里，“乖”这骂人话也被这样使用。《西游记》十五回：“行者的眼乖。”《水浒传》第四十一回：“黄文炳是个乖觉的人，早瞧了八分，便奔船梢后走，望江里踊身便跳。”这种用法大多出现在民间语言里，形诸文字也多是运用民间语言的话本、演义里。民间这样用得多了，反义就成了本义，反着说就成正着说了。

在民间的文本中，会出现正说、反说同时存在的现象。比如《红楼梦》：“行为偏僻性乖张。”这用的是原义。同样在《红楼梦》:“他生的也还干净，嘴儿也倒乖觉。”这就反着用了。《西游记》里也有“语言无逊让，情意两乖张”这样的正用原义。但逐渐地，乖的原义被弃用，相反的字义却被固定下来。

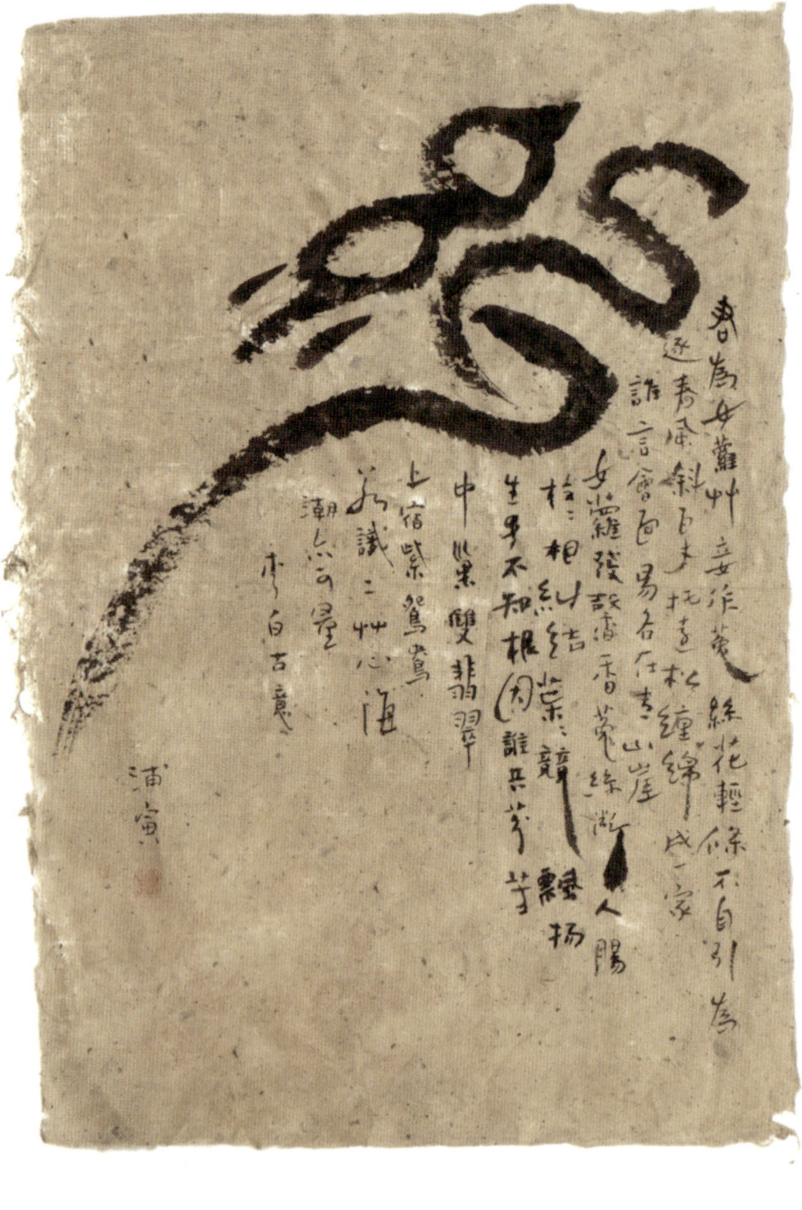
君為女蘿艸妾作菟絲花輕條不自引為
逐春風斜百丈托遠松纏綿成一家
誰言會面易各在青山崖
女蘿發馨香菟絲斷人腸
枝枝相糾結葉葉競飄揚
生子不知根因誰共芬芳
中巢雙翡翠
上宿紫鴛鴦
若識二艸心
海潮亦可量
李白古意
浦寅

[jiū]

纠

甲骨文　金文　篆书　隶书　楷书

纠缠不休很烦人，但纠正、纠偏也是这个纠，这到底是怎么回事呢？

甲骨文的纠是两根绳子缠在一起。《说文解字》：“纠，绳三合也。”意思是说：纠是很多股绳子绞合在一起，许慎的解释很准确。

金文增加了绞丝旁，进一步强调绳索丝线的性质；还有一种金文写法更加规范一些；到了篆书就把字形符号化了，但从笔画而言，反而更加烦琐了；隶书将篆书的繁的形简写成。形成我们今天使用的“纠”字。

纠的原义是绳索缠绕在一起，纠结、纠缠都是此义。由于纠结在一起，引申出约束、督查的含义。《周礼》有“以五刑纠万民”。五刑是墨刑（在额头上刻字涂墨）、劓（yì）刑（割鼻子）、剕（fèi）刑（砍脚）、宫刑（毁坏生殖器）、大辟（死刑）。这句话的意思是用五刑约束老百姓。

古代木工有一种工艺，使用绳索绑紧有水分的木头，使之成为想要的形状。“木不正者，以绳正之。”制造弓箭、车轮，都要用到这样的方法，有一个成语叫“绳愆（qiān）纠谬”，愆是罪过、过失。

省愆是反省自己的过失，而绳愆是用绳索校正过失，谬也是错误的意思，纠谬就是像用绳索校正木头一样改正错误，这就是纠正。

《左传·昭公二十年》:“仲尼曰:‘善哉！政宽则民慢，慢则纠之以猛。猛则民残，残则施之以宽。宽以济猛；猛以济宽，政是以和。’”意思是说：施政过于宽大，老百姓就会怠慢，需要用严厉的政策来纠正。政策过于严苛，老百姓就会受到伤害，需要放松管制。用宽松调剂刚猛，用刚猛调剂宽松，施政就和谐了。这里的“纠之以猛”，是使动用法，是“以猛纠之”，意思是用“猛”来纠正“怠”。

[duó]

夺

甲骨文　金文　篆书　隶书　楷书

夺的金文是一个衣服的衣，衣里面包着一只雀，也就是小鸟。而衣服的外面，有一只手。古人抓住小鸟，藏在衣服里，碰到一个不讲理的，伸手从衣服里抓出来，抢走了，这就是夺。

篆书将金文的衣写成大。繁体字奪，表示衣服的大，表示小鸟的隹和表示手的寸都还在，简化字就什么都看不出来了。

《说文解字》："夺，手持隹（zhuī）失之也。"意思是说：夺是手持鸟儿被抢走了。好不容易抓了只小鸟，多高兴的事，愣让人生生抢走，这是夺的原义。

中国古代有个制度，叫丁忧，就是如果父母去世，在朝廷做官的人要回家守孝三年。如果皇帝认为你太重要，要求你留下为国效力，叫夺情，意思是为了国家利益委屈了你的孝心。历史上最有名的夺情是张居正，当时他刚刚当上首辅，正要积极推行酝酿已久的改革，正赶上父亲去世。神宗皇帝夺情请他留下来，张居正本人虽然反复上本要求回乡，其实心里也不想走。在皇权社会，以孝治天下，不执行丁忧制度是很严重的道德瑕疵。所以很多人公开反对夺情。神宗皇帝动用了廷杖，才平息下来。

賣炭翁，伐薪燒炭南山中。滿面塵灰煙火色，兩鬢
蒼蒼十指黑。賣炭得錢何所營？身上衣裳口中食。
可憐身上衣正單，心憂炭賤願天寒。夜來
城外一尺雪，曉駕炭車輾冰轍。牛困人饑日已
高，市南門外泥中歇。翩翩兩騎來是
誰？黃衣使者白衫兒。手把文書口稱敕，
回車叱牛牽向北。一車炭，千餘斤，宮使
驅將惜不得。半匹紅綃一丈綾，繫向牛頭充炭直。

杜甫賣炭翁

浦寅

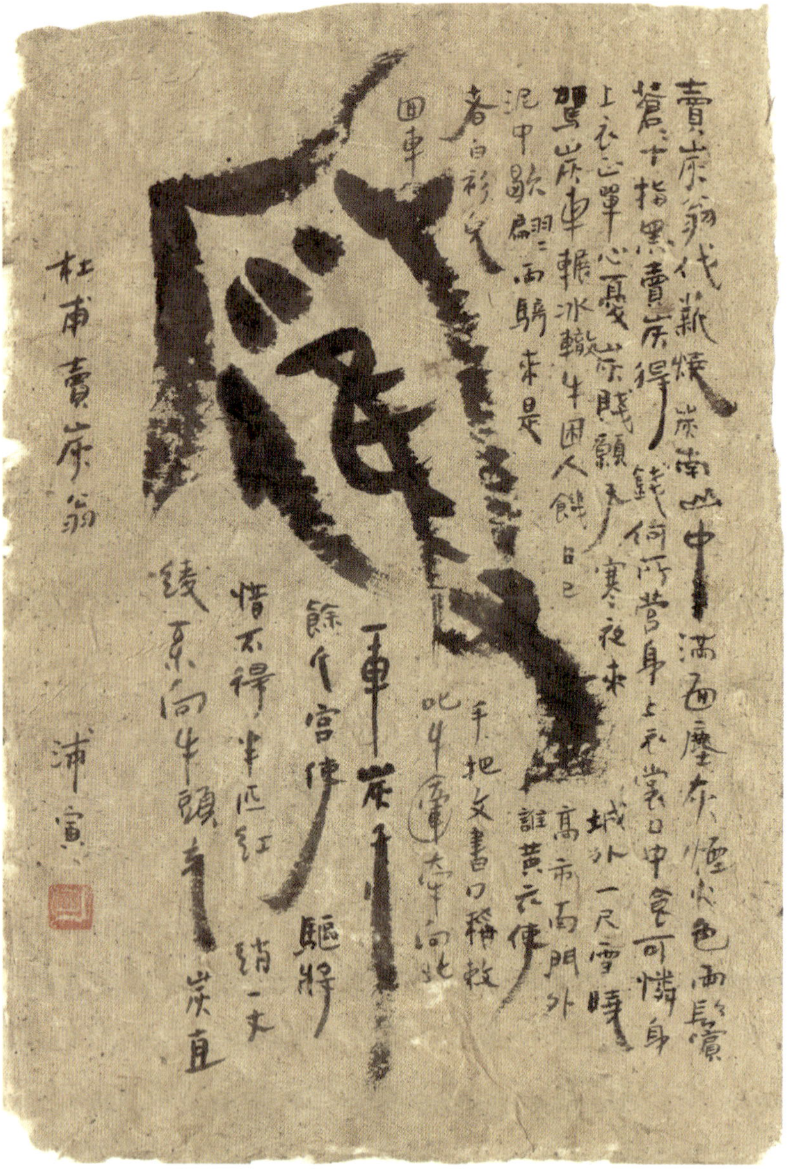

张居正夺情有两种严重后果，一是神宗皇帝认为大臣提反对意见是故意找打，博取名誉，所以后来对大臣的各种反对意见一律置之不理。二是张居正心态发生了巨变。由于夺情得罪了绝大部分朝臣，自己在道德上声名狼藉，这导致张居正在个人自律上完全放纵，走向贪污受贿、奢靡享受。他回乡居然使用三十二人抬的大轿，里外套间，戚继光亲自派兵护送。历史学家普遍认为，夺情固然有利于张居正改革，却也改变了张居正的心态。

这就是“定夺”的道理。决定一件重大事情，一定会有所取舍，决定一个方面，就意味着放弃另一个方面，所以有定，就有夺。张居正夺情保住了官位，实行了改革，这是取，但此举对立了朝臣关系，让他失去了道德制高点，进而走向“堕落”。世上万物都是这个道理，你抢了人家的小鸟，占了便宜，却也失去了别人的友谊和信任。这就是“夺”字用法的道理。

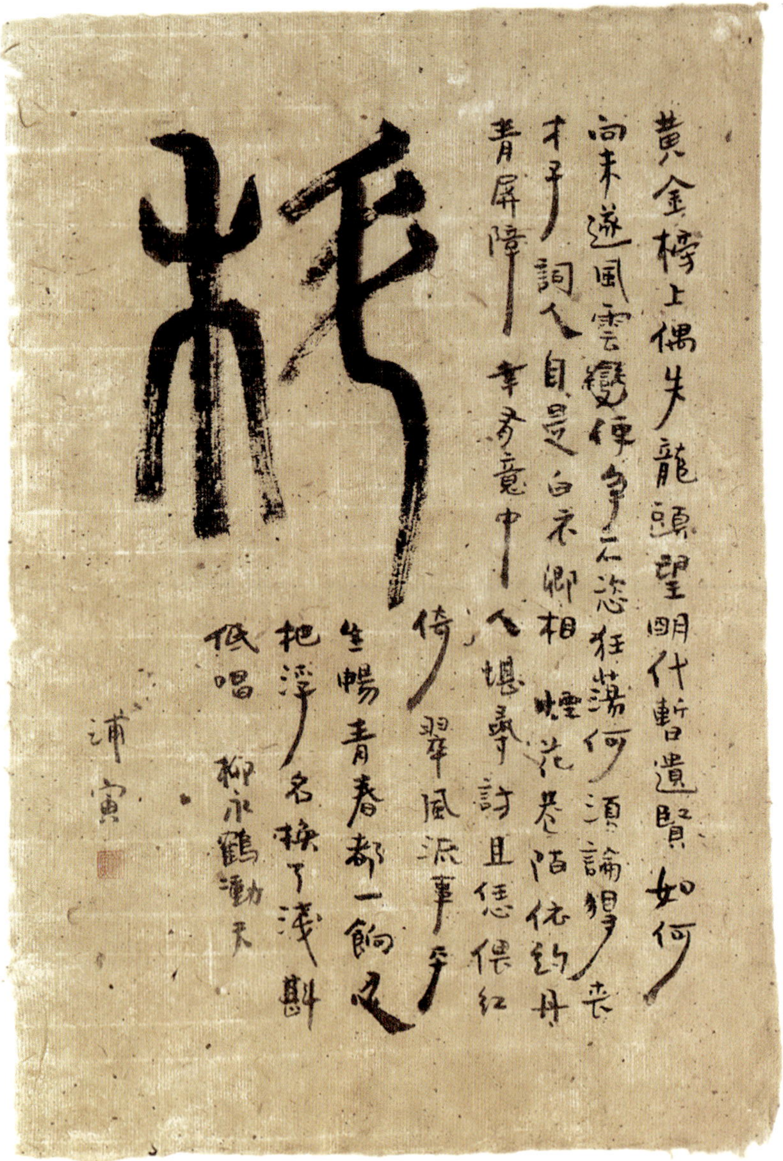
黃金榜上偶失龍頭望明代暫遺賢如何
向未遂風雲變便爭不恣狂蕩何須論得喪
才子詞人自是白衣卿相煙花巷陌依約丹
青屏障幸有意中人堪尋訪且恁偎紅
倚翠風流事平
生暢青春都一餉忍
把浮名換了淺斟
低唱 柳永鶴沖天
浦寅

[kē]

科

缺 缺 

甲骨文 金文 篆书 隶书 楷书

科这个字用法很多，科学、科长、作奸犯科，都是这个科。这个字是怎么来的，为什么有这么多用法？

科字是篆书时期才出现的，左边一个禾苗的禾，表示农作物，右边是一个斗（dǒu）。

斗的甲骨文是一个有手柄的大勺。金文稍作变形。直到篆书，字形才变得符号化了。和斗争的斗不同，篆书、隶书和楷书鬥都是两个人打架的象形。简化字把这两个字合成一个字了。

斗（dǒu）的原义是长柄勺子，用来盛酒，同时也是计量单位。与禾苗的禾合起来，表示计量粮食。《说文解字》：“科，程也。从禾，从斗。斗者，量也。”意思是说：科就是程，程也是一种计量用品。字形由禾和斗会意，斗是量器。

科的本义是衡量，所以同时就有了标准、法规的含义。科长、科目、科以死罪、金科玉律、作奸犯科，以致我们今天所说的科学，都是这种用法。由于有了标准，就有了品类、等级的含义。比如我们今天说的文科、理科就是品类。

由标准，引申出按照标准考核，比如开科取士。按照标准考试录用公务员在古代叫科举。科举制度是中国古代延续了一千多年的官员录用制度，始于隋代。在此之前，当官主要靠家庭出身。科举是按标准考试，这就让普通平民有了通过考试改变命运的机会。“朝为田舍郎，暮登天子堂。”中国的皇权制度能够延续两千多年，和科举制度是分不开的。直到今天，高考仍然被认为是相对公平的选拔制度。

科的品类、等级之意，也衍生出科班的概念。科班是以前戏剧演员学戏的机构，文人经过科举确定次第等级。戏子投师学艺也被称为入某一科，同年入学者为同科。考入或经人介绍加入某一学戏的班子的某一科，就叫进班入科。

科班学戏很苦，要签字据，每天很早起来练功，打骂体罚是家常便饭。在科班学戏叫坐科，一般要七年才能科满。这样的经历叫科班出身，我们今天把受过正规教育而非自学成才的也叫科班出身。

[zú]

足

甲骨文　金文　篆书　隶书　楷书

足，是人的脚，足球就是用脚踢球。代表人脚的足，为什么会有足够、满足的含义呢？

足的甲骨文字形由膝盖、小腿和脚板构成，本义是人体膝盖以下的部分。金文、篆书进行了简化。用“口”代替了脚上的部分。

《说文解字》：“足，人之足也。在下。从止口。凡足之属皆从足。”意思是说：足是人的下肢，在人体的下部。字形采用止、口会意。所有与足相关的字，都采用“足”作偏旁。

足的原义就是人膝盖以下的部位，足部。西汉刘安《淮南子·说林训》：“骨肉相爱，谗贼间之，而父子相危。夫所以养而害所养，譬犹削足而适履，杀头而便冠。”意思是说：亲人之间的关系应该像骨肉一样，坏人进谗言，使父与子相互伤害，这就犹如削掉脚趾去适应鞋子，砍头去适应帽子，太愚蠢了。也是成语削足适履的来历。这里的足，毫无疑问指人的脚。

由于足在人体的下部，所以如果我在你的足下面，那就是在你之下，这就是足下。足下是尊称，用于自下而上称呼君王和上级。鸿门宴上，张良让刘邦先走，自己进去向项羽致歉：“沛公酒量不大，

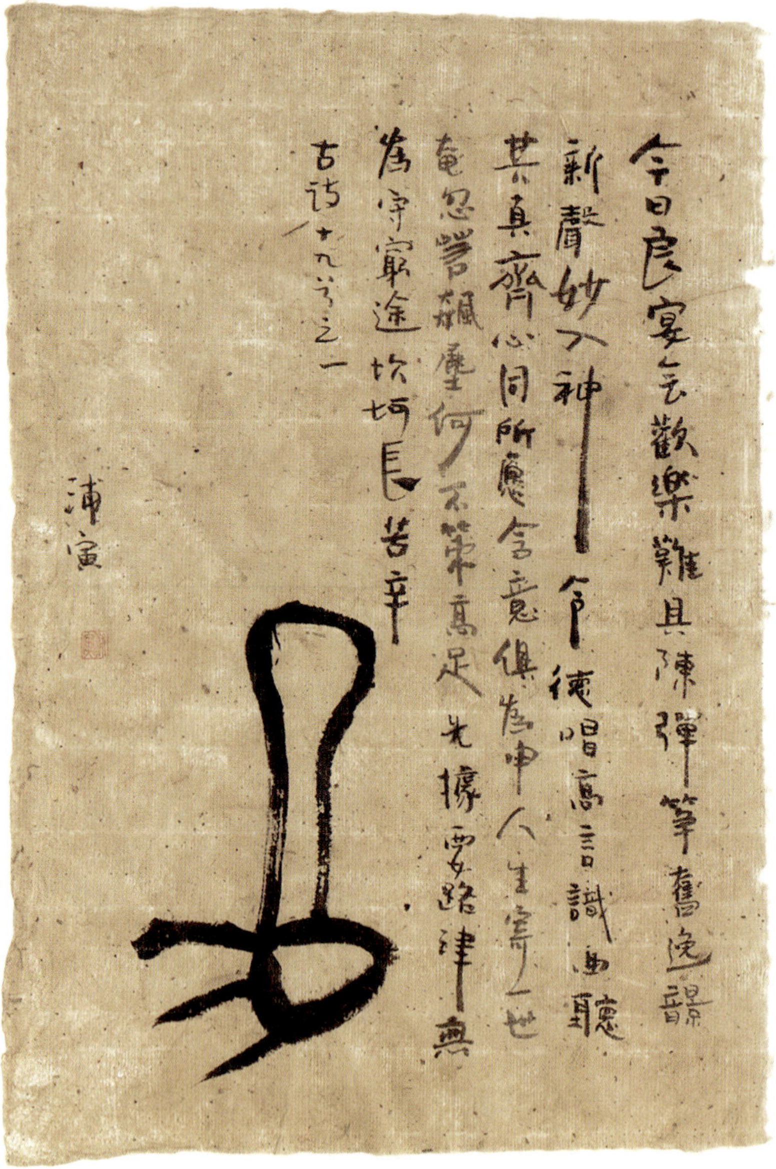
今日良宴會歡樂難具陳彈箏奮逸響
新聲妙入神令德唱高言識曲聽
其真齊心同所願含意俱未申人生寄一世
奄忽若飆塵何不策高足先據要路津無
為守窮途坎坷長苦辛
古詩十九首之一
浦寅

喝得多了点，不能跟大王告辞了。谨让臣下张良捧上白璧一双，恭敬地献给大王足下；玉斗一对，恭敬地献给大将军足下。”大王指项羽，大将军指亚父范增。这里的足下，就是尊称。后来为了表示尊敬，对同辈人也可称足下。

足是人的脚，也指动物的脚。汉代驿传设三等马匹，有高足、中足、下足之别，高足为上等快马。《古诗十九首》之四：“何不策高足，先据要路津？”后来高足也指高才，常用来称呼别人的学生。比如你对老师说：谁谁谁不是您的高足吗？

同样由于足在底部支撑的特点，足也用来指器物底部支撑部分，如三足鼎立。而这样一个很明确的人体肢体，怎么与满足扯上关系呢？

春秋时期，齐景公即位，刑法很重，动辄对罪犯施以刖（yuè）刑。刖刑是上古五刑之一，砍掉人的一只脚或双脚，仅次于杀头。

晏子是当时的宰相，想劝告齐景公少些酷刑。有一次，齐景公对晏子说，你住的地方靠近市场，太吵了，给你换个房子吧。晏子说：别别，我就愿意住在靠近市场的地方。齐景公就问：既然你住在市场附近，你知道什么贵什么便宜吗？晏子说：我当然知道，现在咱们齐国，假肢贵，鞋便宜。这就是“踊（yǒng）贵屦（jù）贱”。齐景公由此意识到刑罚太严苛了，于是宣布废除了刖刑。

刖刑从夏朝就有了，称膑（bìn），周朝称刖，秦朝称斩趾。直到汉文帝时，把应断右脚的改为死刑，应断左脚的改为笞五百，彻底废除了刖刑。而在此之前，不知多少人被砍掉了双脚，比如献玉的卞和，仅仅是怀疑他献的不是玉而是块普通的石头，就被砍掉了双脚，可见统治者在使用刖刑的时候是很随意的。

正因为有那么多人断足，所以有足，就是一个完整的人了。又由于足在人体的最下面，有足，则意味着完整。由此引申为充足、满足、足以的意思，比如不足为凭、微不足道，等等。

诸葛亮在《出师表》中说:“今南方已定,兵甲已足,当奖率三军,北定中原。”这个足，就是充足、足够的意思。

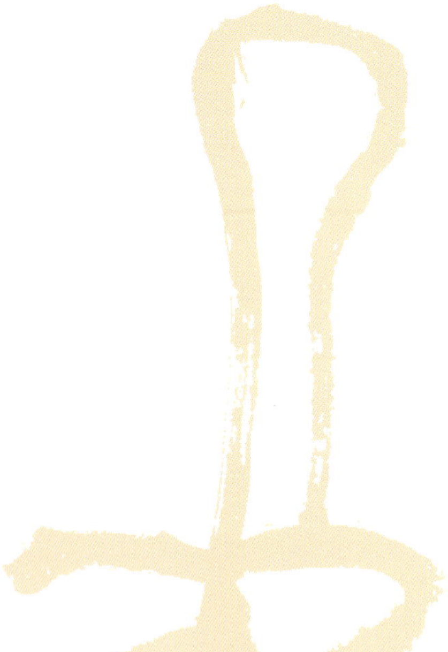

[diān]

颠

缺　缺　　颠　颠

甲骨文　金文　篆书　隶书　楷书

颠是一个很奇怪的字，既可以是峰巅，也可以是颠簸甚至颠覆。颠的原义是什么？怎样引申出意义相反的用法呢？

颠的篆书左边是一个真正的真，真的原义是巫师用勺子盛出祭品向公众展示，表现真诚，右边是一个代表面部的页。甲骨文的页，是一个跪坐的人形，顶着一个大大的头部。金文突出了眼睛和眉毛，省略了其他器官，强调脸部，同时弱化了人的身体。用“页”作偏旁，通常和人的头部或脸部有关。比如头颅两个字的繁体字“頭顱”、脖颈（gěng）的颈、衣领的领、项目的项等。

真是把勺子里的祭品高举过头；页表示头、脸，是人体最高的器官，合起来就是颠，表示顶端。《说文解字》：“颠，顶。”山高人为峰。但是如果你翻开字典，你会发现由颠组成的词通常具有贬义：颠仆、颠覆、颠簸（bǒ）、颠沛等，这是怎么回事？

清代学者段玉裁在《说文解字论》中解释：“颠为最上，倒之则为最下。”“颠，仆也。”意思是最上最高倒过来就是最下最低。

人的头顶为颠，平时站着最高。但一旦躺下，就成为最低。古人认为最高必然成为最低，所以就把颠引申为跌落，“自上下曰颠”，

陋室空堂，當年笏滿床；衰草枯楊，曾為歌舞場。蜘蛛絲滿雕梁，綠紗今又糊在蓬窗上。說什麼脂正濃，粉正香，如何兩鬢又成霜？昨日黃土隴頭送白骨，今宵紅燈帳底臥鴛鴦。金滿箱，銀滿箱，展眼乞丐人皆謗。正嘆他人命不長，那知自己歸來喪！訓有方，保不定日後作強梁。擇膏粱，誰承望流落在煙花巷！因嫌紗帽小，致使鎖枷扛，昨憐破襖寒，今嫌紫蟒長。亂烘烘你方唱罷我登場，反認他鄉是故鄉。甚荒唐，到頭來都是為他人作嫁衣裳。

世人都曉神仙好，惟有功名忘不了！古今將相在何方？荒塚一堆草沒了。
世人都曉神仙好，只有金銀忘不了！終朝只恨聚無多，及到多時眼閉了。
世人都曉神仙好，只有嬌妻忘不了！君生日日說恩情，君死又隨人去了。
世人都曉神仙好，只有兒孫忘不了！癡心父母古來多，孝順兒孫誰見了。

浦寅

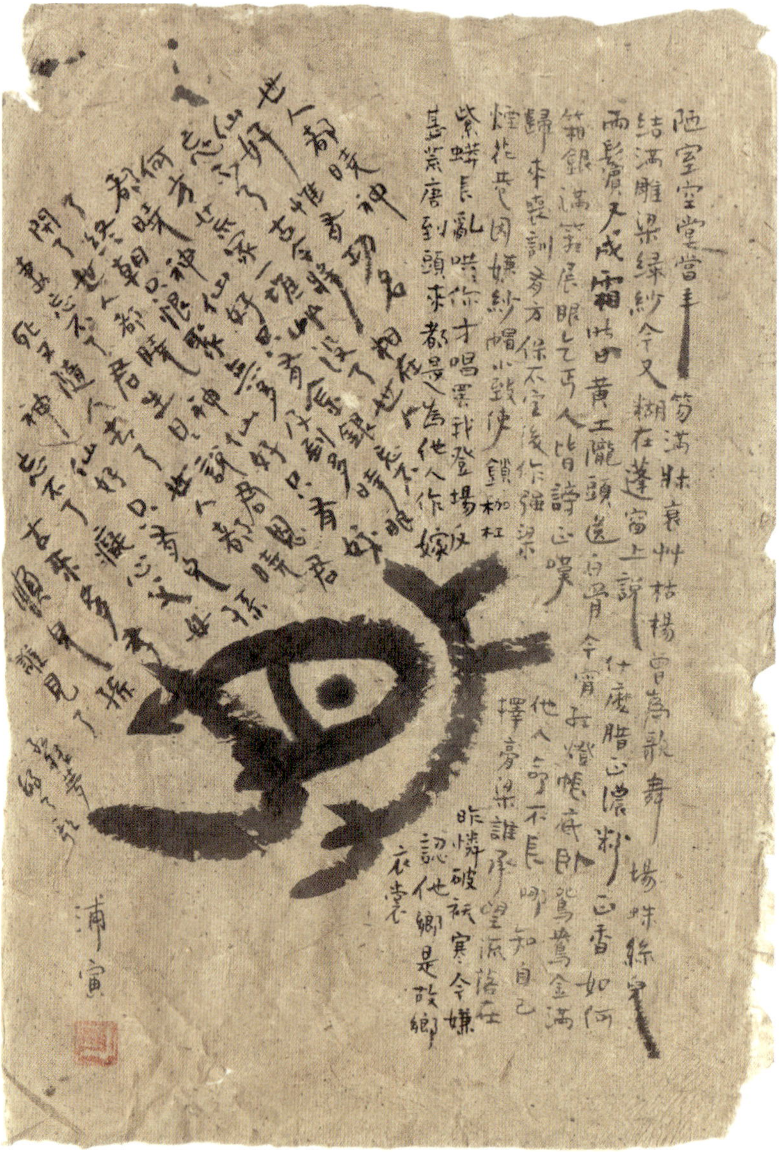

这是物极必反的世界观在文字中的体现。

《左传·隐公十一年》:“颍（yǐng）考叔取郑伯之旗蝥（máo）弧以先登，子都自下射之，颠。”蝥是斑蝥，一种行动敏捷且有毒的昆虫。意思是，颍考叔举着郑伯的旗帜，敏捷地抢先登上（许国）城头，子都（也是郑国的将军，出于妒忌）从下往上射击颍考叔，颍考叔自上而下坠落。这里的颠，是直接运用了“跌落”的含义。

由跌落，颠进一步引申出倒下、困苦的含义。《论语·里仁》:“君子无终食之间违仁，造次必于是，颠沛必于是。”意思是说：君子一顿饭的工夫都不会违背仁德，无论是紧急匆忙的时候，还是遭遇危机处境艰难的时候，都保持仁德。这里的颠沛，是跌倒，艰难困顿的意思。

孔子的这句话道出了人的本性，平时自律甚至道貌岸然并不难，只有到了危急时刻，或者颠沛流离的时候，才能看出一个人的真正素养。

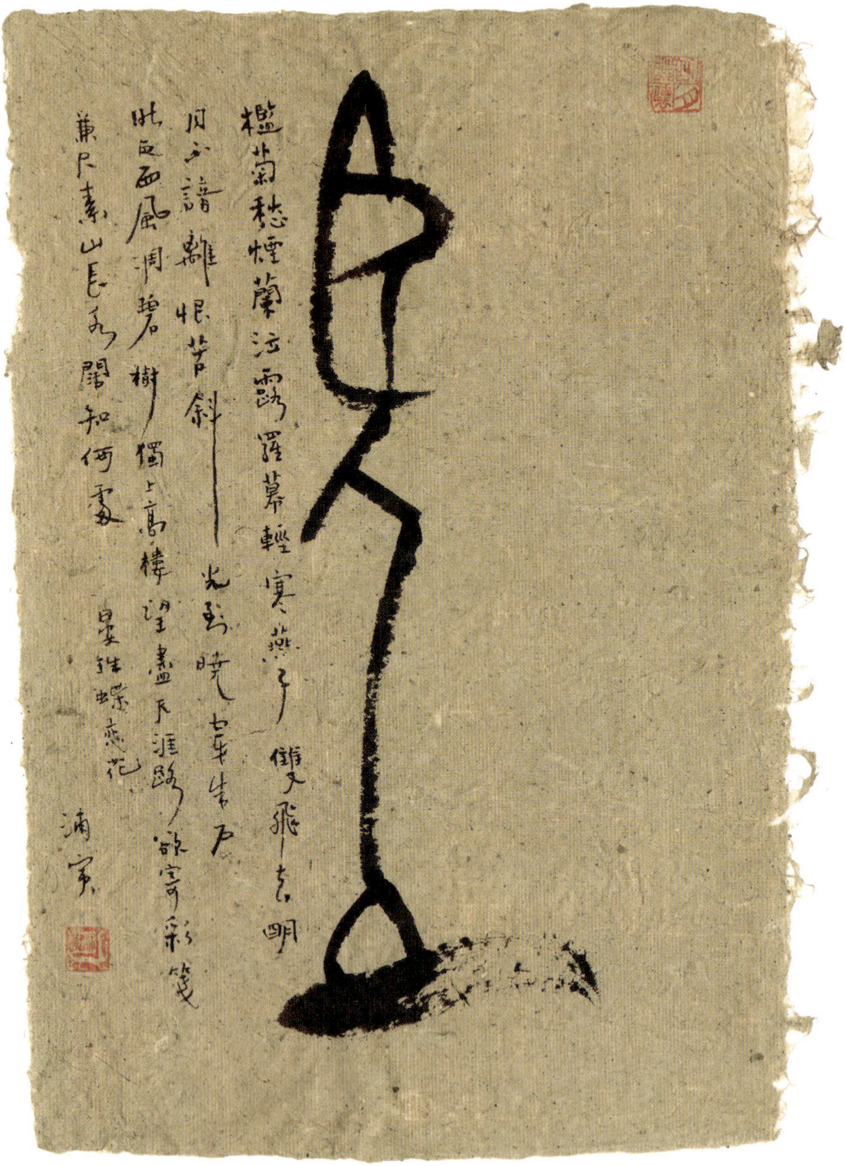
檻菊愁煙蘭泣露羅幕輕寒燕子雙飛去明
月不諳離恨苦斜光到曉穿朱戶
昨夜西風凋碧樹獨上高樓望盡天涯路欲寄彩箋
兼尺素山長水闊知何處
晏殊蝶戀花

[wàng]

望

甲骨文　金文　篆书　隶书　楷书

所谓登高望远，甲骨文的望就是一个人站到了山峰上。一个直立的人形，站在一个圆包上，那是甲骨文的土字，在这里表示站在高处。身体的头部简化成了一个大臣的臣，这个字的原义是竖起来的眼睛，在这里表示登高，是为了用眼睛看，看哪里？当然是远方。

《说文解字》：“望，出亡在外，望其还也。”意思是说：望是亲人远行在外，盼望回家。三千多年前，有一个年轻人被征发徭役来到远隔千里的边疆。超负荷的劳役让他身心俱疲。已经有不少伙伴被累死了，此刻这个年轻人更加思念家乡。夜已经很深了，他悄悄爬上附近的小山，向家乡遥望。

陟（zhì）彼岵（hù）兮，瞻望父兮。父曰：嗟！予子行役，夙夜无已。上慎旃（zhān）哉！犹来无止！

登临葱茏山冈上啊，远远把我爹爹遥望。耳边回想起爹爹的话语：唉，我的儿啊，你每天从早到晚地劳作。可要当心身体呀，千万莫要把自己留在远方。后面相同的句式，还有思念母亲、兄弟的诗句。这是《诗经》中征人遥望故乡，思念亲人的诗句。甲骨文的望字充满了诗意。

从周代就有了徭役，孟姜女哭倒长城，她丈夫服的是力役。花木兰替父从军，她代父亲服的是兵役。“昨夜见军帖，可汗大点兵。军书十二卷，卷卷有爷名。阿爷无大儿，木兰无长兄。愿为市鞍马，从此替爷征。”不光出力，盔甲鞍马都还是自己出。沉重的徭役，沉重的诗词。有多少离散的亲人在登高远望。

全国各地，有不少景点叫“望夫石”，这些民间传说大同小异，都是说留守的妇人登高远望，伫立望夫，天长日久化而为石。据古书记载：“武昌北山有望夫石，状若人立。古传云：昔有贞妇，其夫从役，远赴国难，携弱子饯送北山，立望夫而化为立石。”

古人登高远望，除了望夫，还望什么呢？当然是望月。金文望的写法，已经超越了文字，完全是一幅图画。金文望，人形还在，土简省为一横，重要的是在右上角增加了夕，表示月亮，让这个汉字与诗意更加紧密相连。有人说中国诗词是阴性的，含有太多月亮的意象。此说偏颇，但太多诗词与月光、思念有关确是实情。

床前看月光，疑是地上霜。举头望山月，低头思故乡。

李白的这首诗，是金文望字的诗歌诠释版。

说到这首诗，自然想到马未都老师提到的“床”乃胡床之床的公案。马未都指出，李白《静夜思》之床不应该是室内的卧床，而是胡床。也就是我们今天的马扎，人自然是在室外，举酒邀月，而非午夜不寐，被月光惊起徘徊。

其实在马未都之前，学界对这个床就有不同的解释，除了睡床、马扎以外，还有一种井床说。井床就是水井周围安置井栏的井台。井在人们当时的生活中占有非常重要的位置。人们围绕着井相聚，逐渐形成市场，这就是市井。离家远游便称为背井离乡。在“井床”前思念故乡，不是很自然的吗？

从汉字角度考察，老浦是赞同马未都老师的。望是站到高处，在屋里自然没法望，井床也不是高处。

你发现前面引用的诗句是不是有一点别扭？没错，这里引用的是日本版的《静夜思》，不同之处是第一句“窗前看月光”，而不是“明”月光，第三句“举头望山月”，而不是望“明”月。难道说千里之外的日本保存的版本反而比我们本土的版本还要准确吗？翻翻古书，其实这个版本可不仅仅在日本才有。

宋代的《李太白文集》《乐府诗集》，明代初年的《唐诗品汇》，以及清朝康熙皇帝钦定的权威刊本《全唐诗》中，《静夜思》的原文都和日本版的一样。

乾隆年间，蘅（héng）塘退士所编的《唐诗三百首》里，才变成我们背的这一版。而这个版本，在新中国成立以后，全国各家出版社推出了有几十个不同版本的《唐诗三百首》，都是采用这个版本。我们从小背的也都是这个版本。

单单从诗歌本身来说，一首二十字的绝句重复使用两次“明月”是不合理的，从内容上看，由“看”、疑，到“望山月”，再回到“低头思故乡”，情绪是一以贯之的。古人写诗讲究炼字，火字旁锻炼的炼，就是说每一个字都要千锤百炼。力求做到最准确，最传神。

望乡，望月，在望向远方时，还有怎样的情怀？

草书的望字充满灵动之美，让希望的望充满美感。王国维在《人间词话》

中，提出了人生的三个境界。第一个境界他引用了晏殊的词：“昨夜西风凋碧树。独上高楼，望尽天涯路。”说的是一个人在秋天万木萧疏，西风把树叶从树枝上横扫下来，在这种人生不如意的情况下，独上高楼，望向天涯，也许茫然，也许伤怀，但仍然登高望远，对未来充满希望。

我们通过汉字“望”，欣赏了超越文字的图画之美，怀想了古人望乡、望月和登高抒怀的激情，激励我们要勇于突破山崖对我们身心的限制，望向更远的未来。

[huàn]

患

缺 

甲骨文 金文 篆书 隶书 楷书

患在网络上有一种解读，认为是“串心”，一串心，就是心多的意思。心多就不是一心一意，自然有忧患。这种解读是否有道理？

其实“患”是一个非常生动的汉字，目前共发现三种金文写法，第一种，上面是四只手拿着一个棍子，下面是心，四只手表示很多人，正对心脏的棍子表示一个棘手的问题。这样的大问题，还七嘴八舌，怎能不忧虑呢？所以，患的原义是忧虑。第二种写法简化了四只手，中间的一根棍子变成了一个臼，臼是在石质容器里用粗木棒舂捣，预示烦心事像石臼一样砸在心上。第三种写法省略了石臼，这就有点像百爪挠心，忧虑的原义不变。

患的原义就是忧虑，《论语·宪问》“不患人之不己知，患其不能也。”不忧虑别人不理解自己，应该忧虑的是自己是不是能够做到。

由忧虑，引申为祸患，祸害。唐柳宗元说：“人之患在好为人师。”这个患，就是毛病、祸患。防患于未然，后患无穷，有备无患，消除后患都是这个含义。

篆书把四只手持棍变成了“串”，才引起了二心的解读。《春秋·繁露》：“书文止于一者谓之忠，持二中者谓之患，患人之忠，

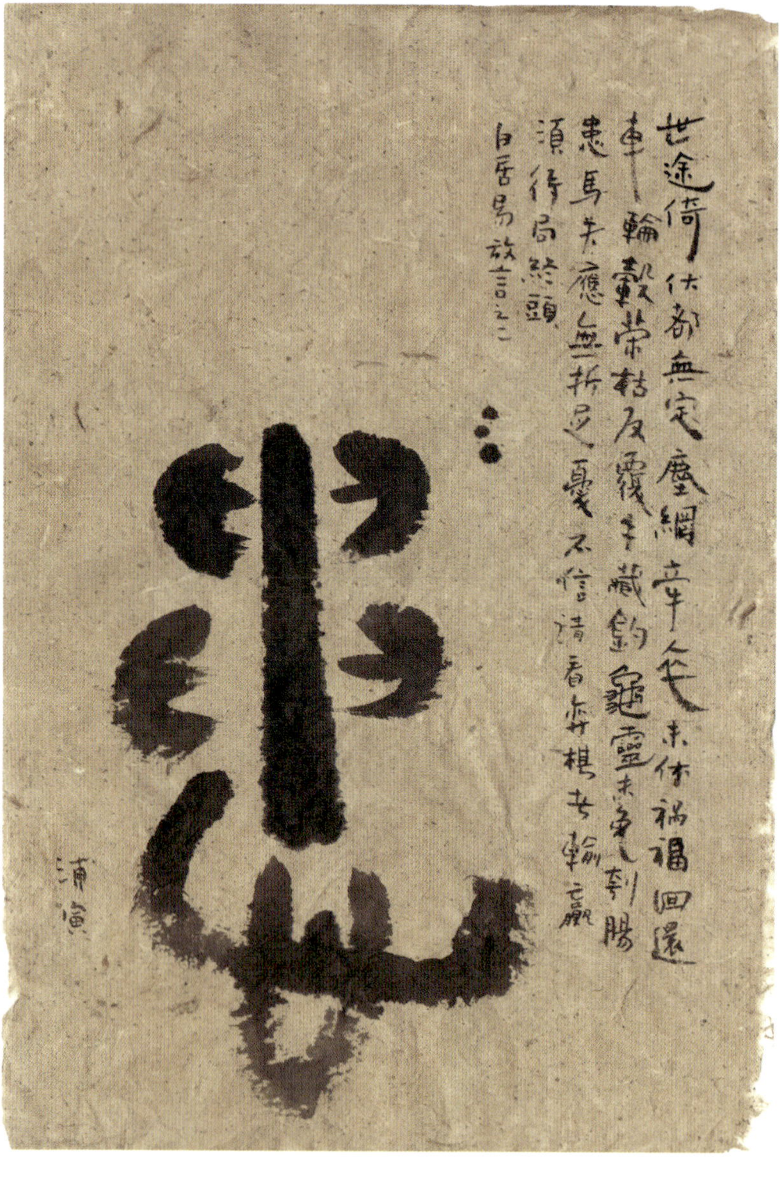
世途倚伏都無定塵網牽纏卒未休禍福回還
車轉轂榮枯反覆手藏鉤龜靈未免刳腸
患馬失應無折足憂不信請看弈棋者輸贏
須待局終頭
白居易放言之二

不一者也。”意思是说：写字，一个中就是中心，串是两个中，就成了患，有两个中的人，不能一心一意，是不可能忠心的。这也是古代很开脑洞的解字吧。

说到多心，可能会联想起《西游记》中的一个情节。丘比国国丈陷害唐僧，要拿唐僧的心做药引。孙悟空假扮成唐僧，当面破开胸膛，将那些心，血淋淋的，一个个掰开给观众看，却都是些红心、白心、黄心、悭贪心、利名心、嫉妒心、计较心、好胜心、望高心、侮慢心、杀害心、狠毒心、恐怖心、谨慎心、邪妄心、无名隐暗之心、种种不善之心，更无一个黑心。国丈说：这倒是个多心的和尚。其实我们的心，何尝比这多心的和尚少？

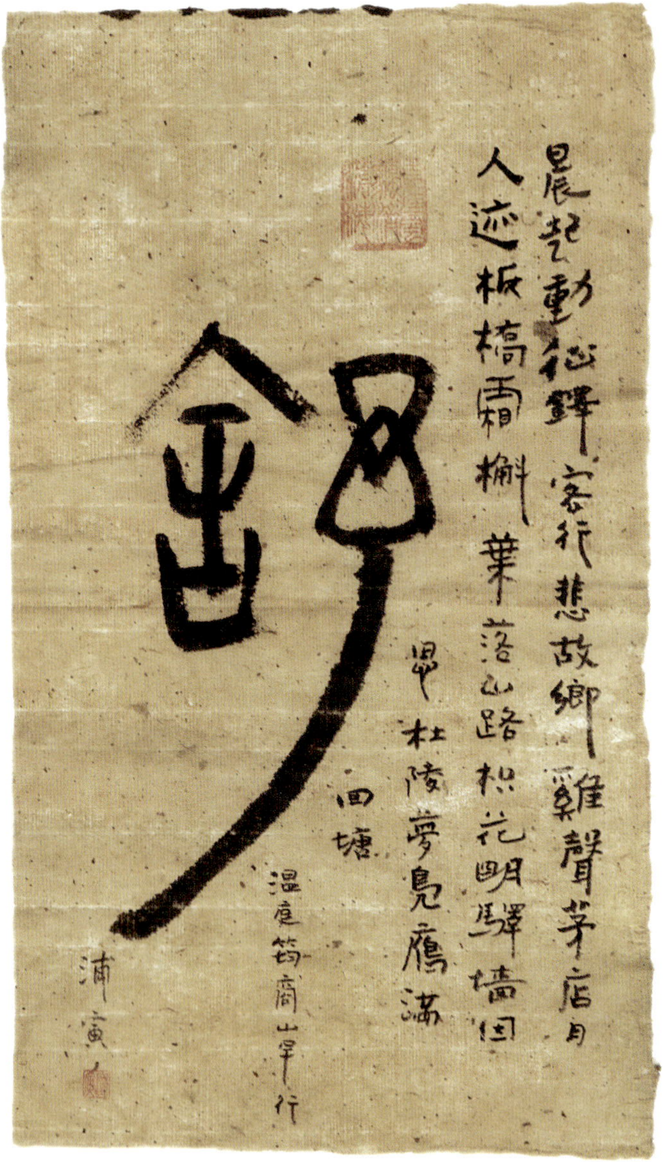
鄉
晨起動征鐸客行悲故鄉雞聲茅店月
人迹板橋霜槲葉落山路枳花明驛墻囙
思杜陵夢鳧鴈滿
回塘
温庭筠商山早行
浦寅

[shū]

舒

缺 缺  舒 舒

甲骨文 金文 篆书 隶书 楷书

网络上有一个帖子对“舒”字的解释是：舒，左边是舍得的舍，右边是给予的予，就是值得给予的意思。所谓舒心，就是“懂得给予别人，自己就能收获快乐”。

舒的篆书左边是舍，舍的上面是余，余的原义是支撑茅草屋顶的带枝杈的支柱，在这里表示路边简易的草屋，供旅客歇脚留宿。舍字下面的“口”是台基，可能是类似吊脚楼的简易茅屋，吊脚隔潮、防蛇虫野兽。予的甲骨文是两个方块相交，表示城邑，把自己的城邑交给对方，这是诸侯间进行交易的常态，下面的一竖表示推送，予的原义就是给予。表示给予的予和表示路边客舍的舍合在一起，表示旅客进入客舍，身心得到放松的状态，本义是伸展。许慎《说文解字》：“舒，伸也。”

想想，一个背包客在长途跋涉以后，来到客栈，卸下沉重的行囊，舒展四肢躺下，要是能吃顿饱饭，睡前再烫烫脚，得多舒服？

那么，把舍解读为舍得，有道理吗？舍的原义是旅途中间的简易居所，到达这样的居所，无论是打尖儿还是住店，都要放下行李，歇脚休息，所以便引申为放下、舍弃。

《论语·子罕》："子在川上曰：'逝者如斯夫，不舍昼夜。'"这句话说的是孔子在晚年携弟子周游列国。有一次他们在河边望着奔腾不息的河水若有所思，叹息光阴像河水一样昼夜不停地流逝。勉励弟子珍惜光阴。这里的舍，就是放弃、放过的含义。江水滔滔，白天黑夜都不会放弃流动。

这个含义，后世加提手旁"捨"来区别，原义舍仍然是居住的房子、宿舍。简化字又合并了回去。

赠人玫瑰，手有余香。道理是对的，但舒字是否可以这样解读呢？

《诗经 . 大雅 · 江汉》

江汉浮浮，武夫滔滔。

匪安匪游，淮夷来求。

既出我车，既设我旟。

匪安匪舒，淮夷来铺。

长江汉水波涛滚滚，出征将士意气风发。不为安逸不为游乐，要对淮夷进行讨伐。兵车已经出动，彩旗迎风招展。不为安逸不为舒适，镇抚淮夷到此驻扎。

这是周天子御驾亲征的战歌，其中的"匪安匪游""匪安匪舒"都是颂扬周天子的，说天子出征，不是为了游乐，也不是为了安逸享受，而是要平定异邦。匪安匪舒才能建功立业，我们今天也是一样，走出舒适区，自我迭代，终身学习，才能保持向上的心态，不断进步。

[jìng]

静

甲骨文　金文　篆书　隶书　楷书

王国维在《人间词话》中谈到成大事业者的三种境界：“众里寻他千百度，蓦然回首，那人却在灯火阑珊处。”此第三境也。王国维引用的辛弃疾《青玉案·元夕》的原文是这样的：

东风夜放花千树。更吹落、星如雨。宝马雕车香满路。凤箫声动，玉壶光转，一夜鱼龙舞。

蛾儿雪柳黄金缕。笑语盈盈暗香去。众里寻他千百度。蓦然回首，那人却在，灯火阑珊处。

这描写了正月十五元宵节的热闹情景，整首词用一个汉字来概括，那就是“静”。

静的金文，是一个争执的争，表示两只手在争夺牛角类的物品，加里面的青，本义是草木生发的颜色。古人用纷争来衬托青青小草的安宁，就像辛弃疾词中用热闹衬托灯火阑珊处的安静一样。

有成就的境界是安静的境界，也是寂寞的境界。这是一个苦苦

清晨入古寺初日照高林曲徑通幽處禪
房花木深山光悅鳥性潭影空人心萬籟
此俱寂惟餘鐘磬音 唐常建題破山寺後禪院

追寻，终于找到答案的如释重负，这是终于得以体悟，人生真谛原本在平平常常，甚至冷冷清清之中。

有一首诗和辛弃疾的词讲的境界可以互相映衬：

尽日寻春不见春，芒鞋踏遍陇头云。
归来笑拈梅花嗅，春在枝头已十分。

你背井离乡，长途跋涉，追寻你的理想。有一天你疲惫地归来，发现你苦苦追寻的春光就在自家枝头。灯火阑珊处，美人一直都在那里。

却在的在，同样是这种境界的写照。

甲骨文的在是一个倒三角形，中间有一条贯穿的竖线。关于这个字形，有一些不同的理解。第一种认为，这是房屋的梁柱，倒三角用于支撑横梁；第二种认为，这是地面树立的十字形木桩，其名为“物”，以表位次；第三种认为，这是小苗初生，横画表示地面，倒三角表示植物的根系，竖画表示树干。

这三种说法都有道理，因为这个字形后来分化出两个字，一个字是才，是木材的材的本字。而这个字的来源，第一种解释更合理。分化的另一个字就是在，我更倾向于第三种解读，因为它告诉我们，小苗刚刚出头，但它的根系却已经深深扎进土地，也只有这样，它才有可能经受风霜雨雪，长成参天大树。

现代植物学表明，树木为了汲取足够的营养，需要比树木本身庞大得多的根系，树根的规模往往要比地上的部分大两三倍。而且树龄越大，需要的养分和抓附力就越大。

我们以前谈过古人的人生理想“三不朽”：立德，立功，立言。这要做到其中一项，就当得一个“在”字。那是不可忽视的存在。我们今天的理想也许不同，但谁不想在自己的领域出类拔萃，卓尔不群。换句话说，就是有存在感。

从“在”字我们了解到，越是参天大树，越是根基深厚。经历了独上高楼的迷茫，经历了衣带渐宽终不悔不懈的努力，经历了东风夜放花千树的辉煌，也经历了众里寻他千百度而不得的苦恼，终于发现，真我从来就没有离开自己，在最寂寞的角落，有着最真的自己。

这就犹如清澈的小溪从山间潺潺流出，汇成波涛滚滚的江河，最后成为安静的湖泊。所有的智慧和锋芒，都静静蕴含在波光粼粼的宁静之中。

[lì]

丽

甲骨文　金文　篆书　隶书　楷书

美丽的丽是一个看着就让人愉快的字眼，谁不喜欢美丽的人和美丽的东西呢？繁体字“麗”来自梅花鹿美丽的双角，也叫鹿茸。鹿的毛皮艳丽，姿态优美，大大的双角惹人喜爱，所以用鹿代表美丽很合适。

《说文解字》:“丽，旅行也。鹿之性，见食急则必旅行。”意思是说：丽是旅行的意思，鹿有迁徙的习性，食物匮乏，就会旅行。这种解释可能会让人有些费解，现在咱们来看看甲骨文。

甲骨文的丽是鹿头上长着一对符号，这不是鹿角吗？仔细看，下面这头鹿头上是有角的，而且那一对符号的形状也不像鹿角。

这对符号到底是什么意思？丽的另一种甲骨文的写法，那一对符号变成，而下面不是鹿，而是两个“犬”字。其他的甲骨文丽字，那两个符号还有更多的写法，这些符号和一样，都是两人并肩前行的意思。

两人并肩前行，加上鹿和犬的含义，应该是旅行没错。因为鹿是迁徙动物，逐水草而食，而且鹿还是群居动物，迁徙的时候总是

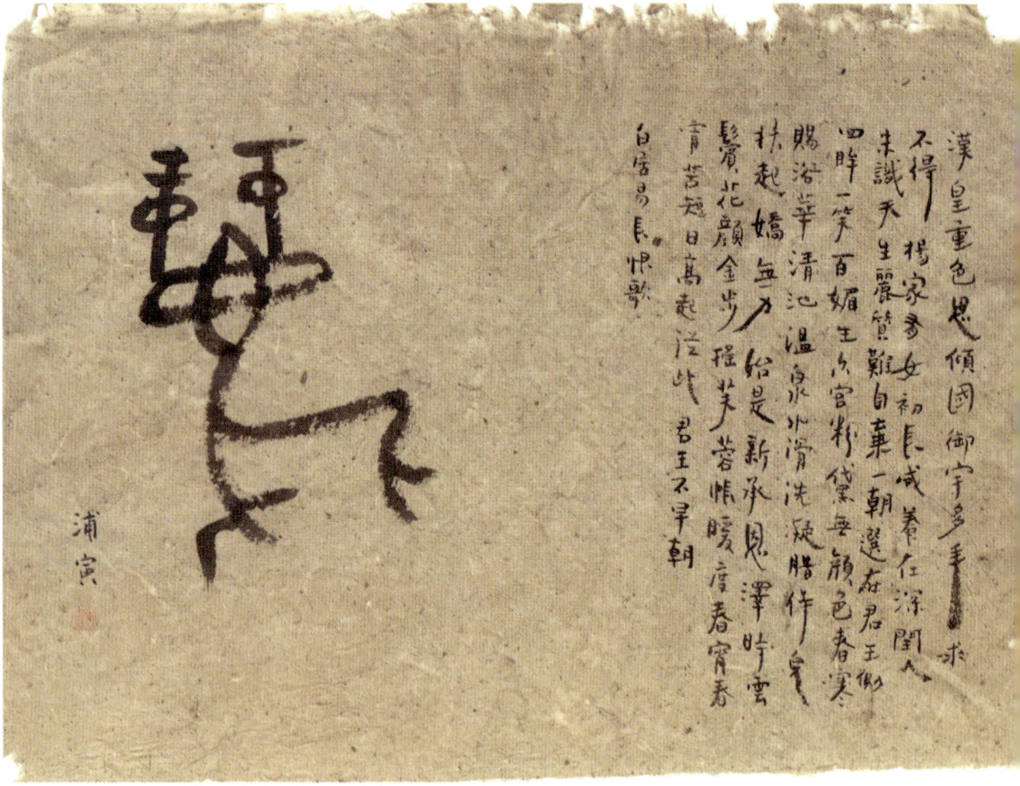
漢皇重色思傾國御宇多年求
不得楊家有女初長成養在深閨人
未識天生麗質難自棄一朝選在君王側
回眸一笑百媚生六宮粉黛無顏色春寒
賜浴華清池溫泉水滑洗凝脂侍兒
扶起嬌無力始是新承恩澤時雲
鬢花顏金步搖芙蓉帳暖度春
宵苦短日高起從此君王不早朝
白居易長恨歌
浦寅

成群结队。狗虽然不是迁徙动物，但他们是群居动物，打猎的时候，总是成群结队，长途奔袭。由此看来，丽的本义就是旅行，可见没见过甲骨文的许慎分析得完全正确。

金文和篆书都采用了鹿的造型，楷书麗的字体很漂亮，简化字去掉了“鹿”，成为今天的丽，笔画减少很多，同时失去了想象的空间。

丽的原义是成群结伙地旅行，所以引申为成对。《周礼·夏官》记载：丽马一圉（yǔ）。圉是养马的围栏，丽马就是一对马。意思是按照规制，一对马养在一个围栏里。

由成群结伙，又引申为依附、附着。《周易·离》：“百谷草木丽乎土。”说谷物、树木都依附于土地，这里的丽，就是依附、附着的意思。

由结伴旅行，“丽”还引申为跨越。《论衡·薄葬》记载：“鲁人将以玙璠敛，孔子闻之，径庭丽级而谏。夫径庭丽级，非礼也，孔子为救患也。”玙璠（yú fán）是只有君王才能佩戴的美玉。公元前517年，鲁国季平子死后，他的家臣阳虎要用玙璠给他装殓（liàn），孔子听说以后，直接穿过庭院。依照古礼，客人进入大门后，应该绕左侧而行。而“丽”在这里是跨越。丽级，一步跨过一级台阶。按古礼，上台阶应该走一步把双脚并齐一下再上，丽级也是不符合礼的。径庭丽级而谏：孔子不顾应守的礼节，急忙跑去谏阻，是为了防止祸患。

许慎《说文解字》在解读“丽”字时还有一句话：“《礼》：丽皮纳聘。盖鹿皮也。”意思是《周礼》上说，用鹿皮作为婚礼的见面礼，丽是鹿皮的意思。《仪礼·士婚礼第一》：“主人酬宾，束帛俪皮。”郑玄注曰：“俪皮，两鹿皮也。”意思是，结婚用成匹的丝绸和两张鹿皮作为礼物。俪皮就是两张鹿皮。

鹿皮是年轻人结婚时少不了的东西。闻一多先生在《诗经研究》中认为:“上古盖用全鹿，后世苟简，乃变用皮耳。”

由于鹿皮是重要的礼品，又漂亮，所以丽字便引申为漂亮、美好的含义。而今天，我们基本上只使用这个字美丽漂亮的引申义，原义和其他引申义已经基本不用了。

[lǚ]

旅

甲骨文　金文　篆书　隶书　楷书

旅的甲骨文是一个大旗下面有两个人，是个“从”字，表示众人。很多人有序地聚集在旗帜之下，合起来表示军队，原义是军队的编制单位。

《国语·齐语》：“十连为乡，故二千人为旅。”因为旗帜是古代军队的标志，所以引申指军队，还引申出众多、驻扎、军令等与军队有关的含义。由于军队经常出征，所以又引申出路途、旅游、旅行、旅人等含义。

李白《春夜宴从弟桃花园序》：“夫天地者万物之逆旅也；光阴者百代之过客也。而浮生若梦。为欢几何？”

什么叫逆旅呢？

逆是一个倒着的人形“大”，下面一个表示行进的止，合起来表示与出发反方向回来。逆旅就是暂时不走了，表示客舍、旅店。 李白说天地万物都有生有死，因而都是在这个地球上住旅店的。

而光阴、时间也由于是流动的，多少年多少代，都是地球的过客，谁都不是地球的主人。而人生不过是一场梦，快乐的时候有多少呢？

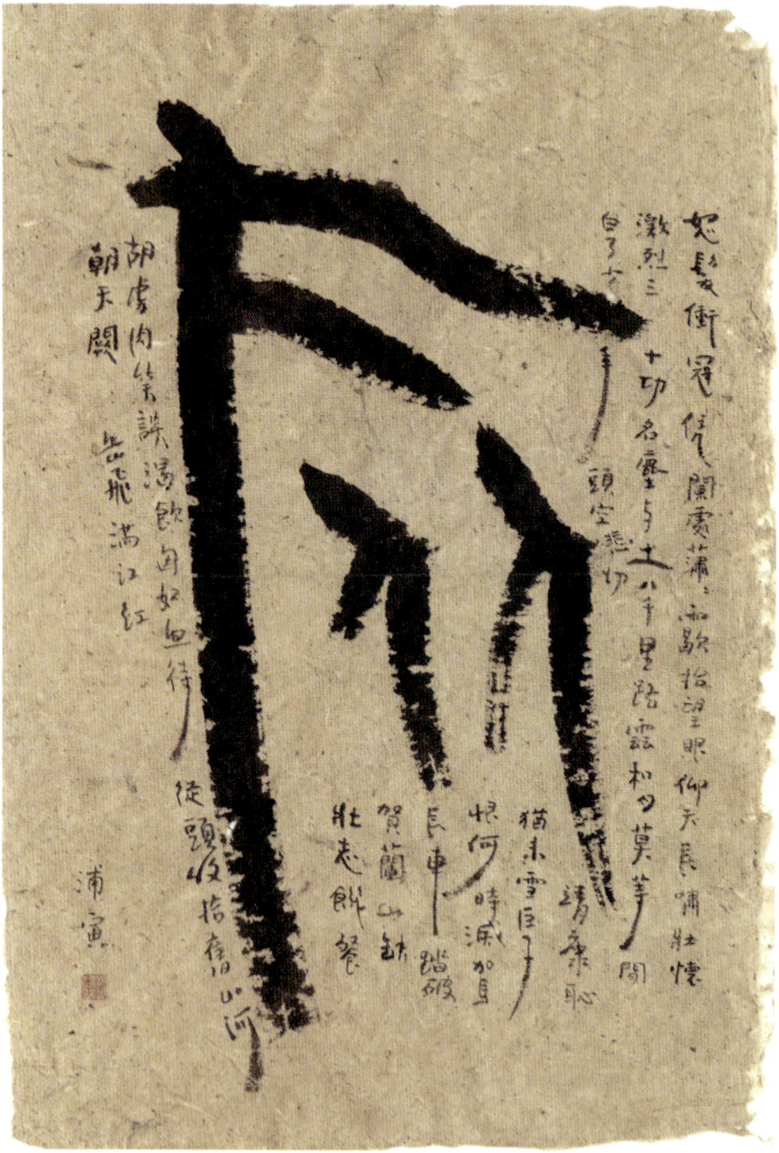
怒髮衝冠憑闌處瀟瀟雨歇抬望眼仰天長嘯壯懷
激烈三十功名塵與土八千里路雲和月莫等閒
白了少年頭空悲切
靖康恥猶未雪臣子恨何時滅駕長車踏破
賀蘭山缺壯志飢餐
胡虜肉笑談渴飲匈奴血待從頭收拾舊山河
朝天闕
岳飛滿江紅
浦寅

对于人生的漂泊、时光的流逝，古人常常用“逆旅”来表达对人生的理解。

苏轼《临江仙·送钱穆父》中有这样的词句:“惆怅孤帆连夜发,送行淡月微云。尊前不用翠眉颦，人生如逆旅，我亦是行人。”这是苏东坡在杭州时送别朋友的词：你要连夜离开扬帆远行了，月色微茫，云淡风轻，人心惆怅。陪酒的歌妓不要悲伤。人生不过就是一场漂泊，都是在旅店暂且栖身，你今天离别，我何尝不是行人。你我都是天地间的匆匆过客。这是中国人的世界观,旷达、潇洒，虽然面临失意，处境艰难，却能够游于物外，得失两忘。

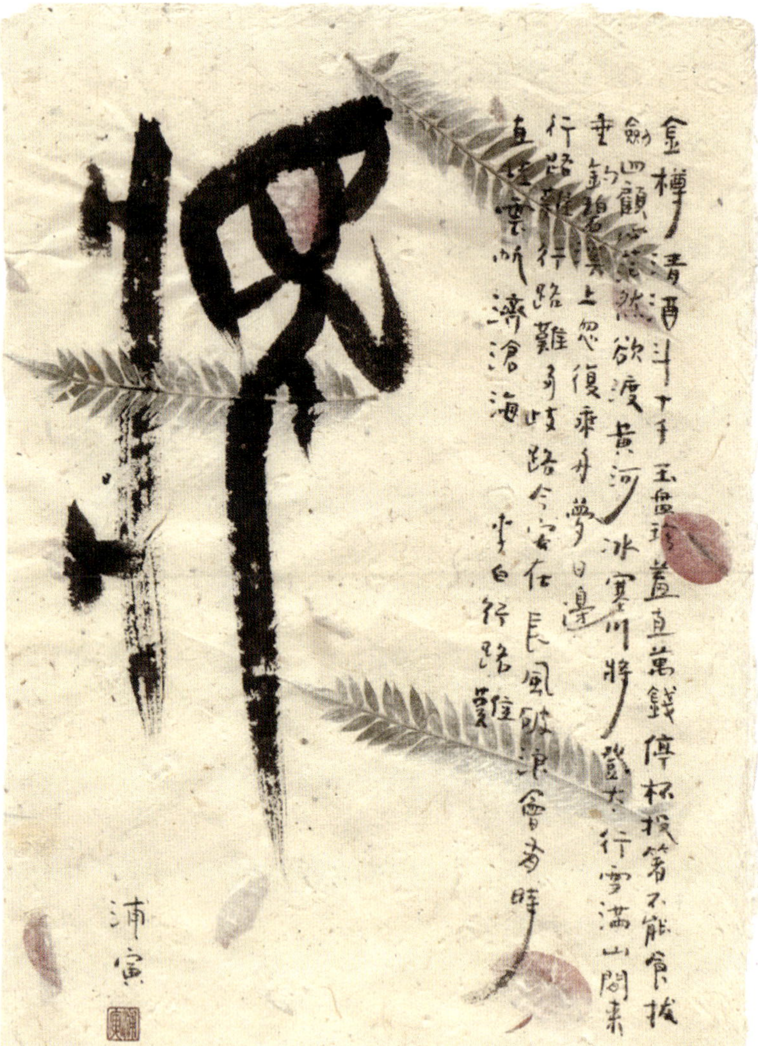
金樽清酒斗十千玉盤珍羞直萬錢停杯投箸不能食拔
劍四顧心茫然欲渡黃河冰塞川將登太行雪滿山閑來
垂釣碧溪上忽復乘舟夢日邊
行路難行路難多歧路今安在長風破浪會有時
直挂雲帆濟滄海 李白行路難
沛寅

[mèng]

梦

甲骨文　金文　篆书　隶书　楷书

梦的甲骨文，有多种写法，体现了古人对做梦这件事不同的表达方式。

第一种字形，表现了一个人躺在床上，眼睛上的睫毛似乎在动，说明人虽然睡下了，思想还在活动。

第二种字形，也是躺在床上，但没有表现睫毛，是手在动，同样也是告诉我们，人睡下了，做梦手在动。

大概“梦”这个概念太难表达，古人还尝试了两种字形，一种是眼睛、手都在动，一种是手脚、眼睛全动。还有个最有意思的字形，这两个字形和第一种是一致的，眼睛在动，有意思的是，居然增加了手握棍子的字形，这是在告诉我们，这人在做噩梦，要用棍子打醒他？尝试了这么多种表达方式，到春秋战国时期，人们又换了一种方式。

金文梦，去掉了床，眼睛上的睫毛仍然灵动，眼睛下面还是人形，弯曲的线条显示手脚在动，然后增加了一个表示夜晚的夕，把时间线索增加进去，表示这是人到了夜晚睡觉的时候会做梦。

篆书梦，基本继承了金文的思路，只是将金文字形中的眼睛加了人形， 使这个字更加规整，也基本确定了以后隶书、楷书的字形。唐代柳公权写的楷书梦，繁体字“萝”基本上按照这个字形定型。

繁体字的萝，正确的解读是：草字头来自甲骨文眼睛上的睫毛，表示人睡下以后思想仍有活动；皿是眼睛的变形，秃宝盖是人身体的变形；夕表示夜晚。整个字形就是表现人在做梦。

简化字梦有人说来自草书，王羲之写的草书萝，怎么也看不出为什么用“林”代替了人的眼睛、睫毛和身体。

黄粱美梦讲了一个叫卢生的故事，来自唐传奇《枕中记》，这个书生久试不第，在邯郸遇到了一个得道高人吕翁，吕翁给了卢生一个瓷枕，他就睡着了。梦中，他娶了白富美，科考成功，做了大官，享尽人生富贵，高寿八十寿终正寝。卢生梦中一场富贵醒来，旅店主人煮的黄粱饭，也就是小米饭还没做熟，这就是黄粱美梦的典故。

卢生通过这场梦，感悟人生追求的功名富贵不过就是一场梦，还是现实中的黄粱饭实实在在。这个故事，其实是《庄子》中庄生梦蝶的翻版，讲的是同一个道理，反映了道家的人生观。

图书在版编目(CIP)数据

老浦识字 / 浦寅著. -- 北京 : 新星出版社,
2018.11
ISBN 978-7-5133-2964-4

Ⅰ. ①老… Ⅱ. ①浦… Ⅲ. ①汉字-通俗读物 Ⅳ.
①H12-49

中国版本图书馆CIP数据核字(2018)第160658号

老浦识字
浦寅 著

统筹策划 汤 胜
责任编辑 汪 欣
特邀编辑 王 雪
营销编辑 李 莉
封面设计 鲁明静
内文制作 王春雪
责任印制 廖 龙

出 版 新星出版社 www.newstarpress.com
出 版 人 马汝军
社 址 北京市西城区车公庄大街丙3号楼 邮编 100044
电话 (010)88310888 传真 (010)65270449
发 行 新经典发行有限公司
电话 (010)68423599 邮箱 editor@readinglife.com
印 刷 天津市豪迈印务有限公司
开 本 680毫米×900毫米 1/16
印 张 25.5
字 数 215千字
版 次 2018年11月第1版
印 次 2018年11月第1次印刷
书 号 ISBN 978-7-5133-2964-4
定 价 88.00元

版权所有, 侵权必究
如有印装质量问题, 请发邮件至 zhiliang@readinglife.com